全国应用型院校学前教育专业新形态规划教材
总主编 李姗泽 孙亚娟

学前儿童语言教育

主 编 李秀芳
副主编 张志慧 苏 芳 杨勤武
编 委 何 菲 陶秋月 赵 菲 刘 霞
胡 晶 张乔昱 帅祝蝶 徐蓉倩
孙一方 柯蒙霞

西南大学出版社
国家一级出版社 全国百佳图书出版单位

本书配有丰富教学资源

图书在版编目(CIP)数据

学前儿童语言教育 / 李秀芳主编. -- 重庆 : 西南大学出版社, 2024.5
全国应用型院校学前教育专业新形态规划教材
ISBN 978-7-5697-1329-9

Ⅰ. ①学… Ⅱ. ①李… Ⅲ. ①学前儿童—语言教学—高等学校—教材 Ⅳ. ①G613.2

中国国家版本馆CIP数据核字(2023)第195521号

全国应用型院校学前教育专业
新形态规划教材

学前儿童语言教育

XUEQIAN ERTONG YUYAN JIAOYU

李秀芳◎主编

责任编辑：雷　兮
责任校对：郑先俐
书籍设计：汤　立
排　　版：吕书田
出版发行：西南大学出版社（原西南师范大学出版社）
地　　址：重庆市北碚区天生路2号
网　　址：http: //www. xdcbs. com
邮　　编：400715　市场营销部电话：023-68868624
经　　销：全国新华书店
印　　刷：重庆市合川区书香印务有限公司
成品尺寸：185 mm×260 mm
印　　张：17.5
字　　数：345千字
版　　次：2024年5月 第1版
印　　次：2024年5月 第1次印刷
书　　号：ISBN 978-7-5697-1329-9

定　　价：68.00元

总序

学前教育是每个儿童接受集体教育的开始，是每个人终身学习的开端，是国民教育体系的重要组成部分。进入新时代，人民群众对优质教育的需求不断提升。实现幼有所育，成为满足人民群众日益增长的优质教育需求的重要举措。党中央、国务院高度重视学前教育事业，党的十八大提出“办好学前教育”，党的十九大要求“在幼有所育上不断取得新进展”，党的二十大提出“强化学前教育普惠发展”。2018年，中共中央、国务院发布了《关于学前教育深化改革规范发展的若干意见》，强调把发展学前教育摆在更加重要的位置，明确要大力加强幼儿园教师队伍建设，办好一批幼儿师范专科学校和若干所幼儿师范学院，支持师范院校设立并办好学前教育专业，扩大高质量教师供给。2021年，教育部等九部门印发《“十四五”学前教育发展提升行动计划》，提出要全面提升保教质量，提高教师专业素质和实践能力。由此可见，教师队伍是提高保教质量的关键，是保证学前教育质量的基石。

推动普通本科高校向应用型转变，是党中央、国务院的重大决策部署，是教育领域人才供给侧结构性改革的重要内容。创新应用型技术技能型人才培养模式，建立以提高实践能力为引领的人才培养流程，是实现应用型高素质人才培养的关键。2011年10月，教育部颁布《教师教育课程标准（试行）》，并发文要求各地按照《教师教育课程标准（试行）》的学习领域、建议模块和学分要求，制定有针对性的幼儿园、小学和中学教师教育课程方案。幼儿园教师职前教育课程要帮助未来教师充分认识幼儿阶段的特性和价值，理解“保教结合”的重要性，学会按幼儿的成长特点进行科学的保育和教育；理解幼儿的认知特点和学习方式，学会把教育寓于幼儿的生活和游戏中，创设适宜的教育环境，保护与发展幼儿探究、创造的兴趣，让幼儿在愉快的幼儿园生活中健康成长。

为了适应我国学前教育大发展的改革趋势和高素质应用型人才培养的要求，我们坚持培养实践性、应用型人才的理念，立足于学生学习与发展的需要，增加了学科相关前沿研究以及社会热点问题的讨论，将理论知识与实践案例相融合，同时加强了实训内容；实现理论体系向教材体系转化、教材体系向教学体系转化、教学体系向学生的知识体系和价值体系转化，使教材更加体现科学性、前沿性，以进一步增强教材的应用性和实效性。在开展充分调研的基础上，我们组织了一批业务能力强、理论知识和实践经验丰富的专家、一线教师开展教材编写和建设工作。丛书包括《学前教育学》《学前儿童心理学》《中外学前教育史》《学前教育研究方法》《学前儿童游戏》《学前教育评价》《学前教育管理学》《学前儿童卫生学》《学前儿童体育与健康教育》《学前儿童语言教育》《学前儿童社会教育》《学前儿童科学教育》《学前儿童艺术教育》《幼儿园环境创设》《幼儿园玩教具设计与制作》《幼儿行为观察与评价》《幼儿园课程》《学前儿童文学》《学前教育政策法规与师德修养》等。

本套教材紧密结合《教师教育课程标准（试行）》《3-6岁儿童学习与发展指南》《学前教育专业师范生教师职业能力标准（试行）》等国家政策文件精神，立足于应用型院校学前教育专业高素质人才的培养，涵盖学前教育专业的核心课程、基础课程、学科课程和拓展课程。本套教材除了满足内容充实、完整，结构清晰、合理，语言得体、流畅等基本要求外，还力求克服国内已有教材的不足，努力打造自己的优势和特色。

第一，课程思政与育人为本相结合。本套教材的编写注重主流价值观引领，挖掘和拓展课程的育人价值，充分体现了不同课程的特色与优势，形成了特色鲜明、优势突出、交叉互补的教材内容体系，实现了课程思政与立德树人的结合。

第二，理论与实践相结合。本套教材强调深入落实《教师教育课程标准（试行）》“实践取向”的精神，以学生发展为根本，以学习产出为导向，注重实践性教学内容，关注解决教育实践问题。在板块设计上，除了正文的理论阐述，还辅以案例破冰、拓展阅读、人物介绍、经典研究介绍、思考与实训、专题探讨等实践板块，引导学生将理论运用于实践。

第三，基础性与时代性相结合。本套教材吸纳教育学、心理学、学科教学的最新研究成果，坚持呈现各学科领域的基本知识、基本原理，为学生搭建一个全面而扎实的知识体系；及时跟进社会及行业的最新发展动态，将最新、最权威、最具代表性的成果引入教材，实现了基础性与时代性的结合。

第四，学术性与应用性相结合。本套教材既注重学术性，也注重应用性，为支持“立体化”教学，教材编写团队立足于学前教育专业应用型人才培养的需求，注重资源的应用性和实用性，形成了以知识图谱、教学计划、多媒体课件、案例库、习题库、教学视频、教学动画、微课等为内容的课程教学资源体系，打造了“纸质教材+数字化教材+在线课程”协同互补的新形态教材体系；形成了教材、文本和网络技术相互交叉、相互融合、相互支撑的立体化、网络化、互动化教学方式，能有效提升教学质量，以期成为学前教育专业学生喜读、乐读的学习素材。

本套教材的编写人员较多，教材的编写与出版是一项艰巨的工程，能顺利付梓得益于所有参编人员的辛勤工作，也得益于西南大学出版社编辑的积极协调与沟通。在此向所有参与此次编写与出版工作的作者及编辑人员表达我们的敬意。由于编者的学术视野及学术能力的限制，本套教材难免存在不足之处，我们将在使用中进一步总结反思，不断修订完善，欢迎广大学界同人和读者朋友不吝赐教，多提宝贵意见。

李姗泽　孙亚娟

前言

学前阶段是幼儿语言发展的关键时期。“学前儿童语言教育”是幼儿园教育五大领域之一，是师范院校学前教育专业的一门必修课，是研究学前儿童语言发展规律及其教育的重要课程。本教材以党的学前教育方针政策为依据，以《幼儿园教育指导纲要（试行）》《国家中长期教育改革和发展需要》和《3-6岁儿童学习与发展指南》为指导，把学前儿童语言教育的理论和实践有机结合起来，总结了高等师范院校学前教育专业“学前儿童语言教育”课题研究成果和教学经验，同时结合一线幼儿园教学名师的教学实践，系统地研究学前儿童语言教育的规律和实践策略，探讨“学前儿童语言教育”的基本理论和专业技能。

本教材在编写过程中注重以下两个特点：（1）教材将专业化幼儿园教师的培养目标和学前儿童语言教育的学科特点紧密结合起来，以促进幼儿教师践行师德、学会教学、学会育人、学会发展为立足点。第一，从幼儿园教师专业能力要求出发，为培养合格的幼儿园教师打基础。教材尽量做到内容全面、要求明确、指导具体、操作性强，方便学生在学习过程中理论联系实际，通过案例破冰、学习研究、专题探讨等环节，实现“研—学—教—用”一体。第二，在基本理论方面本着够用且实用的原则，通过知识拓展、典型案例等环节，将一些学前儿童语言教育最前沿的研究成果和最具时代气息的内容加入教材中，以拓宽学前师范生的理论视野，促进其专业成长。（2）在教材编写过程中，编写团队始终坚持“实践是检验真理的唯一标准”的实践观，非常注重理论联系实际。编写团队不仅有来自高等学校从事学前儿童语言教育的研究者，也有来自示范幼儿园从事学前儿童语言教育实践的一线教师，还有正在学前儿童语言教育领域初步探索的学习者。在撰写的过程中，负责撰写理论部分的作者们和撰写实践部分的教师们紧密合作，不断互动研讨，在幼儿园语言教育的现场讨论分析、实践验证语言教育内容和方法的适宜性和有效性。本书中90%以上的案例由编委和一线幼儿园教师编写，并且大部分案例是经过了幼儿园实践的，原创性和实践性强。书中的研讨问题也是来自高校教学和研究中的实际问题，针对性强。

本书共十章。第一章学前儿童语言教育导论由李秀芳编写；第二章学前儿童语言发展及语言学习的特点由赵菲编写；第三章学前儿童语言教育的目标与内容由胡晶编写；第四章学前儿童语言教育的途径与方法由张乔昱编写；第五章学前儿童听说游戏由杨勤武编写；第六章学前儿童谈话活动由苏芳编写；第七章学前儿童讲述活动由何菲编写；第八章学前儿童文学活动由张志慧编写；第九章学前儿童早期阅读活动由刘霞、李秀芳、徐蓉倩、孙一方、柯蒙霞、帅祝蝶编写；第十章学前儿童语言教育评价由陶秋月编写。主编李秀芳负责本书的策划和文字统稿。各位作者辛勤工作、认真研究，保证了本教材的顺利完成。本书在编写过程中，借鉴了国内外许多专家、学者的论著，同时采用了多篇幼儿园一线老师的优秀课程活动案例，得到了西南大学李姗泽教授和大理大学孙亚娟博士的悉心指导，也获得了西南大学出版社各位编辑的鼎力支持，特此致谢！

本书将是我们探究学前儿童语言教育的又一次有益尝试，由于编者编写水平有限、编写时间紧迫，书中难免存在错漏之处，恳请各位读者批评指正！

《学前儿童语言教育》编写组

2024年5月

目录

第一章 学前儿童语言教育导论

学习目标

- 了解学前儿童语言教育的基本概念；
- 理解学前儿童语言教育的基本特点；
- 掌握学前儿童语言教育的核心观念。

学习重难点

- 重点：学前儿童语言教育的基本特点和核心观念；
- 难点：学前儿童语言的本质；学前儿童语言发展与全面发展的关系。

案例破冰

幼儿园要不要教识字、吟诗？

小慧是一位入职5年的幼儿园老师，今年她第一次当大班的班主任。在上学期期末家长会上，她碰到了一个难题。有一位家长在发言的时候向她提出了疑问。这位家长说她在《中国诗词大会》节目中，看到有一位不到6岁的小男孩王恒屹能背500首古诗，而自己的孩子在幼儿园上了3年学了，却一首诗都背不出来。她怀疑幼儿园是不是只让孩子玩，什么知识都不教给孩子，还问小慧老师幼儿园为什么不教孩子识字、吟诗。很多家长也表示赞同，还向小慧老师提出了一系列问题。小慧老师陷入了沉思。

在日常生活和教学中，我们也会遇到像这样的难题。家长们的质疑反映了什么问题？假如你是小慧老师，你会如何回答家长们的问题？本章内容会给我们带来一定的启示，帮助我们解答上述问题。

又反作用于言语。语言对言语起着积极、强大的强制规范作用。[①]

(二)语言能力和语言运用

1. 语言能力

语言能力指的是人在大脑中形成的一种能够按照本族语的语言规则把声音和意思联系起来的能力,即语言使用者对语言内容内在规则的了解。语言能力一方面指个人使用语言的能力,具体表现为听说读写4项能力;另一方面是指分析语言的能力,此项能力以语言形式本身作为分析观察的对象进行知觉,是一种特殊的语言能力,具体表现在对各语言层次(语音、语感、语义、语法、修饰等)和各语言单位(词、词组、句子、篇章等)所具有的特征的知觉上,带有较强的直觉性。两种能力相互联系、相互促进。

2. 语言运用

语言运用是对语言能力的具体运用,但并非语言能力的直接反映。语言运用解释或描述人们使用语言能力的过程,包括语言的生成、理解和获得的过程。语言运用受到诸多因素的影响,特别是心理因素,如人的记忆力、注意力和情绪情感等。

(三)双语和双语教育

1. 双语 (Bilingual)

双语是指个人或集团使用两种语言的现象,即学习者所学习的外语或第二语言,通过教学和若干阶段的训练,能达到或接近母语的表达和应用水平。

2. 双语教育(Bilingual Education)

广义的双语教育是指学校中使用两种语言进行的教育;狭义的双语教育是指学校中使用第二语言或外语教授其他学科内容的教育。当前世界各国幼儿园的双语教育属于广义的双语教育范畴。

拓展阅读

幼儿园能不能开展英语教学?[②]

2018年7月,教育部办公厅发布了《关于开展幼儿园"小学化"专项治理工作的通知》,提出此次"专项整治"的核心任务有四个方面:其一,幼儿园提前教授汉语拼音、识字、计算、英语等小学课程内容的,要坚决予以禁止。其二,幼儿园以

① 赵丽,徐学强,王静.学前儿童语言教育[M].北京:九州出版社,2017:3.

② 该内容系编者据教育部官网资料整理。

机械背诵、记忆、抄写、计算等方式进行知识技能性强化训练的行为，要坚决予以纠正。其三，小学起始年级未按国家课标规定实施零起点教学、压缩课时的，视具体情节追究校长和教师的责任。其四，社会培训机构不得以学前班、幼小衔接等名义提前教授小学内容。从专项治理的要求来看，国家是不允许在幼儿园开展英语教学的。从双语教育本质目的来看，此举措也是较为合理的。双语教育的开展是为了满足处在双语环境中的幼儿的客观需求，而我国的很多幼儿园多处在单汉语区，实施英汉双语教育的最终目的是不让孩子输在起跑线上，即使从面向世界和面向未来的人才培养要求出发，培养双语幼儿也不能以牺牲幼儿其他方面的发展为代价，双语教育也要达到与单语教育相同的非语言目的。

（四）学前儿童语言教育

1.广义的学前儿童语言教育

把0~6岁学前儿童的所有语言获得和学习现象、规律以及训练与教育作为主要的研究对象，对0~6岁儿童加强听、说、读、写的训练，着重于儿童的语言运用能力的培养，提高儿童运用语言进行交际的能力。

2.狭义的学前儿童语言教育

把3~6岁儿童掌握母语口语的过程特别是听说训练和教育作为主要研究对象，对3~6岁儿童加强口语听说训练。

一般来说，狭义的学前儿童语言教育对儿童语言发展的整体认识不够，广义的学前儿童语言教育更为科学合理。

二、学前儿童语言的获得理论

（一）后天环境论

后天环境论者把语言看作一种习惯，否定和轻视儿童语言发展中的先天遗传因素。他们以行为主义学说作为其理论基础，认为儿童语言的掌握是在后天的环境中通过学习获得的语言习惯，语言习惯的形成是一系列“刺激—反应”的结果。后天环境论因强调的侧重点不同，又分为模仿说、强化说和中介说。①

1.模仿说

模仿说是较早的行为主义语言获得理论，认为外部环境对儿童的语言活动起决定性影响。语言是后天获得的能力，是学习的结果。

---

① 张明红.学前儿童语言教育(修订版)[M].上海:华东师范大学出版社,2006:59.

早期的机械模仿说认为儿童的语言主要来自对其父母语言的翻版,忽视儿童在掌握语言过程中的主动性和创造性,其代表人物是美国心理学家奥尔波特。

选择性模仿说认为儿童的语言模仿具有一定的选择性,不是一一对应的。儿童往往选择模仿语言结构,而不是语言内容。儿童的选择性模仿是在自然情境中发生的,不一定是即时产生的,其代表人物是怀特赫斯特等。

模型模仿用社会学习理论来解释儿童语言发展,强调语言模型和模仿的作用。其代表人物班杜拉认为,儿童获得语言主要是在没有强化条件下进行的观察和模仿。观察和模仿会帮助儿童获得一个社会语言模型。儿童的语言和心理发展一样,都是通过社会模式的呈现和社会训练、实践而发展。

2.强化说

强化说是行为主义最有影响力的解释儿童语言发展的理论,在20世纪40~50年代非常流行,以"刺激—反应"论和模仿说为基础,注重强化的作用。1974年,斯金纳提出强化依随的概念,用以解释儿童语言发展的过程。强化依随是指强化刺激紧紧跟随在言语行为之后发生,通过这种逐步接近的强化方法,儿童最终学会了非常复杂的句子。

3.中介说

中介说是为解决"刺激—反应"论的简单化而提出的一种改良主张。其代表人物美国心理语言学家斯塔茨认为,刺激和反应之间具有传递性。在外显的刺激和反应中间,有一系列因联想而引起的隐含的刺激和隐含的反应所构成的中介体系。一个词或一句话都可以具有刺激的性质,可以诱发出条件反应。这种反应是隐含的刺激,又可以引起新的反应。这说明了刺激和反应的传递性。

(二)先天决定论

先天决定论强调语言的获得是先天禀赋的作用,代表性的观点有美国语言学家乔姆斯基的先天语言能力说和勒纳伯格的自然成熟论。

1.乔姆斯基的先天语言能力说

乔姆斯基提出:儿童大脑中有一种受遗传因素决定的先天的语言获得装置"LAD"(Language Acquisition Device),它包含一套具有若干范畴和规则的语法系统和先天的评价语言信息的能力。脑的成熟激活了LAD,就能自然而然地获得语言。LAD的活动具有一个临界期,过了这个 临界期,LAD就会退化。

人物介绍

语言学天才型大师乔姆斯基

艾弗拉姆·诺姆·乔姆斯基(Avram Noam Chomsky,1928—)是麻省理工学院语言学的荣誉退休教授。乔姆斯基的《生成语法》被认为是20世纪理论语言学研究上最伟大的贡献。他还通过对伯尔赫斯·弗雷德里克·斯金纳的《口头行为》的评论,发动了心理学的认知革命,他那自然的学习语言的方法也对语言和精神的哲学产生了很大的影响。他的另一大成就是建立了“乔姆斯基层级”:根据文法生成力不同而对正则语言做的分类。乔姆斯基不仅研究语言学很厉害,他自己的语言能力也超群。他对政治十分热忱,尤其是他对美国和其他国家政府的批评犀利而幽默,使他在社会上也闻名遐迩。乔姆斯基的LAD假说被认为是语言学的天才型假说,因为它很能说明问题,虽然连乔姆斯基自己也无法证明它存在,但是也没有人能证明它不存在。

2.勒纳伯格的自然成熟论

勒纳伯格以生物学和神经生理学为理论基础,强调了生物遗传素质是人类语言获得的决定性因素。人类大脑具有专营语言的区域,语言是人类大脑技能成熟的产物。他强调语言能力具有先天性,语言能力能自然成熟,语言发展有关键期(2~12岁)。

(三)先天和后天相互作用论

相互作用论者以皮亚杰的认知说为理论基础,认为儿童的语言发展是先天和后天相互作用的结果。

1.认知说的基本观点

(1)语言是儿童具备的许多符号功能中的一种。符号功能是儿童应用一种象征或者符号来代表某种事物的能力;

(2)认知结构是语言结构发展的基础,语言结构随着认知结构的发展而发展;

(3)个体的认知结构和认知能力是不断发展的,它来源于主客体之间的相互作用;

(4)儿童的语言结构具有创造性。

2. 规则学习说

规则学习说是在乔姆斯基和行为主义双重影响下产生的一种儿童语言发展理论。该理论认为儿童具有一种理解母语的先天处理机制,主要表现为学习和评价能力。儿童的语言学习主要是对规则的学习,是先天因素和后天因素的相互补充和相互影响。

3. 社会交往说

社会交往说是布鲁纳、贝茨等学者的观点。他们认为语言获得不仅需要先天的语言能力,也需要一定的生理成熟和认知的发展,更需要在交往中发挥语言实际的交际功能。儿童和成人语言交际的互动实践活动,对儿童的语言发展起着决定性的作用。

第二节　学前儿童语言教育的价值

一、学前儿童语言教育的文化价值

语言和文化之间有着密切的联系。语言本身是人类创造的一个符号体系，是人类独有的精神财富之一，是文化的一种具体表现形式。语言又是文化的重要载体。语言教育的文化价值主要是通过对儿童个体发展产生的影响来实现的。学前儿童语言教育的文化价值体现为以下两个方面。

（一）延续文化的功能

人类文化的延续有多种方式，通过语言、文字记录保存是其中重要的方式。任何一种语言都负载着该民族的思维方式、思想感情，传承着民族绵延不息的文化血脉。但仅仅保存还不够，倘若没有能够理解和懂得这些语言文字的意义和价值的人，语言文字就只是图形、线条和物品，没有任何意义。此外，文化中的心理、行为形态的构成部分的延续，只有通过代际传递才能实现。所以，任何一种文化的富有生命力的延续都要通过教育才能实现。学前阶段儿童大部分文化传递只能通过语言来进行，因此，学前儿童语言教育就成为文化传递的主渠道。

（二）文化启蒙的功能

学前教育机构是传播新文化和新知识的重要场所，也是继承和发扬传统文化的重要阵地。在学前教育机构中，语言教育是传播文化知识的重要工具。学前儿童语言教育不仅可以培养学前儿童听说读写的能力，还可以培养他们的文化修养和高尚情操，对他们未来继承、发扬人类文化成果，弘扬民族精神等方面产生重大影响。

二、学前儿童语言教育的社会价值

（一）为培养未来社会合格人才提供支持

学校要通过教育来培养合格的社会主义事业建设者和接班人。这不仅仅是经济发展的需要，更是社会发展的需要。语言教育在学校教育中具有基础性和关键性的地位。国家所需要的人才的世界观、人生观、价值观等方面的教育绝大部分渗透在语言教育中。学前阶段是初步形成良好品行的关键时期,学前儿童语言教育通过选择有利于学前儿童社会化的内容,促使学前儿童成长为国家需要的人才。

(二)为未来高新科技发展奠定基础

语言教育在未来社会高新科学技术发展中具有重要作用。现代社会高新科技的发展,尤其是先进的传播技术和通信技术的发展,实现了口语的远距离交际和间接交际。电脑技术的更新换代使人机对话更加便捷,口语的广泛应用为社会的发展赢得了时间、速度和效益。现代社会是全方位开放的社会,随着开放程度的加深,各地区经济、文化的相互融合、相互竞争也日益激烈,社会信息量进入爆炸阶段,生活节奏日益加快。因此,未来社会对人的语言能力的要求将超过以往任何一个时代。它不仅要求人们能说会道、出口成章,还要求人们能读会写,既能快速获取文字符号资料中的信息,又能准确、快速地传递自己的思维成果,写出漂亮的文章;不仅有高超的母语驾驭能力,同时也能对一门或一门以上的外语驾轻就熟。语言教育跟不上,就无法培养符合现代社会需要的人才,就不能建成现代化的信息高速公路。因此,语言教育与高新技术的发展和社会的发展休戚相关。

(三)是新时代素质教育的重要组成部分

语言教育是素质教育的重要组成部分,原因有二:其一,在人的诸多能力中,人际交往能力、口语表达能力、阅读能力和书写能力是最基本的能力,一个人如果不能正确理解和使用语言,就难以生存,更难以发展;其二,语言是思维的工具,是思维的表现形式,人类的思维成果正是靠语言的帮助才能得以巩固、发展和传递。语言对思维能力的促进作用是不争的事实,思维是智力的核心,因此语言对智力的提高有重要作用。与此同时,语言是学习工具,良好的语言教育能够促进儿童学会学习。由此可见,语言教育在素质教育中确实起着十分重要的作用。

三、学前儿童语言教育的发展价值

(一)促进学前儿童语言发展

1.学前期是儿童语言获得的关键期

关键期是指学习的最佳时机,或形成某种行为的最佳时期,在此期间给儿童提供刺激最容易获得反应;错过了这个时机,反应或者不能获得,或者不能达到学习的最高水平。儿童从出生到掌握语言，一般需要3~4年时间，而语言发育的关键期是2~4岁。一般认为9~24个月是理解语言的关键期；2~4岁是表达语言发展的关键期。此阶段学习语言效果最佳，而且获得的语言习惯最容易长期保持下去。学前期的语言教育，可以使儿童学习到正确的发音、丰富的词汇、使用规范的句式及语法形式，自如地运用口语表达自己的见闻、愿望、情感等，并且具有一定的认读和书写基础。

典型案例

“狼孩”卡玛拉的故事

20世纪20年代，在印度加尔各答西面的丛林中，人们捕猎时发现了两个“狼孩”，她们由于不可知的原因被遗弃，然后被丛林里的狼哺育。小的孩子只有2岁，回到人类社会后很快死去。大的孩子8岁，取名卡玛拉，人们发现她时她的智力水平仅相当于6个月的婴儿。她完全学会了狼的习性，而人类的习性一点不会。她不会说话，只会狼嚎，不会直立行走，只会四肢爬行，害怕强光，害怕水火，拒绝穿衣、洗澡，不吃熟食，只吃扔在地上的生肉。回到人类社会后，经过专门机构的精心照料和教育，2年后她学会了站立，4年后才学会了6个单词，7年后才学会了15个单词，一直到她17岁临死时她也没有真正学会说话。

卡玛拉的经历表明，一旦错过语言发展的关键期，即使在后天施以再多再精心的教育，也是无法弥补语言发展的缺失的。这个案例提醒人们，儿童语言的发展一定要抓住关键期，及时施教。

2.学前语言教育能不断丰富儿童的语言，提高儿童言语交往技能，提高学习和运用语言工具的兴趣

语言是学前儿童重要的交际工具和学习手段。儿童语言学习的目的在于使用语言与他人进行思想、信息和情感的交流，同时获得理解外部世界和表达自己对外部世界的认识的方法。婴儿脱离母体之后，来到一个陌生的世界，出于生存的本能，他会出现一系列的应激反应，全面调整自己的生理特点来适应环境。其中最重要的一点，就是要正确有效地向周围的人们传达需要，这就构成了信息交流的原动力。语言可以更加直接地让儿童了解世界，表达自己的看法。语言学习是儿童自我生存和发展的需要，儿童与他人交流的过程也是一个学习知识和发展能力的过程。语言既是儿童发展的需要，也是儿童发展的工具。

(二)促进学前儿童认知发展

学前儿童在学习语言的过程中要接触大量的语言材料。这些语言材料中蕴含着丰富的知识,如动植物的特征和习性、不同国家和地区的生活习俗、各种日用品的功用等。通过语言教育,儿童不仅接触到语言本身,而且接触到语言所传达的知识,丰富了自身的知识体系。语言一旦被个体理解和掌握,就能够对认知的发展起到推动和加速作用,具体体现在以下三个方面。①

1.加深和巩固幼儿初步形成的概念

表现为:

(1)借助词来命名,用词表示事物的名称、形态和习性等;

(2)借助语言发现事物的异同点;

(3)借助语言获得新概念。

2.指导并参与认知加工过程

表现为:

(1)言语的产生和发展,丰富了幼儿认知的范围;

(2)言语的概括和调节作用使幼儿的认知逐步具有随意性和自觉性。

3.促进创造性思维的发展

表现为:

(1)语言发展直接导致某些自造概念的出现;

(2)语言发展促使幼儿创造性地运用语言成为可能。

(三)促进学前儿童社会性发展

语言的发展帮助幼儿逐步发展对外部世界、对他人和自己的认识,对幼儿的社会性发展起到重要的促进作用,具体表现为:

1.促进儿童个性良好发展

语言"我"的产生是幼儿自我意识的萌芽,而自我意识的进一步发展与对"自我词汇"的掌握有关。语言发展对幼儿获得巨大的个人乐趣和满足、良好性格的形成和发展有积极意义。

2.提高社会交往能力

儿童使用语言表达情绪情感及其需要、调节自身行为。儿童语言能力强,就容易获得社交成功,由此获得情感的满足,和他人建立良好的人际关系。

---

① 周兢.幼儿语言教育与活动指导[M].北京:高等教育出版社,2015:3.

3. 促进幼儿道德的发展

语言是儿童内在意识的一种显性的表现形式。随着语言的发展，儿童可以通过语言来获得道德认识、道德情感和道德判断的标准，同时，语言也成为儿童表达自己对周围世界的认识的一种重要手段。反过来，我们也可以透过儿童的语言来了解儿童的内心世界，从而更有效地进行儿童心理品质的再塑造。

（四）促进学前儿童审美能力发展

语言作为一种符号系统，其内容和形式中蕴含着大量的审美元素。同时，语言使人们找到了表达美的方式，使人们能够欣赏美、感受美、表现美和创造美。语言教育开始影响人们对美的欣赏力和创造力，并通过潜移默化的方式使学前儿童逐渐领悟到美的标准和美的形式。语言还可以与音乐、美术和身体动作等不同的符号系统沟通互动，实现人们表情达意的功能。在幼儿的成长过程中，语言的学习与发展，可以有效帮助他们理解音乐、美术的内容；而音乐、美术、身体动作等符号系统的学习和使用，也可以帮助儿童更好地使用语言来表情达意，从而获得更完满且愉悦的审美感受。

第三节 学前儿童语言教育的重点命题

一、创造优质的学前儿童语言教育环境

《3-6岁儿童学习与发展指南》(以下简称《指南》)明确指出:“幼儿的语言能力是在交流和运用的过程中发展起来的,应为幼儿创设自由、宽松的语言交往环境,鼓励和支持幼儿与成人、同伴交流,让幼儿想说、敢说、喜欢说,并能得到积极的回应。”

(一)提供良好的成人言语范例

模仿是学前儿童语言学习的重要方式,学前儿童对发音、用词和语法规则的掌握,很多时候是模仿成人的结果。因此,成人言语的质量,在一定程度上决定了学前儿童语言的发展水平。家长和幼儿园教师的言语就是学前儿童语言学习的直接榜样。儿童最早接触的语言环境是家庭,最早模仿的对象是父母,父母是儿童语言学习的启蒙者。因此,从儿童出生之日开始,父母就必须常常与宝宝说话,让他从小接触有声环境,感受声音。幼儿园是儿童进行语言学习的第二个重要场所,幼儿园教师是儿童语言学习由口语过渡到书面语的重要领路人。成人应为儿童提供良好的言语范例,以促进学前儿童语言的发展。

赵丽等人认为,成人的言语范例应该符合以下要求:发音正确、坚持讲普通话;语言表达清楚明确,富于表现力;讲话的语调亲切自然;讲话的速度和声音大小适中,能使儿童听清楚;在表达方法上,要符合幼儿的接受水平,应以儿童能理解或经解释能理解为原则,但不能降低水平讲“小儿语”;成人应不断扩充儿童的新词,适时增加新的语言经验。①

为了给学前儿童提供良好的言语范例,成人也需要不断学习。在日常生活中注意自己的一言一行,同时应当加强学习,多读书看报,听广播和演讲,学习规范语言技巧,不断提高个人的言语修养。

(二)丰富学前儿童的生活内容

从本质上来讲,语言是以整个客观物质世界和整个主观世界为表征对象的。语言

---

① 赵丽,徐学强,王静.学前儿童语言教育[M].北京:九州出版社,2017:24.

总是反映一定的思想或者生活内容，只有具有活跃的思想和丰富的情感时，才有表达的需求和欲望。而思想和情感不是凭空产生的，它们是人对客观世界的反映。人有了丰富的生活内容才能有丰富的思想和情感，儿童也不例外。丰富的生活内容有利于儿童语言交际能力的发展。儿童的生活范围狭窄了，会导致知识经验贫乏，这是儿童言语发展的不利条件。要解决这个问题，就必须创造条件，使他们接触社会生活，丰富其生活内容。

成人应非常重视儿童生活内容的安排，尽量使他们的生活内容丰富多彩。生活内容的丰富并不单纯地指新内容的增加，也包括变换方式去复习、巩固旧的内容，以帮助儿童形成深刻的言语印象。这样，言语表达才能有基础，言语质量的提高才有前提。丰富儿童生活内容的方法是多种多样的。除了每天的日常生活应有层次和变化之外，还可多带儿童外出增长见闻。所谓“读万卷书，行万里路”，可以多带儿童外出参观、旅游，现在时兴的研学也是一种重要的形式；可以组织好节日活动；和儿童一起听广播、看电视（或利用多媒体）；看图书、听故事；观看儿童剧、木偶剧、音乐剧等。总之，要尽可能地增加学前儿童直接和间接接触自然和社会生活的机会。

（三）提供自由交谈的机会和条件

《幼儿园教育指导纲要（试行）》（以下简称《纲要》）在语言领域的指导要点中提出：“儿童的语言学习具有个别化的特点，教师与儿童的个别交流、儿童之间的自由交谈等，对儿童语言发展具有特殊意义。”自由交谈获得的交际经验是儿童语言发展的重要条件。要使儿童的语言水平达到一定的教育目标，就要有目的地为他们提供一定的条件和情境，使他们在这些条件和情境的交互作用中获得丰富的语言经验，形成理解语言和表达语言的能力。因此，在幼儿园的日常生活中，除了睡眠、吃饭等时间需要保持安静之外，其他时间应多给幼儿自由交谈的机会，使他们多听、多说、多实践，以丰富他们在不同情境中的交际经验。

首先，在幼儿园的一日生活中有很多隐藏的语言教育的机会。从幼儿入园开始，教师就跟他们生活在一起，晨间谈话、游戏活动、点心时间、课间转换，甚至包括如厕、吃饭、散步、睡前时间等，都会有各种各样的机会与幼儿进行交流。儿童在不同的情境中会有不同的语言学习的状态，获得不同的语言学习的核心经验。

其次，在幼儿园的语言区域中为儿童表演游戏（语言游戏）提供良好的物质条件和心理环境。在阅读区可适时投放图书、图片、玩偶、表演道具、头饰、服装等，积极鼓励儿童在区域活动中开展自发的表演游戏；也可以为儿童准备听故事用的收音机、光盘等，让儿童在游戏和自由活动时间能主动积极地练习听说。

典型案例

创设良好的表演游戏环境[①]

上海浦东新区新蕾幼儿园在贯彻《指南》精神时，在不同的区域活动特别是与语言相关的区域活动中，积极开展了表演游戏活动。这所幼儿园的老师们抓住表演游戏可能给幼儿的语言核心经验带来学习和发展的机会，认真研究如何指导游戏，从而提升表演游戏的质量和游戏水平。她们解决的第一个问题就是创设良好的表演游戏环境。她们总结出表演游戏的环境创设主要涉及活动场地的划分、道具材料的准备和良好心理环境的创设三个方面。研究表明，游戏场地划分要体现充分、方便、相对隔离的特点；道具和材料的提供要体现由平行到多样，高结构和低结构相配合的趋势，引发幼儿的游戏兴趣。高结构材料指的是教师提供的服装、道具等，这类材料具有很明确的指向性，能够直接激发幼儿的游戏兴趣；低结构材料指的是百宝箱中的瓶子、盒子、纸张等物品，能满足幼儿创造性解决问题的需要，从而促进游戏的发展。在表演游戏刚开始的时候，幼儿的表演经验不足，此时应以高结构材料为主，可占90%左右；当幼儿在游戏中表现出新的需求时，可适当增加低结构材料，大约占游戏材料的20%。

二、形成科学的学前儿童语言教育观念

(一)遵循学前儿童语言学习的特点开展语言教育

学者周兢认为，幼儿阶段的语言学习具有符合幼儿学习规律的三大特征。[②]

1. 在活动中学习语言

组织幼儿学习活动，除了创造一个和谐融洽的师幼互动环境，让幼儿在轻松、愉快的学习氛围中学习、交流之外，还需要考虑采用灵活多变的教学方法，激发幼儿运用语言进行交往的兴趣，让幼儿带着乐意的、愉快的心境在活动中学习，在学习中活动，从而取得积极主动的、卓有成效的学习效果。

2. 在游戏中学习语言

幼儿在游戏中可以更好地理解学习的内容，帮助幼儿建立个人的经验与所学内容

① 戚映敏.通过表演游戏促进幼儿文学想象核心经验的学习与发展[J].幼儿教育(教育教学版)，2014(16)：16-17.
② 周兢.幼儿语言教育与活动指导[M].北京：高等教育出版社，2015：5.

之间的联系，通过游戏促进幼儿学习语言（包括早期阅读和读写）的动机和愿望，使他们不断获得学习的快乐，加深对学习内容的理解。

3. 在创造中学习语言

宽松的语言学习环境是愉快的、积极互动的，也是富含语言创造机会的。在创造中学习语言，意味着给幼儿提供质疑的机会，让他们大胆思考和表达自己的想法；在创造中学习语言，要求鼓励幼儿大胆想象，在学习诗歌时可以仿编自己的诗句，在理解故事之后可以编构自己的故事结尾，在阅读图书之后还可以创编自己的小书本；在创造中学习语言，还要求允许幼儿表达不同于别人的意见，并且尝试说出己见。在创造中学习语言，应贯穿和融合在教育过程的一切活动之中。

（二）开展支持性的学前儿童语言教育

1. 支持个别的语言学习需要

当代学前儿童语言教育的一个突出特点是认同儿童语言发展既有人类语言发展的一般规律，又有非常明显的个体差异，因而要给每一个儿童提供符合其个别需要的教育机会。教师对幼儿语言学习个别需要的支持，要建立在良好的观察和思考的习惯之上。教师要保持对幼儿语言发展信息的敏感性，在日常活动中注意观察幼儿的语言。当教师和幼儿交往的时候，随时观察、记录每一位幼儿的语言情况，就能发现某个或者某几个幼儿的语言和其他幼儿的差别。这样教师就能在教育过程中适当改变教育计划，让幼儿获得更适合、更多的语言发展的机会。

2. 开放平等的语言学习

儿童的语言学习是开放且平等的学习。教师和幼儿是构造愉快学习和交流过程的共同体。教师拥有比较充分的专业自主权。在教育过程中，幼儿和教师是合作学习者的关系。教师的责任是为幼儿营造一个良好的语言学习环境，并在幼儿之间营造一个非竞争的学习共同体，创设支持性的语言教育环境，教师作为支持者和平等的交流者与幼儿交往，重要的行为反应是支持、鼓励、吸引幼儿与教师、同伴或其他人交谈，体验语言交流的乐趣。

3. 支持终身的读写准备

完整的语言教育观要求学前儿童语言教育的内容必须是全面的、完整的。全面的、完整的语言教育内容，是指在学前儿童语言教育中，既要引导学前儿童学习口头语言，又要引导其学习书面语言；既要引导学前儿童理解和运用日常交往语言，也要引导学前儿童学习文学语言。因此，我们在提倡早期阅读的时候，也不能忘记幼儿语言学习的完整任务和内容。幼儿阶段是儿童口头语言形成的关键期,也是儿童建立语言符号系统的关键期。幼儿的口语发展是阅读能力的重要基础。幼儿园的早期阅读活动,需要在帮助幼儿获得高质量的口语词汇、口语表达和倾听理解能力的基础上,提供机会让幼儿获得前阅读、前识字和前书写经验,从而为进入小学之后的正式读写学习做好经验准备。

三、奠定良好的学前儿童语言教育身心基础

(一)重视生理因素对儿童语言发展的影响

发音器官的完善和成熟是学前儿童语言发生发展的重要生理前提;正常的听觉器官是语言发展的保证。语言发展有赖于听力,只有先接受外界的语言刺激,个体才会做出反应,逐渐产生语言。儿童听力受损,语言发展就会迟滞。学前儿童语言的发展还依赖于健全的大脑。大脑是语言活动的中枢,负责对输入的语言信息进行分析处理。

生理因素是学前儿童语言发展的物质基础,使其获得语言发展的可能性。这些生理因素需要家长和教师的精心呵护,促进其发育完善和保持健康,才能为儿童语言发展和语言教育提供良好的保障。

要按照优生优育的原则孕育下一代,避免遗传性疾病。要保护好儿童的大脑和言语器官,需要做到以下几点:要建立合理的生活制度,保证大脑、神经系统和语言器官的良好发育;养成良好的卫生习惯,保证发音器官的清洁卫生;避免头部受伤;加强体育锻炼;谨慎用药;不大声喧哗,保护好声带等。

(二)重视心理因素对儿童语言发展的影响

认知能力是大脑加工、存储和提取信息的能力。语言能力和认知能力有密切的关系。儿童听、说、读、写等语言能力都建立在对语言内容的理解的基础上。也就是说,学前儿童要获得语言能力,就必须对语言所表达的客观世界和社会生活有所了解,掌握一定的知识,而掌握知识则必然需要一定的认知能力。

个性是一个人全部心理活动的综合,是一个复杂的、多面的动力结构。个性差异对学前儿童的语言学习和发展会造成比较大的影响。一般来说,性格外向、充满自信的学前儿童会积极参加各种活动,主动与人进行各种言语交流,能争取到更多的学习机会和表现机会,其语言能力发展的速度也较快;而性格内向、胆怯的儿童会失去语言

学习和表现的机会，相对缺少社交成功和失败的经验，缺乏吸收语言信息的主动性和有效性。

此外，人的情绪情感也会影响语言表达，人们往往在情绪激动的时候说不出话，在紧张的时候说话结巴，在兴奋的时候加快语速、提高声调等。这些都是心理因素对言语行为的直接影响。

本章小结

本章作为学前儿童语言教育理论的基础，重点界定了与学前儿童语言教育相关的关键概念、重要理论和基本观点，核心内容如下：

1. 关于语言本质的主要观点有三：语言是一种特殊的符号系统；语言是人类交际和思维的重要工具；语言是一个信息传递系统。

2. 语言和言语是两个既相互联系又有区别的概念：语言是群体性的符号系统，言语是个体化的交际过程；语言是社会现象，言语是个体表现；语言是工具，言语是工具的使用。

3. 狭义的学前儿童语言教育侧重对3~6岁幼儿早期掌握母语听说能力的训练和教育；广义的学前儿童语言教育侧重对0~6岁学前儿童所有语言获得和学习现象、规律的探究和儿童的听说读写能力的培养。

4. 学前儿童语言教育的价值是多元的：首先是具有延续文化和文化启蒙的功能；其次是具有培育社会公民良好品行、支持社会高科技发展、促进素质教育发展等功能；最后也是最重要的是具有个体发展功能，能够促进幼儿语言、认知、社会性以及审美能力的发展，为终身发展奠定基础。

5. 当前学前儿童语言教育的重点在于：首先是创造良好的儿童语言教育环境；其次是建立科学的学前儿童语言教育理论体系；最后是为儿童语言发展做好身心准备。

思考与实训

1. 结合篇首案例破冰中的实际问题，运用本章所学知识，尝试回答学前儿童语言教育应该教什么。

2. 结合实际，说一说学前儿童语言教育的重要意义体现在哪些方面。

3. 简述：什么样的语言教育环境利于学前儿童语言和其他方面的全面发展？

专题探讨

背景资料：随着全球化的进一步加深，要培养面向世界、面向未来的国际性人才的观念也深入人心。英语在我国的课程体系中始终占有重要地位，各阶段的教育竞争延伸至学前教育阶段。一方面，在学前儿童的生活环境中也增加了很多汉语之外的语言因素，儿童有学习的便利性；另一方面，家长们望子成龙心切，害怕孩子输在起跑线上。因此，社会上幼儿“英语热”热度不减，许多家长都带孩子去辅导班学习英语。编者在2018年对D地学前儿童家长进行了随机调查，调查结果发现，有接近67%的学前儿童从3岁开始就报了英语辅导班，而至6岁，去辅导班学英语的学前儿童的比例则接近90%。

探讨：你如何看待此现象？英语学习和我国学前儿童语言学习的关系是什么？儿童语言发展与全面发展的关系是什么？

第二章

学前儿童语言发展及语言学习的特点

学习目标

- 了解0~1岁儿童的语言发展特点；
- 知道1~3岁儿童的语言发展特点；
- 理解3~6岁儿童的语言发展特点。

学习重难点

- 重点：掌握学前儿童语言发展的特点和规律；
- 难点：根据学前儿童的语言发展规律，思考成人在儿童语言发展过程中的作用。

案例破冰

与孩子交流需不需要和孩子的“小儿语”同步？

列车上，一位女士正在和她2岁多的孩子玩耍。孩子说：“妈妈，壮壮肚肚饿了。”妈妈说：“哦，壮壮肚肚饿了啊，那我们吃饭饭吧，多吃饭饭长高高。”……孩子吃完饭想要睡觉，就和妈妈说：“妈妈，唱de儿。”妈妈哈哈大笑，并重复孩子的话：“要唱de儿啊，好吧，壮壮想听什么呢？”……

在我们周围，经常会看到类似的现象，很多家长从孩子出生起就一直用“小儿语”同孩子交流，担心正常说话孩子听不懂，甚至一些幼儿园的老师也存在这样的问题。你知道为什么会有“小儿语”出现吗？作为成人，与孩子交流是否需要和孩子的说话风格同步？这样会对孩子的语言发展带来什么样的影响？本章内容会给我们带来一定的启示，帮助我们解答上述问题。

第一节 0~3岁儿童语言发展及语言学习的特点

语言的发展一般是在一定时间内按照一定的顺序发生的。大部分的基本语言技能在1岁半至5岁之间出现，并且是有规律地表现出来的，非常类似于儿童运动技能的发展。0~3岁是儿童语言能力发展最快最容易的阶段，是儿童语言真正形成的时期，虽然到了青少年和成年阶段，获得语言也不是不可能，但会存在一定的困难。一般而言，儿童在12个月说出第一个词，在1岁半到2岁间的某个时候，学步儿能结合两个词。到6岁，儿童拥有大约1万个词的词汇量，成为熟练的交流者。这一过程大致可以分为3个阶段：0~1岁称为前语言期；1~3岁称为初步掌握本族语言期；3~6岁称为正式掌握本族语言期。

一、0~1岁儿童语言的发展

0~1岁是儿童学习语言的第一个阶段，也是儿童说话前的准备阶段。这一阶段持续时间很长，主要获得感知语音的能力，是语言学习的基础。

（一）反射性发声阶段（0~3个月）

婴儿出生3天就能够辨别人的声音或者其他声音，并且能够表现出对语音语调的偏好，如婴儿更喜欢母亲的声音。出生12天的新生儿对说话声音和敲击物体的声音会做出不同的反应，经常表现为凝视、吸吮和蹬腿等行为。1个月后，随着听觉更加敏锐，婴儿对语音也更加敏感。2个月左右的婴儿已经开始理解人们语言交往中的某些信息了，而且有时会有尝试模仿语音的现象。婴儿开始发出类似元音的声音，如“a—a—a”“o—o—o”。

（二）连续音节阶段（4~8个月）

这一阶段，儿童的发音明显增加，大概4个月时，呀呀语出现，婴儿在长串音节中将声母和韵母结合使用，例如“bababa”或“nananana”。除此之外，婴儿还能辨别一些语气、语调和音色的变化。4~8个月的婴儿，发音明显增多，常常借用叽里咕噜的语言形式表情达意。5~8个月时，婴儿开始能够辨别语言的节奏和语调特征，学会辨别语言方面的信息。

早期的呀呀语似乎是由于脑的成熟，但是，呀呀语要进一步发展，婴儿必须能够听到人类说话。如果婴儿的听力受损，这些类似说话的声音会严重延迟，在聋童身上则完全缺失。

当一名婴儿发出呀呀语时，成人通常会发出呀呀语模仿婴儿，婴儿则会微笑和发出更多的呀呀语。大约7个月，呀呀语开始包括许多口语的语音。此时，儿童会不断淘汰不符合母语环境的声音，保留和增加符合母语环境的声音。这个阶段的语音学习，主要是学会调节和控制发音器官的活动。

（三）学话萌芽阶段（9~12个月）

这一阶段又称为语言发生阶段，此时婴儿的发声开始和具体的对象联系起来。成人除了对呀呀语做出反应之外，还在许多其他情境下与婴儿进行交往。婴儿4个月时开始凝视成人看的方向，这一技能在9~15个月之间变得更准确。成人也会追随婴儿的视线，并评论婴儿看到的东西。通过这种方式，他们关注婴儿的环境。这种联合注意，即儿童与照料者注意同样的物体或事件，并且照料者提供言语信息，对儿童早期的语言发展起很大的作用。有关研究表明，经常体验联合注意的婴儿和学步儿保持注意更久、说话更早，并且表现出更快的词汇发展。这一时期，婴儿变得能够进行有意行为，他们也会使用非言语的手势来影响他人的行为。例如，婴儿举起一个玩具来展示它，想要什么东西的时候会用手指。在这个过程中，他们会逐渐学会使用语言得到想要的结果。很快，他们会在伸手和指的同时说出单词，手势逐渐减退，口语开始启动。

除此之外，成人和婴儿之间的交互作用还包括互换，例如在玩躲猫猫这类游戏中，4个月的婴儿对这种交互作用的结构和时间安排比较敏感，他们对有组织的躲猫猫互换比无组织的互换微笑更多。到12个月，婴儿主动参与，与成人互换角色。在这样做时，他们练习人类交流的轮流模式，这一情境对获得语言和交流技能非常关键。有关研究表明，根据婴儿在游戏中的玩耍成熟程度，能够预测1~2岁之间的语言发展。

二、1~3岁儿童语言的发展

儿童大约从1岁开始进入正式学习语言的阶段，1~3岁是儿童的语言形成期。

（一）单词句阶段（1~1岁半）

大部分儿童在1岁左右开始说话，他们说的第一个真正的词与他们之前发了一段时间的咿呀声很相似。他们会选择发音最容易的词，这也解释了为什么很多不同的语言中，指代父亲和母亲的词是如此相似。如，英语中的mama、dada，俄语中的nana、 papa，西班牙语中的mama、papa，希伯来语中的eema、aba。不论各地的语言是多么的不同，但全世界婴儿的咿咿呀呀实质上都是相同的。同样，儿童每一次学会的单词所指的事物在全世界都差不多。它们与1岁多孩子的经验相关：父母、兄弟姐妹、宠物、玩具、衣服和食物。会移动的物体比不能动的物体更容易被提及。

在1岁到1岁半时，孩子的语言表达中出现了单词句，他们能用简单的词语表达复杂的意思。如当儿童说“妈妈”这个词时，可能是表达“妈妈抱我”，也有可能是表达“妈妈抱我去看/玩……”，需要结合手势、表情判断儿童所要表达的意思。所以，很多时候，只有亲近的照料者才能理解儿童所要表达的意思。这一阶段，儿童的语言具有了初步的概括性特点。也就是说，儿童使用的词语不但可以表示具体事物，而且显示了词语本身所特有的概括性。如，儿童会用“完”这个词概括说明“没有了”“吃完了”等现象。此外，儿童在命名和使用词汇方面还常常出现词义不明（外延过度和外延不足）、以词代句、以音代物、重叠音等现象。如，儿童会将“小汽车”泛指公共汽车、火车、卡车和救护车，用“打开”来表达开门、剥水果和解开鞋带。因为儿童难以回忆或者还没有获得适合的词汇，并且，当一个词难以发音时，儿童很可能用一个他们能够说清楚的相关词来代替。外延过度和外延不足都证明儿童需要时间和社会经验来学习词汇。此外，儿童会用“玩”表达“我想出去玩”的意思，会用“滴滴”代表小汽车，会用“饭饭”表达想要吃饭等。

这一阶段，儿童能够理解的语言大量增加，他们能说出的话少于能听懂的话。在所有年龄，理解发展都早于产生。因为，记忆分为两类：再认与回忆。理解只需要儿童再认词汇的意义，而产生需要儿童回忆或主动从他们的记忆中提取词汇以及它代表的概念。所以，儿童能听从许多简单的指令，如，“放下”“不要碰”，但他们还不能在自己的言语中表达这些词。在儿童了解50个词（大约13个月）与儿童产生50个词（大约18个月）之间存在5个月的滞后。在他们所理解的词中，名词和动词很多，这些词主要是他们所熟悉和经常听到的词。

（二）双词句阶段（1岁半~2岁）

“双词句”又称“电报句”，主要是对儿童在1岁半~2岁这一时期语言发展情况的概括。这一时期，儿童喜欢表达和提问，随着词汇的增加，逐渐进入语言发展的跃进阶段。

起初，儿童缓慢地增加他们的词汇，速度是每个月增加1~3个新词。在1岁半~2岁之间，通常会发生一次词汇量的爆发，许多儿童每周增加10~20个新词。当词汇量接近200个词时，儿童开始结合两个词，也有可能是三个词，结构上可能是“主语+谓语”“谓语+主语”，也可能是“宾语+谓语”“谓语+宾语”，如“妈妈，饭饭”意思是“妈妈，我要吃饭”，“开车车”意思是“爸爸开车”。这些双词句被叫作电报句，因为它们与电报类似，集中携带重要内容的词，而省去不太重要的词。大约在20个月时，儿童的双词句是50个，22个月时增加到100个左右，23个月时是250 ~300个，2周岁时可猛增到近1000个。双词句的出现，表明儿童可以更完整、更准确地表达自己的思想，而且基本上使用了简单的语法，因此是儿童语言发展的一大进步。

知识拓展

0~2岁儿童语言发展的里程碑[①]

大致年龄	里程碑
2个月	婴儿发出咕咕声，发出愉快的元音语音
4个月开始	婴儿发出呀呀语，在他们的咕咕声中加入辅音和重复的音节。到7个月，呀呀语开始包括许多口语的语音 婴儿在照料者进行轮流游戏时感兴趣地观看，例如拍手游戏或躲猫猫
8~12个月	婴儿理解这些词 在建立与照料者的联合注意方面，婴儿变得更加准确，照料者经常用言语标示婴儿正在看的东西 婴儿主动参与轮流游戏，与照料者交换角色 婴儿使用非言语的手势，例如用手指来影响他人的行为
12个月	含有儿童语言中的语音和语调模式的呀呀语 学步儿说出第一个可识别的词
18~24个月	词汇量从大约50个词扩展到200个词 学步儿结合两个词

虽然儿童会使用双词句来表达多种多样的语义，但是，他们还没有应用一致性的语法。儿童双词句中的词序规则通常是对成人词的复制，而没有掌握语法的基础。所以，这一阶段儿童更专心于领会词汇的含义，以及使用他们有限的词汇传达其思想的方式，但是不会花很长时间去领会语法规则，语法的出现开始于2岁半。

（三）“简单句”阶段（2~3岁）

2~3岁儿童对语言的理解能力迅速提高，词义的扩大与缩小现象明显减少。伴随着对词义理解的加深，他们开始理解一些具有概括性的词，如“水果”“玩具”等；还能按

① [美]劳拉·E.贝克.婴儿、儿童和青少年(第5版)[M].2版.桑标，等译.上海：上海人民出版社，2014：302.

照成人比较复杂的语言指令去支配和调节自己的行为，如“不要踩到书，把书放回书架上”。儿童的这些简单句是结构比较完整的单句，最常见的是主谓句，如“妈妈抱抱”，简单的主谓宾句，如“爸爸上班”；以及简单的谓宾句，如“不喜欢嘟嘟了”。2~3岁儿童的词汇量增长非常快，几乎每天都能掌握新的词，而且他们变得特别喜欢说话。3岁儿童的词汇量已经达到1000个左右。这一阶段的儿童有的已经能说一些复合句，至此，儿童的言语基本形成了。但是，他们还不能用已掌握的语法规范将自己的想法有条理地表达出来。所以，我们会发现这一时期孩子常常会在表达复合句的时候反复进行尝试，试图与成人的语法规则一致，而且，当儿童的表达跟不上思维时，会出现语句不连贯的现象。如，“妈妈……我……小姐姐……我……发现……我……看到……小姐姐……在楼下玩球”。所以，这一时期，儿童语言教育的重点应该是引导儿童说完整的话，提高他们运用句子表达的能力。

拓展阅读

儿童语言发展过程中的个体和文化差异①

每名儿童获得语言的进步来自于生物和环境影响的复杂混合。许多研究表明，女孩在早期词汇发展上略早于男孩。最常见的生物解释是女孩身体成熟的速度更快，这被认为促进了大脑左半球的较早发育，而语言系统就位于左半球。但是，也许是由于女孩轻微的语言优势，比起男孩，母亲与学步期的女孩说话更多。因此，女孩词汇增加更快既有遗传因素，又有环境原因。

除了儿童的性别，气质和生活环境也有影响。矜持的、谨慎的学步儿通常等到他们理解了很多之后，才开始试图说话。当他们最终能够说话时，他们的词汇量迅速增长。

年幼儿童具有独特的早期语言学习风格。指示型的儿童，他们的词汇主要由指代客体的单词构成。少数学步儿属于表达型，与指示型儿童相比，他们产生更多社交惯用语和代词，例如“停止它”“谢谢你”和“我想要它”，并以压缩的短语形式表达，很像单个词。这些风格反映了关于语言功能的早期看法。指示型儿童通常会认为单词是用来命名东西的。相反，表达型儿童相信单词是用来谈论人们的情感和需要的。指示型儿童的词汇量增长更快，因为所有语言都包含比社交短语更多的客体标签。

① [美]劳拉·E.贝克.婴儿、儿童和青少年(第5版)[M].2版.桑标，等译.上海：上海人民出版社，2014：305-306.

哪些因素可以说明学步儿对特定语言风格的选择？生物和环境因素都有影响。迅速发展的指示型儿童通常对探索客体有特别积极的兴趣。他们也急切地模仿父母对物体常见的命名，而他们的父母也反过来模仿——这种策略帮助儿童记住新的标明物，从而支持词汇量的迅速增长。表达型的儿童是倾向于高度社交的，他们的父母更经常使用支持社会关系的言语惯例（如“你好吗？”“不客气”）。这两种语言风格还与文化有关。

第二节 3~6岁儿童语言发展及语言学习的特点

随着儿童生活经验的逐渐丰富，3~6岁儿童的语言发展进入了新的阶段，尤其是进入幼儿园以后，儿童开始接受更全面、系统、科学的语言教育，促进了儿童语言在流畅性、完整性、准确性等方面的进一步发展。

一、口头语言的发展

3~6岁是儿童完整的口头语言发展的关键期。这一时期，儿童口头语言的发展主要表现在语音、词汇、语法三个方面。

（一）语音发展的特点

这一时期，儿童发音水平随年龄逐步提高，能够掌握母语的全部语音。这是语音可塑性最大的时期。有关调查表明，4岁儿童声母发音的正确率中，城市儿童达到97%，农村儿童达到74%；韵母发音的正确率中，城市儿童达到100%，农村儿童达到85%。由此可见，这一阶段儿童几乎掌握了全部的语音，儿童语音教育的重点在于为儿童提供良好的语言教育环境。

3~4岁是学前儿童语音发展的飞跃阶段。3~4岁学前儿童的发音特点是在生理上发音器官不够成熟，不能很好地支配发音器官，不能准确地掌握发音部位和发音方法，所以在说话的时候会表现出发音不准、吐字不清的现象，如把“kuai”中的“k”发成“t”和“k”之间的音。学前儿童发出的音，错误往往在辅音，元音错误较少。由于吐字不够有力，也会造成发音不准，如发纯辅音“f”时，有的儿童不能用牙齿咬住下唇，只有移动下腭来发准音。除此之外，这一阶段的儿童在遇到平舌音和翘舌音相结合的词语时，常常会出现顾此失彼或同时发错音的情况，如把“狮子”说成“shizhi”或“sizi”。

4~5岁的学前儿童发音器官已经基本完善，能够发出大多数的音，4岁的儿童基本上能够掌握本民族的全部语言。但对某些相似的音，学前儿童发音仍然有困难，如，“n”“l”“r”“y”，这就需要将正音工作渗透在学前儿童教育活动和日常生活的各个环节中。

5~6岁儿童的发音器官已经发育成熟，具备了正确发出全部音节的生理条件，所以学前儿童的发音基本没有问题。同时，这一时期，学前儿童的语音意识迅速发展。

语音意识的发展，一方面要有精确的语音辨别能力，另一方面要能控制和调节自身发音器官的活动。儿童开始能自觉地辨别发音是否正确，自觉地模仿正确发音，纠正错误的发音，就说明他们对语音的意识开始形成了。语音意识的发展，使儿童能够意识到自己和别人的语音中存在的差异，并能够有意识地调整自己发音中的错误。因此，这一时期，儿童在成人的指导下，能够做到吐字清晰、发音准确，能够调节语调和语音强弱，使语言更具表现力。也有个别学前儿童存在发音不清楚的现象，应该引起成人的重视，到正规的医疗机构进行检查和矫正。

（二）词汇发展的特点

1.词汇数量的增加

3~6岁是儿童词汇量增加最快的时期。随着年龄的增长，学前儿童的词汇量也逐渐增加。研究表明，人的一生中词汇数量增长最快的时期是3~6岁。一般认为，3岁学前儿童的词汇量为800~1000个，4岁学前儿童的词汇量为1600~2000个，5岁学前儿童的词汇量为2200~3000个，6岁可以达到3000~4000个。

（1）词类范围的扩大

3~4岁儿童首先掌握的是生活中最常用的词汇，其中名词和动词占多数，还有形容词，如大、小、软、硬等；4~5岁儿童的词汇发展仍然以动词、名词和形容词为主，但掌握了一定数量的反义词；5~6岁儿童掌握的词类更加丰富，能够注意到事物之间的联系，掌握了一些关联词，如“因为……所以……”等。有关学前儿童词类掌握特点的研究表明，学前儿童一般先掌握实词，再掌握虚词。实词中，学前儿童最先掌握名词，其次是动词，再次是形容词和其他实词。虚词中如连词、介词、语气词等，学前儿童掌握得较晚。在各类词中，学前儿童使用频率最高的是代词，其次是动词和名词。

（2）词义理解的深化

这一时期，儿童对词义的理解能力随着年龄的增长而不断深化，掌握的抽象词汇逐渐增多，对所掌握的每一个词的外延和内涵的理解也不断丰富和深刻。3~4岁的儿童由于分辨能力和词的使用频率等原因，在掌握词义时，对它们的理解往往是不确切的，如用长来表达高或大，以及不能正确使用一些词的固定搭配，如他们会说“一只马”而不是“一匹马”，“一泡水”而不是“一盆水”。4~5岁儿童由于受思维水平发展的限制，对比较抽象的、表示时间概念的词掌握比较困难，如“昨天”“前天”“明天”，同时对数词和量词的掌握比较困难。5~6岁儿童概括能力明显提高，能够逐渐理解一些概括性比较强的词汇，如动物、蔬菜等。

拓展阅读

儿童词汇学习策略①

学前儿童通过把新词与已经掌握的词进行比较来理解新词的意义,并在题目的词汇中加入这个新的符号。但是,对于他们究竟如何发现每一个词代表的是什么概念,研究者还没有完全了解。一种推测认为,在儿童词汇增长初期,他们就使用了一种相互排斥偏向,他们假设词与词之间是完全独立(非重叠)的分类。但是相互排斥不能解释当物体具有多个名称时,儿童仍能够进行区分。3岁时,学前儿童的记忆、分类和语言技能进一步发展,他们已经能够对很多物体使用多种符号进行标识。例如,他们会指着一个灰色大雁的贴纸说"贴纸""大雁""灰色"。在这些情形下,儿童会援引语言的其他方面来帮助描述。有一种假设认为,学前儿童会观察词汇在句法中的使用,或者词汇在句子结构中的使用来发现词的意义,这种假设被称为语法引导。2~3岁儿童认为一个新词是用作形容词的,那么它指的是物体的属性。当学前儿童在不同的句子结构中听到这个词时,他们会利用语法信息来确定这个词的意义。

另外,学前儿童经常会利用社会线索,如姿势等推测他人意图和观点,来增加他们的词汇量。在一项研究中,成人对某个物体做了动作,然后再来回看儿童和物体时使用一个新的标识,好像是在要求儿童也玩这个游戏。

2岁的儿童能够利用这一社会信息来判断这个标识指的是这个动作,而不是这个物体。当成人先指明整个物体"看那个小鸟",然后再指向它的一部分"那是小鸟的嘴",3岁儿童会认识到"鸟嘴"是一个特定的部分,而不是整只鸟。

成人也会直接告诉儿童单词的意义。有的成人会说:"那个肥皂是由碱液制造的。"根据"制造"这个词,儿童会把碱液解释为肥皂的材料性质,而不是放肥皂的盒子。当没有社会线索或者直接的信息可以参考的时候,2岁儿童已表现出非常灵活的词汇学习策略。他们会把适用于已有标识物体的新单词,作为该物体的第二个名字。

另外,为了补充他们还没有学到的词,2岁的学前儿童会在他们已掌握的词的基础上,创造新的词。例如,萨米把园丁称之为"种植的人",把使用蜡笔的儿童称为"蜡笔人",学前儿童也会通过隐喻来延伸语义。例如,一个3岁的儿童用"我"的胃里着火了来描述胃痛。年幼的学前儿童使用和理解的这些隐

① [美]劳拉·E.贝克.婴儿、儿童和青少年(第5版)[M].2版.桑标,等译.上海:上海人民出版社,2014:447-449.

喻包含了具体、感官上的比较,如“云彩像枕头”以及“树叶在跳舞”。一旦他们的词汇和一般知识增长了,他们就会进行非感官性的比喻,如“朋友就像磁铁”。隐喻使得年幼儿童可以以非常生动难忘的方式进行交流。

正如这些结果所说明的,儿童的认知能力与环境中多种模式的信息,共同指导着儿童的词汇学习。而且他们的词汇学习策略会随着信息加工、交流技能、词汇量大小以及类别知识的增加而变化。一直以来,都有强烈的动机促使儿童掌握习俗的词汇。为了能充分参与到他们的语言交流团体中,他们必须抛弃不正确的词汇和自己发明的词汇,而代之以别人使用的词汇。

(三)语法发展的特点

语法是我们把单词组合成有意义的词组和句子的方式。2~3岁儿童对自己语言的语法已经有了初步的掌握。到3岁半时,儿童已经掌握了大量的语法规则,而且他们会始终如一地运用这些语法。3~6岁儿童在使用词汇时会做出小小的变化,以使自己能够更加灵活有效地表达自己的意思,使语言真正起到沟通和交流的作用。

1.从不完整句到完整句

学前儿童在2岁前使用的句子主要为不完整句,常常缺少主语或宾语,如将“妈妈我要吃饭”表达成“妈妈,饭”。2岁以后开始出现完整句,随着年龄的增长,完整句的数量和所占比例逐渐增加。2岁时的完整句占64%,到6岁时,完整句占99%。完整句又可分为简单句和复合句、陈述句和非陈述句、无修饰句和修饰句。

2.从简单句到复合句

简单句是句法结构完整的单句。2岁左右,儿童开始使用简单句,2岁以后儿童能说的简单句逐渐增加,主要包括主谓结构、谓宾结构和主宾结构3种类型,如“妈妈抱”“抱嘟嘟”等。复合句是指由两个或两个以上的单句聚合而成的句子。2岁半左右,学前儿童开始使用复合句。随着学前儿童年龄的增长,复合句所占的比例也随之增加。3岁时儿童使用的复合句占3.8%,而且常常缺乏关联词;到6岁时,上升为19.1%,而且关联词的运用也较多。

3.从陈述句到其他句型

学前儿童最先掌握的是陈述句。在整个学前儿童期,陈述句是基本句型。3岁时,陈述句占33%左右,之后逐渐出现其他句型如疑问句、否定句、祈使句、感叹句等,但是这些句式主要是在具体的情境中应用较多,如儿童在看故事书的时候会问:“为什么葫芦娃头上有个葫芦?”在吃到想吃的糖果后会说:“妈妈,我好喜欢你!”在被问到在幼儿园有没有好好吃饭的时候会说:“我不回答你的问题。”

4. 从无修饰句到有修饰句

学前儿童最开始使用的句子是没有修饰词的,如“宝宝吃饭”“爸爸上班”。虽然2~3岁的学前儿童的句子中也会出现一些类似修饰语的形式,如“大哥哥”“小白兔”,但实际上,他们是把修饰词和被修饰词作为一个词组来使用。3岁时儿童的词汇量激增,句子中的修饰词也显著增加。朱曼殊等人研究发现,2岁学前儿童运用修饰词的句子仅占20%,3岁时运用修饰词的句子达50%。3~3岁半是掌握复杂修饰语句的数量增长最快的时期。从4岁起,有修饰的语句开始占优势。6岁时,有修饰词的句子比例已经达到90%以上。

5. 句子含词量增加

随着年龄的增长,学前儿童使用的句子长度有延伸的趋势,即含词量逐渐增加。学前儿童使用的句子主要在10个词以内,4~6个词的句子所占比例最大。

此外,儿童的句子结构也在不断发生变化。3~6岁期间,儿童掌握了更为复杂的语法结构,但在此过程中还是会犯一些可预见的错误。如,不使用基本的主谓宾结构,坚持一种固定的词序,或是对一些被动句型理解困难。如当告诉儿童“小兔子被小熊撞了一下”,儿童通常会用玩具兔子去撞玩具熊。通常到5岁时,儿童才能够理解这样的表达方式。即使是使用被动形式,3~6岁的学前儿童也几乎总是使用简短的被动形式,而不是完整的被动形式。对被动形式的完全掌握要到5岁左右才会出现。虽然如此,学前儿童对语法的掌握仍然是惊人的,4~5岁时,他们掌握了嵌套句,如“我想他会给我的”,以及反问句“出差是去很远的地方,是不是啊?”。到学前期快结束的时候,儿童已经能够非常好地使用语言中的大部分语法结构了。

(四)交流能力发展的特点

语言能力是与一定的交流能力紧密联系在一起的,个人根据所处的特定的社会语境来调整自己的语言非常重要。针对成年人的内容不适合年幼的儿童,跟陌生人说话的方式和跟熟人说话也是不一样的。正如语法有规则一样,语言的交流使用也有规则。年幼的儿童刚开始说话时并不遵守这些规则,如他们看不懂听话者的反应,或者没有特定的交谈辅助物(如姿势和讨论的物体)时,年幼儿童的对话显得不够成熟。但是,当要求他们告诉一个听者如何解决一个简单的问题时,5~6岁的儿童在电话里的指导要比当面指导更为清晰,这说明他们认识到在电话里讲的时候,需要更多的语言描述。

跟语言能力一样，交流能力的发展也有一个长期的复杂的发展过程，贯穿儿童期大部分的时间。儿童逐渐认识到，人们可以通过语言达到目的；一个人说的话可能会带来实际的后果。同时，语言的表达要获得最佳的效果，需要遵守一些约定俗成的原则。如儿童必须学会通过轮流讲话，等待共同的话题，清晰地阐述自己的信息，以及遵守社会互动的文化习惯等，与他人进行有效、合适的交流。语言的这一实用方面又被称为语用，学前儿童在掌握语用方面取得了相当大的进步。

在儿童早期，他们已经是非常熟练的交流者了。在面对面的互动中，他们会发起话题，对同伴的谈论做出合适的反应，并且能够轮流讲话。儿童在互动中轮流讲话的数量以及长时间维持一个话题的能力会随着年龄的增长而增长，但是即使是2岁的儿童也能够进行有效的交谈。这些能力与早期的互动经验有密切的关系。儿童在4岁时已经能够调整自己的语言以适应听者的年龄、性别和社会地位。例如，在角色扮演游戏中，如果儿童扮演的是社会主导角色，如教师或医生，他们就会更多地使用命令语气。

拓展阅读

促进早期儿童的语言学习①

成人怎样才能促进学前儿童的语言获得呢？与更有能力的人进行互动在学步期是非常重要的，到了儿童早期同样非常重要。在家里，或者在学前班里，和成人一来一往的对话与语言发展紧密相关。而且，语言学习和读写能力的发展一直存在密切的联系。

敏感、操心的成人会用额外的方法来促进学前儿童的语言技能。当儿童用词错误或者表达不清的时候，此类成人会给出清晰而有帮助的反馈，如“我不明白你想要哪个球。你是要一个大球还是一个小球？一个红色的球还是一个绿色的球？”。同时，他们又不会过分纠正，尤其当儿童犯了语法错误时。批评不利于儿童积极尝试多种语言规则以获得新技能。

在语法问题上，成人通常通过两种策略给儿童提供细微、间接的反馈，这两种策略通常会相互结合：扩张——详细阐述儿童的言语，增加它的复杂性；重塑——把不正确的言语重新组合成正确的形式。例如，如果儿童说“我得到了新的红色鞋子”，那么父母可以纠正“是的，你得到了一双新的红色鞋子”。

① [美]劳拉·E.贝克.婴儿、儿童和青少年(第5版)[M].2版.桑标，等译.上海：上海人民出版社，2014:452.

但是一些研究者怀疑扩张和重塑对儿童语法的掌握是否和仅仅给儿童提供一个丰富的语言环境作用一样。西方的成人并不经常使用这些方法，在有些文化中，成人从来都不会用。而且，尽管有些研究发现父母的重述有纠正的作用，但是还有研究表明这些方法对儿童的语法没有任何影响。比起消除错误，或许扩张和重塑提供了多种语法表达，并鼓励儿童跟着他们去尝试。

与智力发展的其他方面一样，在语言发展中，家长和教师逐渐地促进年幼儿童向下一步发展。儿童努力掌握语言是因为他们想要获得与他人的社会联结。反过来，成人也会通过注意倾听、详细阐述儿童所说的话、提供正确的使用方法以及刺激儿童深入交谈等对儿童想要成为更有能力的讲话者这一愿望做出反应。

本章小结

本章的主要内容是不同阶段儿童语言的发展特点，主要介绍了0~3岁和3~6岁儿童语言发展的特点。

0~3岁儿童语言发展可以分为0~1岁和1~3岁两个阶段。婴儿在大约4个月开始呀呀语。在9个月后，他们建立联合注意的技能变得更加准确，12个月时主动参与轮流游戏以及使用前言语手势。成人可以通过对婴儿的咕咕声和呀呀语做出反应，进行轮流游戏，建立联合注意和标示婴儿看到的东西，以及对他们的前言语手势做出言语反应，从而鼓励语言进步。

儿童在大约12个月时说出第一个词。1~3岁儿童的语言发展可以分为："单词句"阶段、"双词句"阶段和"简单句"阶段。年幼儿童经常犯过度扩展和外延过窄的错误。在1岁半到2岁之间，常出现词汇量增长的爆发，并且出现称为电报语的双词句表达。在所有年龄，语言理解发展都先于语言产生。

3~6岁儿童的语言发展包括语音、词汇、语法的发展以及交流能力的发展。3~6岁儿童语音和词汇的发展可分为3~4岁、4~5岁、5~6岁3个阶段，词汇量在儿童早期显著增长。3~6岁儿童语法的发展特点为：从不完整句到完整句；从简单句到复合句；从陈述句到其他句型；从无修饰句到有修饰句；句子含词量增加。在学前期末，儿童已经掌握了大量的复杂语法形式。语用是语言实际的、社会的一面。在与同伴的面对面交流中，年幼的学前儿童已经是能力很强的交流者了。到4岁时，他们会利用文化可接受的方式，调整他们对听话者的语言，但在要求较高的环境中，如在打电话的过程中，学前儿童的交流技能还欠成熟。与能力更强的人一来一往的对话可以促进学前儿童的语言技能。

思考与实训

1.有人认为，儿童语言发展是一个自然发展的过程，不需要进行专门的语言教育。你赞同这一观点吗？为什么？

2.列出促进儿童早期语言发展的建议。

3.在幼儿园见习时，选定某一年龄段学前儿童为观察对象，从语音、词汇、语法发展等方面，对学前儿童语言发展的特点进行观察并记录。

专题探讨

背景资料：自蒙台梭利提出语言学习关键期的概念以来，人们对于学前儿童语言学习的潜能和时机有了更加普遍和深刻的认识。很多家长也非常认同学前期作为语言学习关键期的重要意义。便捷的大众传媒更是提供了无数的"证据"来说明学前儿童在语言学习上如何有天赋，社会上涌现出了不少"语言天才""语言神童"。各种综艺节目中，人们频频看到有会七八国语言的幼儿园小朋友，有能背600多首古诗的5岁幼童……同时，与频繁出镜的语言神童们一起出现的还有无数的早期语言教程、语言开发宝典等等，更是让家长们心思涌动又无所适从。

探讨：你如何看待此现象？如果你是家长你会怎么做？如果你是教师你又会怎么做？

第三章 学前儿童语言教育的目标与内容

学习目标

- 掌握学前儿童语言教育各层次目标，树立正确的目标意识；
- 学习和理解《指南》和《纲要》的语言领域相关目标；
- 掌握幼儿园语言教育内容的结构和选择依据。

学习重难点

- 重点：学前儿童语言教育目标的不同年龄阶段特点；
- 难点：学前儿童语言教育活动内容选择和目标制订。

案例破冰

学前儿童能不能大量识字？

豆豆的妈妈兴致勃勃地对朋友说："近些年，好像很多专家和家长都不太认同让幼儿园的孩子识字，认为幼儿园应该'去小学化'，孩子在幼儿园的阶段就是玩，学习什么的上小学再学就行。但是，作为一个大宝开学就要上2年级的宝妈来说，我的经验是上小学前，还是要让孩子大量识字的。我家大宝上小学前，识字量在700个左右，省了不少事。首先是课本上的字、卷子上的字，不太复杂的都认识，所以上课能跟上，回家的作业也不用我一点一点地讲，每天阅读对他来说也不痛苦。而同班有些不识字的孩子，可就没那么容易了，书本上的字基本不认识，上课时需要老师帮忙念字，放学写作业时更是一刻也离不开家长呢！而且，3~4岁期间，孩子的形象思维能力提高，记忆力也达到高峰期，识字对孩子来说已经不是一件很困难的事情了，方法得当的话七八百甚至上千的识字量很容易达到。”依据学前儿童身心发展的特点来看，豆豆妈妈的话是合理的吗？假如你是她的朋友，你能拿出哪些依据来与她进行探讨？本章内容会给我们带来一定的启示，帮助我们解答上述问题。

第一节 学前儿童语言教育目标概述

教育是有目的、有计划地对受教育者施加影响，使他们在认知、情感、行为等方面发生变化的过程。学前儿童语言教育的目标，是整个学前儿童语言教育的纲领。《幼儿园工作规程》总则第三条提出："幼儿园的任务是：贯彻国家的教育方针，按照保育与教育相结合的原则，遵循幼儿身心发展特点和规律，实施德、智、体、美等方面全面发展的教育，促进幼儿身心和谐发展。"从学前儿童发展的诸方面互为条件、相互制约的关系和教育的整体观来看，促进学前儿童语言的发展，提高学前儿童运用语言的能力，是托幼机构语言教育任务的具体体现。任何一个阶段、任何一个领域的教育都必须首先明确：本阶段要使受教育者在本领域发生哪些变化，获得什么样的发展成果。具体到学前儿童语言教育领域，教育者必须明确：通过学前阶段的教育，要使儿童的语言获得什么样的发展，达到何种水平。这一预期的发展成果便是学前儿童语言教育的终期目标。为便于针对学前各年龄阶段儿童的特点施以相应的语言教育，教育者还有必要确立各年龄阶段的目标。最后，当教师依据各年龄阶段目标选定语言教育内容、确定语言教育活动时，还需要就本次具体教育活动设计语言教育活动目标，以指导自己有目的、有计划地组织实施整个活动过程，使每个儿童通过每次语言教育活动都能有所收获、有所发展。

一、学前儿童语言教育总目标

幼儿语言教育的总目标，是幼儿语言教育所期望的最终结果，是幼儿语言教育总的任务要求。根据2001年教育部颁布的《纲要》的要求，幼儿语言教育总目标的具体内容包括：乐意与人交谈，讲话礼貌；注意倾听对方讲话，能理解日常用语；能清楚地说出自己想说的事；喜欢听故事、看图书；能听懂和会说普通话。理解《纲要》的语言教育要求，教师在工作中需要关注的问题如下：

第一，创造一个自由宽松的语言交往环境，支持、鼓励、吸引学前儿童与教师、同伴或其他人交谈，体验语言交流的乐趣。培养学前儿童积极主动和自然交流的愿望、态度和能力。

第二，帮助学前儿童养成注意倾听的习惯，发展他们的语言理解能力。倾听是儿童感知和理解语言的行为表现。良好的倾听行为习惯的养成必须从学前期开始。只有懂得倾听、乐于倾听并且善于倾听的人,才能真正理解语言的内容、语言的形式和语言运用的方式,进而掌握与人进行语言交流的技巧。

第三,鼓励学前儿童大胆、清楚地表达自己的想法和感受,尝试说明、描述简单的事物或过程,发展思维能力和语言表达能力。对学前儿童来说,以一定的语言内容、语言形式以及语言运用方式表达和交流个人观点的行为,是语言学习和语言发展的主要表现之一。只有懂得表述的作用、愿意向别人表达自己的见解,并且具备表述能力的人,才能真正地与人进行语言交流。因而,表述行为培养是学前儿童语言教育目标的重要组成部分。学前儿童需要学习在不同的场合用语言表达自己的感受和认识,达到流畅使用语言的目的。

第四,引导学前儿童接触优秀的儿童文学作品,使之感受语言的丰富和优美,并通过各种活动帮助学前儿童加深对作品的体验和理解。优秀的儿童文学作品是运用语言的典范。应尽可能地给学前儿童创造理解童话、故事、儿歌、儿童诗、儿童散文等各种文学作品的机会,引导他们想象文学作品创设的丰富的情境,感受理解作品里各种人物的个性和情感特征。

第五,培养学前儿童对生活中常见的简单标识和文字符号产生兴趣。早期阅读的主要要求是帮助学前儿童为从口头语言向书面语言过渡的前期阅读和前期书写做准备。这其中包括知道图书和文字的重要性,愿意阅读图书和辨认汉字,掌握一定的阅读和书写的准备技能等。尽管在学前阶段,儿童尚不需要具备真正意义上的阅读和书写能力,但在口头语言向书面语言过渡的时期,他们有必要认识口语与文字的对应关系,掌握看懂图画书的基本技能,初步辨认自己的名字等常见文字,并为进入小学做好书写姿势、书写技能方面的准备。

第六,提供普通话的语言环境,帮助学前儿童熟悉、听懂并学说普通话。少数民族地区还应帮助学前儿童学习本民族的语言。普通话是中国各个不同方言区通用的语言,在语言发展关键期让学前儿童学好普通话,对他们的一生都有很好的影响,对他们的终身学习和发展都有重要意义。

二、学前儿童语言教育年龄阶段目标

教育部于2012年发布《指南》,对学前儿童语言教育提出了具体而明确的要求。语言教育的目标主要有两个方面:倾听与表达、阅读与书写准备。具体是:倾听与表达,要求儿童认真听并能听懂常用语言；愿意讲话并能清楚地表达；具有文明的语言习惯。阅读与书写准备，要求儿童喜欢听故事，看图书；具有初步的阅读理解能力；具有书面表达的愿望和初步技能。

学前儿童各个年龄阶段的典型表现如下。

（一）倾听与表达

目标1：认真听并能听懂常用语言。

3~4岁	4~5岁	5~6岁
1. 别人对自己说话时能注意听并做出回应 2. 能听懂日常会话	1. 在群体中能有意识地听与自己有关的信息 2. 能结合情境感受到不同语气、语调所表达的不同意思 3. 方言地区和少数民族幼儿能基本听懂普通话	1. 在集体中能注意听老师或其他人讲话 2. 听不懂或有疑问时能主动提问 3. 能结合情境理解一些表示因果、假设等相对复杂的句子

目标2：愿意讲话并能清楚地表达。

3~4岁	4~5岁	5~6岁
1. 愿意在熟悉的人面前说话，能大方地与人打招呼 2. 基本会说本民族或本地区的语言 3. 愿意表达自己的需要和想法，必要时能配以手势动作 4. 能口齿清楚地说儿歌、童谣或复述简短的故事	1. 愿意与他人交谈，喜欢谈论自己感兴趣的话题 2. 会说本民族或本地区的语言，基本会说普通话。少数民族聚居地区幼儿会用普通话进行日常会话 3. 能基本完整地讲述自己的所见所闻和经历的事情 4. 讲述比较连贯	1. 愿意与他人讨论问题，敢在众人面前说话 2. 会说本民族或本地区的语言和普通话，发音正确清晰。少数民族聚居地区幼儿基本会说普通话 3. 能有序、连贯、清楚地讲述一件事情 4. 讲述时能使用常见的形容词、同义词等，语言比较生动

目标3：具有文明的语言习惯。

3~4岁	4~5岁	5~6岁
1. 与别人讲话时知道眼睛要看着对方 2. 说话自然，声音大小适中 3. 能在成人的提醒下使用恰当的礼貌用语	1. 别人对自己讲话时能回应 2. 能根据场合调节自己说话声音的大小 3. 能主动使用礼貌用语，不说脏话、粗话	1. 别人讲话时能积极主动地回应 2. 能根据谈话对象和需要调整说话的语气 3. 懂得按次序轮流讲话，不随意打断别人 4. 能依据所处情境使用恰当的语言。如在别人难过时会用恰当的语言表示安慰

(二)阅读与书写准备

目标1:喜欢听故事,看图书。

3~4岁	4~5岁	5~6岁
1.主动要求成人讲故事、读图书 2.喜欢跟读韵律感强的儿歌、童谣 3.爱护图书,不乱撕、乱扔	1.反复看自己喜欢的图书 2.喜欢把听过的故事或看过的图书讲给别人听 3.对生活中常见的标识、符号感兴趣,知道它们表示一定的意义	1.专注地阅读图书 2.喜欢与他人一起谈论图书和故事的有关内容 3.对图书和生活情境中的文字符号感兴趣,知道文字表示一定的意义

目标2:具有初步的阅读理解能力。

3~4岁	4~5岁	5~6岁
1.能听懂短小的儿歌或故事 2.会看画面,能根据画面说出图中有什么,发生了什么事等 3.能理解图书上的文字是和画面对应的,是用来表达画面意义的	1.能大体讲出所听故事的主要内容 2.能根据连续画面提供的信息,大致说出故事的情节 3.能随着作品情节的展开产生喜悦、担忧等相应的情绪反应,体会作品所表达的情绪情感	1.能说出所阅读的幼儿文学作品的主要内容 2.能根据故事的部分情节或图书画面的线索猜想故事情节的发展,或续编、创编故事 3.对看过的图书、听过的故事能说出自己的看法 4.能初步感受文学语言的美

目标3:具有书面表达的愿望和初步技能。

3~4岁	4~5岁	5~6岁
喜欢用涂涂画画表达一定的意思	1.愿意用图画和符号表达自己的愿望和想法 2.在成人的提醒下,写写画画时姿势正确	1.愿意用图画和符号表现事物或故事 2.会正确书写自己的名字 3.写画时姿势正确

三、学前儿童语言教育的具体活动目标

学前儿童语言教育的具体活动目标是指通过一次语言活动期望幼儿获得的知识技能和受到某些方面的教育,或者说是一次语言活动所要取得的成效。确定具体活动目标不仅要和学前儿童语言教育总目标、各年龄阶段目标相吻合,而且要结合语言教育的课题内容,并充分考虑具体教育对象的年龄特点及语言能力的发展水平。教师在教育实践中,应努力通过一个个低层次目标的实现进而实现高层次目标,最终促进儿童语言的全面和谐发展。

第二节 学前儿童语言教育目标设计

学前儿童语言教育的总目标、分类目标、年龄阶段目标、不同类型语言教育活动的目标一般都是由权威的机构制订的,是上位的、相对固定的、较笼统的目标。然而,具体的语言教学活动目标一般由教师自己制订,没有特定的规范或参照,是下位的、灵活性较强的、具体可操作的目标。教师设计的具体教学活动目标必须与幼儿园语言教育的总目标、分类目标、年龄阶段目标以及不同类型活动的目标相一致,可以说教学活动目标是为上述目标服务的,是上述目标的最终分解和具体化。

语言教学活动目标有时候是一次活动要完成的任务,但也有可能是一组相近的活动或一个主题系列活动的目标,它们使具体的教育内容紧密地联系在一起。无论哪种教学活动,其目标都应指向为儿童提供尽可能丰富的有益经验,对儿童的语言发展提出一定的期望和要求,并通过教师的活动计划和教育实践得以体现。那么,怎样才能制订出科学、合理的语言教学活动目标呢?下面主要从幼儿园语言教学活动目标制订的要点出发,结合语言教学活动目标制订中常见的问题及案例进行具体分析。

一、学前儿童语言教育目标设计的要点

良好的语言教学活动目标应当具备全面性、适切性和可操作性。全面性指的是渗透和涵盖知识与技能、习惯与能力、情感态度与价值观等维度。适切性指的是要符合儿童的年龄特点和班级实际,既联系儿童的已有经验,又具有一定的挑战性。可操作性则是指活动目标要具体明确,指向儿童特定语言能力的发展。具体应当遵循以下几点。

(一)在方向上要与总目标、分类目标、年龄阶段目标相一致

首先,学前儿童语言教育的总目标非常重视语言运用能力的发展,强调“语言能力是在运用的过程中发展起来的”,因此,在语言教学活动目标的制订中,我们要将语言运用能力的发展与语音、语法和语义的发展并列为语言发展的4个重要范畴。其次,完整的语言教育目标应包括培养语言的听、说、读、写4个方面的情感、态度和能力。幼儿园语言教育的分类目标强调应培养儿童的倾听、表述、文学作品欣赏和早期阅读的行为能力。因此,语言教学活动目标的制订应充分关注儿童各方面语言能力的发

展。最后,儿童语言的发展是一个由非语言交际到口头语言交际再到书面语言学习的连续上升过程,因此,儿童语言教学活动目标的制订,要根据儿童的年龄特征和发展水平,由浅到深、循序渐进地提出目标,使儿童能从具体到抽象、从直接到间接地获得语言经验。

例如,中班语言活动——“过春节真快乐”的教学目标制订为:①交流过年的所见所闻所感,提高幼儿的语言表达能力,养成良好的倾听习惯。②学会与别人分享自己的快乐,感受喜庆的春节给人们带来的快乐。③模仿并尝试自编,把经历过的春节场景创编成儿歌。上述语言活动目标的设计,符合《纲要》中提出的总目标之一:注意倾听对方讲话,能理解日常用语,能清楚地说出自己想说的事。小朋友们各自根据自己的春节经历,畅所欲言,当聆听完其他小朋友的春节故事后,聆听者也可以大胆去讲述自己的所感所悟,训练表达能力。该目标也符合《指南》关于中班语言发展的目标要求:能基本完整地讲述自己的所见所闻和所经历的事情。目标中贯穿了倾听、表述、文学欣赏和早期阅读4个方面的要求,注重让儿童在感知、理解诗句内容的基础上,学习运用特定的句式讲述事物之间的关系,并强调了儿童轮流表述等语言运用能力的发展,将语言运用与语音、词汇等方面的发展有机地融合起来。

(二)要以对教学内容和儿童原有发展水平的全面了解为基础

语言教育内容是实现语言教育目标的手段,是幼儿园教师设计、实施语言活动的主要依据。教师在制订活动目标时,应当充分地研读教学材料,分析材料内容所蕴含的意义以及对特定年龄阶段发展的作用,把教育内容的各个部分、各个方面充分转化为学习语言的教育目标,使其有一定的指向,明确具体,有可操作性、可观察性。

例如,大班语言教学活动——故事《四个愿望》的教学目标设计为:①观察画面,了解主人公在四季中的活动,感知四季的美好与快乐;②联系上下文,在语境中理解词汇“高兴”“兴高采烈”“痛快”“兴奋”等所表达的情绪;③通过欣赏画面,讨论、朗诵、交流、感知,识别汉字“春天”“夏天”“秋天”“冬天”;④阅读文本,萌发热爱大自然的情感。上述语言教学活动目标的设计,围绕儿童语言教育的核心内容,用恰当的方法设定了认识汉字、学习词汇、理解语言功能和进行言语交际的目标,使目标有的放矢,具体而清晰。此外,儿童语言教学活动目标的制订要建立在符合儿童的需要、兴趣和已有发展水平的基础之上。只有在研究和把握儿童身心发展的实际水平、发展需要和可能性的基础上,才能确定进一步发展的潜力、方向和步伐。因此,教师要充分观察、了解儿童已有的发展水平和内在需要,了解儿童的最近发展区,使教学目标处于儿童的最近发展区内,以促进儿童现实语言发展水平向潜在语言发展水平的良好过渡。

(三)在内容上要涵盖多方面并与其他各领域目标有机整合

幼儿园语言教育目标的内容包含了认知、情感与态度、能力与技能3个部分。“认知”即知道了什么,是指有意识地去做,具体包括知识概念的学习、所获知识的数量和种类以及操作这些知识的技能和能力。如要儿童掌握多少词汇、句式以及懂得在什么样的语言情境下运用这些词汇和句式。“情感与态度”即愿意做什么,是指“乐意做、喜欢做”,具体包括兴趣、态度和价值观等方面的变化。如儿童形成有耐心、有礼貌地倾听别人说话的态度,愿意在集体面前讲述自己经历的事和自己喜欢的图片内容,懂得并愿意遵守语言交往中的一般规则。“能力与技能”即能够干什么,是指“能够做到”,具体包括组词成句的能力和在具体语言情境中运用语言的能力。如儿童能根据不同的听者和不同的情境,恰当地运用相关词汇、语法和语调,用连贯的语句清楚地说明自己所要表达的意思,也能听懂别人所表达的意思。在语言教育目标中,认知、情感与态度、能力与技能三者是统一的,因此,教师要在分析教学内容的基础上充分挖掘其多方面的教育价值。

例如,大班儿童诗《家》的教学目标设计为:①听录音,感知文本,理解故事内容,在语境中理解词语“舒服、漂亮、可怜、幸福”,并在语境中运用这些词;②通过阅读、讨论、操作图片等,记忆诗歌内容,尝试完整地朗诵诗歌;③愿意参加诗歌学习活动,感悟有家的幸福。上述活动目标不仅涉及知识概念的学习、知识的数量和种类,还包含了操作这些知识的能力和技能。目标的制订首先针对倾听和感知文本的过程,重点向儿童展现儿童诗歌成熟的语言和丰富的句式,提高儿童对语言多样性的认识。通过设计阅读、讨论、操作、记忆、朗诵等方面的学习策略,重在培养儿童在语境中理解和运用语言的能力。“愿意参加诗歌学习活动,感悟有家的幸福”这一目标还关注了对儿童情感态度的培养,关注了儿童学习诗歌的兴趣、情感的变化和正确价值观的形成。

儿童语言教学活动目标的制订还应当注意和其他领域目标之间的整合。随着教育改革的不断深入,整体性的发展越来越受到人们的关注,幼儿园教育的目的是促进儿童全面和谐的发展,幼儿园的教学活动是整合性的活动,那么教学活动目标应该是孤立的,应当注重特定的教学活动目标与其他相关领域活动目标之间的联系。例如,在上述大班儿童诗《家》的教学活动目标设计中,不仅包含了对儿童语言文学作品欣赏方面能力培养的要求,也对儿童的社会性发展方面提出了一定的期望,强调通过诗歌的学习,儿童能“感悟有家的幸福”。可见,教学活动目标不但是认知、情感、能力目标的整合,而且是儿童语言教育与其他各个领域教育活动的结合,使儿童在有限的时间内获得更多的发展。

(四)在语言表述上要突出以儿童为主体,力求明确具体

本次活动要传授儿童哪些基本技能、技巧,培养儿童哪一种情感,都要有明确的说明,否则教学活动的目标不但会失去它的指导作用,也会给后续的活动组织和评价带来困难。明确具体的教学活动目标应当是可操作性评价的行为目标,即在目标的表述上应当具备美国教育学家布鲁姆提出的行为目标的3个要素:运用操作性动词来描述目标,如“说出、比较、指认、讲述、阅读”等;目标中应包含完成行为的有关条件,如“用语言表述,用绘画、舞蹈等方式表达”等;目标中有行为表现标准,即对学习结果的叙述,一般用“能够……会……可以……”等表述学习的结果,而不用“学习……”。

教学活动目标在语言表述上既可以设计成从教师教育的角度提出的“教育目标”,即把教师作为主体,更多运用“指导、帮助、引导、启发、提高、促进、激发”等词语描述教学目标;也可以设计成从学习角度提出的“学习目标”,即把儿童作为主体,更多使用“感知、了解、丰富、喜欢、愿意、乐意、能够、尝试、体验”等词语描述教学目标。当然,我们更倾向于鼓励制订从儿童角度出发的行为学习发展目标,以突出儿童在教学活动中的主体地位,这样有利于教师始终围绕“如何促进发展”来选择相适宜的教育策略与手段,也更有利于在教学活动结束后针对儿童的行为状态进行评价与反思。

例如,大班童话故事《我爱你》的教学活动目标为:①仔细观察,注意倾听,理解讲述的故事情节,丰富词句“不知不觉,不约而同,我爱你”;②欣赏、倾听,朗读、讲述作品中的人物对话;③通过交流,体验运用新学到的语言来表达自己情感的快乐与自信。上述教学活动目标的制订从儿童角度出发,让儿童“观察、倾听、理解、丰富、体验”作品,将作品的内容与情感有机地整合,符合儿童学习过程的特点,突出了儿童的主体地位。在教学活动目标的设计中,还明确指出通过“观察、朗读、交流”等方式,儿童能“讲述作品中人物的对话”“运用新学到的语言表达自己的情感”,让儿童在使用语言的过程中学习语言,促进了儿童语言发展的核心能力——理解能力和表述能力的提升。

(五)因时因地灵活变化,既面向全体儿童的发展,又适应个别需要

我国各地的气候条件、地理环境、动植物、民族风俗文化都有很大不同。教学活动目标要根据当地的自然环境与文化资源来制订,不能简单地跟随教材。例如,在开展大班谈话活动“家乡的冬天”时,北方冬天最显著的标志是雪花飞舞,而南方很少有雪花,并且由于气候的不同,穿着也有些不同。因此,教师应根据本地的环境条件和特点来制订目标。

在教学活动中，儿童的学习经验和学习能力之间存在着各种各样的差异，制订适合全班儿童发展水平的目标几乎是不可能的，但是作为班级的教学活动又必须围绕着一个统一的教学目标进行，因此，为了使教学活动目标既有统一要求，又能满足不同儿童的需要，教师在制订教学目标时要有一定的弹性。一方面，要使儿童明确要达到的最低标准，即目标的下限，使他们了解达到怎样的水平才是基本合格；另一方面，必要时也可针对学有余力的儿童提出更高的标准，以鼓励他们精益求精，使他们的学习潜力得以充分发挥。

二、幼儿园语言教学活动目标制订中常见的问题及案例分析

在以往的学前儿童语言教育工作中，曾存在着教学活动目标与其他层次教育目标相互脱节的问题，也曾经出现过教育目标的表述不科学而导致教学活动结束后无法评价和反馈的问题，这些问题都影响了幼儿园语言教学活动的有效开展。幼儿园语言教学活动目标设计的常见问题主要有以下几类。

（一）目标笼统不可测，针对性不强

设计语言教学活动目标的原则之一就是可检测性。目标的“可检测性”可以帮助教师在活动后进行活动效果的评价，即是否实现了目标，并作为继续组织儿童语言活动的依据。如果目标在表述上缺乏针对性、不够具体、不可检测和评价，教学活动目标的制订就变得形同虚设。如“培养分析问题、解决问题的能力”或“发展创造性思维能力”等，活动结束后，教师无从了解自己的活动是否合适，活动是否科学，是否实现了预期的目标。

［案例1］中班语言活动：我最喜爱的小动物①

【活动目标】

(1)幼儿之间进行交流，谈论自己喜爱的小动物。

(2)体验交流的快乐，激发对小动物的喜爱之情。

第1条目标中所提到的“谈论自己喜爱的小动物”和第2条目标中所提到的“体验交流的快乐”都较为宽泛，幼儿容易失去重点，漫无边际。教师可以再细化一些，引导幼儿从小动物的种类和特征去探讨，然后再谈论幼儿喜欢该动物的原因，唤醒幼儿相关的回忆，让他们去讲述相关的事件。这样才能帮助教师在设计活动过程时有针对性地围绕目标层层展开。因此，建议对活动目标进行如下修改。

---

① 该案例为编者自编。

(1)在“我知道哪些动物”的探讨中,进一步了解小动物的种类和基本特征。

(2)在“我最喜欢的小动物”的探讨中,意识到小动物是多种多样的,且不同的小朋友会喜欢不同的小动物。

(3)在“我与小动物的故事”的探讨中,能积极参与谈话和讨论,大胆向同伴介绍自己与小动物之间的故事。

(二)目标设计成分缺失,导向不明确

完整的教学活动目标内容应当包含认知、情感与态度、能力与技能3个方面的要求。但是幼儿园教师在制订语言教学活动目标时,往往只注重其中2个方面,忽略了其他方面的培养。

[案例2]中班语言活动:家是什么①

【活动目标】

(1)敢于在集体面前大胆分享自己的经验。

(2)理解散文内容,了解借用物体表达心中感受的比喻方法。

一般来说,在教学活动的目标设置中应当尽量包含3个维度,但是,如果在活动中某一领域的目标确实无法体现或者是已经具备了这方面目标要求的能力,那么在活动目标中可以不予呈现。但是,该案例活动完全可以提出情感方面的目标,如知道家庭成员的组成情况,知道自己家的所在方位,并能描述出一些家人的主要特征。因此,建议对活动目标进行如下修改。

(1)感受散文的温馨与甜蜜,萌发爱家爱亲人的情感。

(2)描述出一些家人的主要特征,敢于在集体面前大胆表达。

(3)理解散文内容,了解借用物体表达心中感受的比喻方法。

(三)目标超出儿童的发展水平,难度过大

教学活动目标的制订必须符合儿童的年龄特征,要略高于现有儿童的发展水平,也就是将目标要求制订在儿童的最近发展区之内。超过儿童最近发展区的目标、要求,儿童是无法达到的,也是在一次教学活动当中无法实现的。

[案例3]小班语言活动:荷叶姐姐的伞②

【活动目标】

(1)在看看讲讲中感受散文诗的语言美,愿意用自己喜欢的方式表达对散文诗的喜爱。

---

① 该案例为编者自编。

② 该案例为编者自编。

(2)在教师的引导下,愿意结合生活经验想象荷叶姐姐伞下的动物,体验与同伴分享的快乐。

(3)能有感情地朗读读本,学习作品中的主要对话。

根据小班儿童的年龄特点来看,教师设定的教学活动目标显然超越了小班儿童的语言认知发展规律,不符合《纲要》精神和学前儿童语言教育年龄阶段目标的要求。如"感受散文诗的语言美""能有感情地朗读读本"这些目标,显然要求过高,这样做的结果是增大了教学容量,增加了儿童的学习负担。教师应当根据小班儿童语言发展的特点和水平,降低目标难度。因此,建议对活动目标进行如下修改。

(1)喜欢阅读和观察图画,能感受故事的幽默。

(2)能找出画面的主要信息,理解画面的含义。

(3)能听懂作品中的主要对话,学习并尝试运用句型"我来帮你……"。

(四)目标缺乏价值定位,学科特点不突出

尽管我们提倡在教学活动目标的设计中适当整合儿童发展各个领域的知识和内容,然而,语言教学活动目标设计的出发点和落脚点一定是儿童的语言发展,必须以促进儿童某方面语言能力的发展为主要目的,不能让其他领域的整合目标喧宾夺主,失去语言教学活动本身的价值和意义。

[案例4]故事:不怕冷的大衣(小班)[①]

【活动目标】

(1)知道冬天多运动就不怕冷。

(2)通过体育运动进一步体验"不怕冷的大衣"。

显而易见,这一语言教学活动目标虽然体现了整合的教育理念,但完全忽视了"语言发展"这一重要目标的体现。教学活动目标的制订应符合本学科的特点,即使进行整合教学,也必须以本学科的内容为重点,整合进来的内容应是为本学科的教学目标服务的。因此,建议对活动目标进行如下修改。

(1)能认真地倾听故事,了解故事内容。

(2)能响亮地说出故事中的主要人物,读准动词"躲、跑、跳"。

(3)通过体育活动来体验"不怕冷的大衣"。

(五)目标表述不当,角色倒置

在语言教学活动目标的表述上,我们提倡呈现发展目标而非教育目标。所谓教育目标就是从教育者的角度提出的需要达到的教育要求,而发展目标则是从受教育者的

① 赵丽,徐学强,王静.学前儿童语言教育[M].北京:九州出版社,2017:48.

角度提出的需要达到的教育要求。也就是说，应当在教学活动目标的表述中，突出儿童的主体地位，指向儿童自身的语言发展所达到的标准，关注儿童“掌握、学会、获得、体验、形成”了哪些知识、技能和情感态度，而不是教师“帮助、引导、教会、激发、促进”了哪些方面语言能力的发展。

[案例5]谈话活动：好吃的早餐（小班）[①]

【活动目标】

（1）教儿童学会大方地在集体面前说话，并认真倾听他人谈话。

（2）引导儿童用简短的语言说出早餐的种类、味道及自己进餐后的感受。

（3）引导儿童学习围绕主题谈话。

（4）帮助儿童学会“甜甜的”“咸咸的”“饱饱的”“胀胀的”“舒服的”等词汇。

在教学活动目标的表述中，行为动词的主体基本上是教师，过分强调了教师在教学活动中的教育、引导和帮助作用，没有突出儿童在教学活动中的主动性。第4条目标中让儿童学会“甜甜的”“咸咸的”等词汇的要求难度过大，不符合小班儿童的年龄发展特点，应降低难度。另外，活动目标中还可以尝试补充有关早餐知识的认知目标内容。因此，建议对活动目标进行如下修改。

（1）能够认真倾听教师和同伴的谈话，大胆发言。

（2）知道并能够说出一些早餐的种类、味道，以及自己进餐后的感受。

（3）理解“甜甜的”“咸咸的”“饱饱的”“胀胀的”“舒服的”等词汇，并尝试运用。

（4）知道早餐的作用，喜欢吃早餐。

（六）目标面面俱到，以“过程”代替“目标”

语言教学活动的目标大多只针对一次或几次系列教学活动而设计，因此在目标的表达上不要求面面俱到，语言要尽可能简明扼要，重点突出对语言发展方面的要求，而不需要介绍具体的活动过程。

[案例6]诗歌：《家》（大班）[②]

【活动目标】

（1）知识与技能：感知理解诗歌中“家”的含义，学习用轻柔、优美的声音朗诵诗歌，能展开合理想象，学会仿编诗歌，学会自编动作，体会成功感。

（2）过程与方法：根据图文诗歌的表现形式，尝试借助图片，用书面语的形式仿编诗歌，并认识汉字“家”。

---

① 赵丽，徐学强，王静.学前儿童语言教育[M].北京：九州出版社，2017：48.

② 赵丽，徐学强，王静.学前儿童语言教育[M].北京：九州出版社，2017：48.

(3)情感态度与价值观：通过儿童从“小家”到“大家”的感悟、体会，联系生活经历，初步感知“家”的概念、意义和作用，渗透爱动物、爱自然、爱祖国的教育。

案例中这位教师制订的教学活动目标表面上看既全面又具体，但细细分析却发现目标琐碎繁杂、主次不分、面面俱到。教师如果依此组织和实施教学活动，极有可能导致教学活动的浅尝辄止、无序凌乱，效果只会“欲速而不达”。因此，建议对活动目标进行如下修改。

(1)感知、理解诗歌的含义，能有感情地朗诵诗歌。

(2)体会诗歌的表现形式，合理展开想象，结合图画尝试仿编诗歌。

(3)认识汉字“家”，感知体会有“家”的幸福感。

综上所述，幼儿园语言教学活动目标的制订，是儿童语言教育活动设计中最重要的一环。目标制订得恰当与否，将对整个活动设计产生决定性的影响。要制订科学的、合理的教学活动目标并非易事，教师应当在日常学习中不断提高自己的能力，认真学习有关教育学、心理学等相关学科的知识，使自己具备一定的理论基础；认真分析优秀教学活动目标设计案例，遵循制订教学活动目标的规律，并进行多次反复练习；还应该避免教学活动目标制订中的常见错误，对照科学理论或请教经验丰富的教师，冷静审视、分析自己在目标制订过程中出现的问题，找出症结所在，并有意识、有目的地逐步改进，提高制订幼儿园语言教学活动目标的能力。

第三节 学前儿童语言教育的主要内容

学前儿童语言教育的内容可以分为专门的语言教育内容和渗透的语言教育内容两类。

一、专门的语言教育内容

对学前儿童进行专门的语言教育，是为了给学前儿童提供用语言进行充分互动的环境，使他们有机会对在日常语言交际中获得的语言素材进行提炼和深化，达到对语言规则的理解及有意识的运用。专门的语言教育，是根据既定的语言教育目标，有计划地组织和安排学前儿童系统学习语言的过程，是通过专门的语言教育活动来实现的。它主要包括谈话、讲述、听说游戏、文学作品学习和早期阅读等活动类型，这也是我国目前学前儿童语言教育中经常采用的、最基本的教育内容。

(一)谈话

谈话是人与人之间运用问答、对话的语言手段进行交往的一种活动。儿童运用语言与人交往是从交谈开始的。谈话在培养儿童语言交际意识、情感、能力方面有特别重要的意义。

幼儿园专门的谈话活动与日常谈话是有区别的。日常谈话是儿童在日常生活中进行的谈话，是无预期目标和计划的谈话，具有自发性和随意性。从话题上来说，日常谈话是没有目标的，是儿童随意产生的；从时间上来说，是在自由活动时产生的。幼儿园的谈话活动是一种有目的、有计划地组织儿童学习的语言教育活动，这种活动旨在创造一个良好的语言环境，帮助儿童学习倾听别人的谈话，围绕一定的话题进行谈话，习得与别人交流的方式规则，培养其与人交往的能力。谈话活动的内容主要有以下几个方面：

1. 围绕主题交谈

教师可根据儿童的兴趣和生活经验，设计交谈内容。通过专门的、有组织、有计划的谈话活动，激发儿童的谈话兴趣，培养谈话的积极性、主动性，使其逐渐养成谈话的习惯。

2. 交流信息谈话

为了让儿童获得更多他们不具备的信息知识，教师可安排儿童进行专门的信息交流或谈话活动。可让儿童说说最近发生的新鲜事或将遇到的有意义的事，让他们更加关注周围环境及生活中的新变化，交流自己身边的信息。

3. 分享经验谈话

为了更多地体现一日活动各环节对儿童发展的教育价值，教师可以经常组织开展一些小结性的谈话活动，让儿童在谈话活动中与同伴分享自己或他人的有益经验。通过谈话，儿童在倾听和理解教师的提问并做出相应回答的基础上，习得一些谈话的方法，在谈话中逐渐领悟、掌握谈话的基本规则。

（二）讲述

讲述是指运用完整的句子、连贯的语言围绕一个主题描述事物、表达思想的一种活动。讲述时运用的是独白的语言，是比谈话更为复杂、周密的一种口语表达形式。它的特点是内容丰富、用词准确、语句结构完整、语言连贯、表达内容前后一致。它对儿童语言的目的性、独特性、创造性和连贯性，对儿童的思维、记忆、想象等方面的教育都有很好的促进作用，因此也是我国幼儿园语言教育中颇具特色的一种教育内容。讲述在语言的内容、形式和思维的逻辑性等方面的要求都比谈话高。要达到语言教育目标中有关讲述能力的目标，必须根据儿童的年龄特点，选择多种讲述内容，通过多种方式的训练，发展其讲述能力。讲述活动主要内容有以下几类：

1. 实物讲述和图片讲述

实物讲述就是指用语言来描述实物的外形、性质、习性、用途或使用方法等；图片讲述则是指让儿童讲述单幅或多幅图片中的相关内容，比如时间、地点和人物的外貌、表情、姿态动作等。

2. 拼图讲述和情景讲述

拼图讲述是指讲述拼出的图片、拼板或图形中包含的内容；情景讲述则指讲述情景中的人物、事件、对话、动作、心理活动等。

3. 经验讲述

即讲述自己亲身经历过的或间接了解的人、事、物等。

（三）听说游戏

听说游戏活动为儿童提供了一种轻松、愉悦的游戏情景，使儿童在游戏中按一定的规则练习口头语言，培养儿童在口语交际活动中的倾听和表达能力。听说游戏的内容有：

1. 巩固难发的音，排除方言干扰音，练习声调和发声用气。

2. 扩展、丰富词汇量，正确运用各类词语。

3. 在游戏中尝试运用某些结构的句子，培养语感。

（四）文学作品学习

文学作品学习活动是以儿童文学作品为基本教育内容而设计组织的语言教育活动，即从一个具体的文学作品教学入手，围绕这个作品展开一系列相关的活动，帮助儿童理解文学作品中所展示的丰富优美的艺术语言和生动有趣的情节。它是幼儿园语言教育的重要内容。

儿童文学作品主要包括童话、儿童生活故事和自然故事、儿童诗歌、散文、谜语、绕口令等。它们具有丰富优美的语言和生动有趣的情节，作品中人物个性鲜明，主题富有哲理，深受儿童喜爱。文学作品学习活动的具体内容有：

1. 聆听与感受文学作品

要求儿童集中注意力去倾听成人朗读文学作品，感受文学作品中的语言、情节、动作、人物对话等描写，感受作品的思想感情脉络和丰富独特的表现手法。

2. 朗诵与表演文学作品

要求儿童跟随成人朗诵文学作品，并扮演一定的角色，用道具、场景等材料，借助动作、表情、对话等来学习、模仿和表演文学作品的内容，进一步理解文学作品。

3. 仿编与创编文学作品

要求儿童在理解文学作品内容的基础上，仿编儿童诗歌、散文、谜语等内容，并根据所创设的条件以及提供的材料创编文学作品。

（五）早期阅读

早期阅读是指儿童对简单的文字、图画、标记等的阅读活动，其中包括知道图书和文字的重要性，愿意阅读图书和文字，学习初步的阅读和书写的准备技能等。早期阅读经验是儿童由口头语言向书面语言过渡的前期阅读准备和前期书写准备，是理解口语与文字之间关系的重要经验。从语言教育角度来看，图书是儿童从理解图画符号到理解文字符号，从学习口头语言向学习书面语言过渡的有效工具，它在帮助儿童顺利完成以上两个过渡的过程中起着十分重要的作用。早期阅读的具体内容有：

1.前阅读经验

当前儿童阅读的图书是由文字和图画两种符号构成的，我们可以利用儿童感兴趣的、丰富多彩的图画书来帮助儿童学习阅读图书，提高他们的阅读能力。主要包括以下内容：①阅读图书的基本技能，包括身体的姿势，眼睛与书的距离，翻阅的顺序，会看图画，能发现画面中的人物表情、动作和背景，并能将画面前后内容合理组织起来，初步运用语言表述等。② 会听成人朗读图书中画面的配文，边看边听边理解，并能根据图书中的故事情节，回答成人的提问。③养成阅读和爱护图书的良好习惯，了解图书制作的方法，知道图书上的故事是由作家用文字表达出来的，画家又用图画将文字内容进一步表现出来，最后印刷装订成书。

2.前识字经验

识字是儿童进入小学阶段的学习任务，幼儿园开展的早期阅读是为了帮助儿童获得前识字经验，提高儿童对文字的敏感程度，而不是要求儿童机械记忆和认读文字。前识字经验包括以下几个方面的内容：①知道文字有具体的意义，可以念出声音来，可以把文字、口语中的词语与概念对应起来。②理解文字的功能作用，知道文字是一种符号，知道符号系统可转换。③知道文字和语言的多样性，初步了解世界上有各种各样的语言和文字，同样一句话可以用不同的语言文字来表达，不同的语言文字可以相互翻译。

3.前书写经验

在幼儿园阶段，不要求儿童像小学生那样集中学习写字，但是获得一些有关汉字书写的信息还是必要的，这能为他们进入小学以后正式学习书写做好准备。幼儿园书写学习的主要内容有：①了解汉字的独特书写风格和基本笔画，能区别汉字和其他文字。②知道书写汉字的工具，初步了解汉字可以使用铅笔、钢笔、圆珠笔、毛笔等不同的书写工具来书写。③ 初步尝试用正确的书写姿势学习写自己的名字。

二、渗透的语言教育内容

渗透的语言教育内容，主要是利用学前儿童的各种生活和学习经验，在真实的生活情境中，为儿童提供更加广泛的、多种多样的学习和运用语言的机会。渗透的语言教育内容寓于儿童一日的活动之中，属于随机教育的内容，它能促进儿童与教师之间、与同伴之间有效的语言交流，能充分发挥学习的自由度，丰富儿童的语言经验，还能更好地体现语言教育的个性化，做到因材施教。渗透的语言教育内容在日常生活中往往容易被忽略，得不到很好的利用。实际上，语言作为最重要的交际工具，无时无刻不伴随着儿童的各项活动，因此，发挥语言在各项活动中的渗透作用，应该是语言教育的一项重要教育内容。在日常教育中有必要加大这方面的教育力度，使之与专门的语言教育内容相呼应，彼此配合，相互补充，从而更好地促进儿童语言的发展。渗透的语言教育内容主要在以下4种情景中体现。

（一）日常生活

1.在集体活动和个别化活动中，能认真倾听并理解教师关于遵守行为规则的要求，以此指导和约束自己与他人的行为。

2.能在各项活动中理解并执行教师的指令，同时在掌握行为规则的基础上，学习用语言评价自己和同伴在活动中的行为。

3.能在他人面前大胆地讲述自己的见闻。

（二）人际交往

1.正确使用礼貌用语。

2.能用语言向他人提出请求、表达愿望，或对他人提出的要求做出恰当的反应。

3.能用适当的词、句或语气、语调与同伴展开讨论或辩论，协商与调节同伴之间的纠纷等。

（三）游戏活动

1.游戏时能与同伴随意进行交流，能结合游戏情节自言自语或进行恰当的人物对话。

2.会用语言与同伴协商、讨论与合作，共同开展游戏活动。

3.能用连贯的语言描述游戏规则的执行情况与游戏开展情况，评价游戏活动中同伴和自己的表现，以及表达对游戏活动的感受。

（四）学习活动

1.在认知活动中，能积极主动地提出问题和解答问题。

2.能完整连贯地讲述所观察到的事物或现象。

3.在集体中，能较长时间地倾听教师对各种学习内容的讲解和指导，理解学习内容。

4.能用几种不同的符号来记录和表述对认知内容和认知过程的感受。

5.能用语言表述对音乐、美术作品的感受。

第四节　学前儿童语言教育的内容选择

一、依据学前儿童语言教育的目标确定教育内容

学前儿童语言教育的目标是学前儿童语言发展应达到的水平和标准，学前儿童语言教育的内容要为实现学前儿童语言教育目标服务，因此，学前儿童语言教育的内容必须依据学前儿童语言教育的目标来确定，才能有针对性地开展各年龄阶段的语言教育，使学前儿童语言得到更好的发展。这些内容有些是专门的语言教育活动内容，有些是渗透在其他活动中的语言教育内容。无论选择何种内容，教师最直接的参照点必然是活动目标。根据目标选择内容并不是说目标和内容必须一一对应，实际上，一个目标往往要通过多种活动来达到，一种内容也可以同时体现几个目标的要求。例如，要求大班幼儿“能主动、积极、专注地倾听别人谈话，迅速掌握别人谈话的主要内容，并从中获取有用的信息”这一个谈话活动目标，就要通过多种活动内容来实现。

二、依据学前儿童心理发展的特点选择教育内容

学前儿童语言教育是为了促进学前儿童的语言发展，因此语言教育内容应该根据学前儿童心理发展的特点来选择。情绪性及好模仿是学前儿童心理发展的突出特点，所以教师选择语言教育内容时应注意趣味性和新颖性，以利于激发学前儿童学习语言的积极性、主动性和创造性，提高他们学习的兴趣和学习效果。例如，以小动物为主角的童话故事以语言优美、诙谐、幽默的特点令学前儿童百听不厌；描写大自然美好景色的诗歌和散文能让学前儿童感受文学作品的语言美及展开丰富的想象；文学作品中重复的对话及美妙的句子是学前儿童模仿的好词句；教师在语言活动中的语言、动作、表情等也是学前儿童模仿的对象。因此，语言教育的内容要方便教师通过直接或间接的语言示范，给学前儿童提供大量规范的、可供模仿的语言。由此可以帮助学前儿童在模仿中习得有关的语言，提高语言的理解力和表达力。

三、依据学前儿童语言发展的特点选择教育内容

学前儿童语言发展的特点是从非语言交际向口语交际转换，再从口语交际向书面语言学习转换。这一过程并不是截然分开的2个阶段，而是相互交叉的。因此，教师在确定语言教育内容时，必须针对各年龄段儿童语言发展的特点，既有交叉，又有侧重地开展教学活动。

第一阶段是学前儿童从非语言交际向口语交际转换的过程。在这一阶段，儿童需要学习最基本的听说转换，包括词语的理解和应用、构成词句、表达意思3个方面的内容。我们要运用谈话、讲述、听说游戏、文学作品学习和早期阅读等语言教育活动，让儿童进行这些内容的练习，使儿童获得相关的语言经验。在这一阶段中，要培养儿童及时反馈的语言交际基本能力，使学前儿童从运用声音、动作、表情等体态语言逐渐转变为运用口语与人交流。

第二阶段是在帮助学前儿童运用口语交际向书面语言学习转换的过程中，同时让他们逐步接触书面语言，学习在口语里使用书面语言的表达方式。学前儿童需要学习口语与文字、图书的对应与转换关系以及简单识字两方面的内容，为升入小学后系统地学习书面语言做好准备。

四、依据学前儿童新旧语言经验选择教育内容

学前儿童语言学习是不断获得语言经验的过程，语言教育内容也就是不断为学前儿童提供各种新的语言经验的过程。教师选择的语言教育内容应使语言教育活动所提供的语言经验能够为学前儿童所获得，成为他们自身语言经验体系的一部分。因此在选择教育内容时，应考虑学前儿童新旧语言经验的联系，注意活动内容的连续性，力求学前儿童每一次获得的语言经验都能成为以后语言学习的基础。同时，还要注意活动内容的统整性，使经验与经验之间既有纵向的连续性，又有横向的关联性，从而使学前儿童获得的新旧语言经验之间真正建立起联系。

本章小结

本章重点阐述了学前儿童语言教育的目标和内容，核心内容如下：

1. 学前儿童语言教育的目标分为3个层级：总目标、年龄阶段目标和具体活动目标。

2. 学前儿童语言教育目标设计的要点主要有：在方向上要与总目标、分类目标、年龄阶段目标相一致；要以对教学内容和儿童原有发展水平的全面了解为基础；在内容上

要涵盖多方面并与其他各领域目标有机整合;在语言表述上要突出以儿童为主体,力求明确具体;因时因地灵活变化,既面向全体儿童的发展,又适应个别需要。

3.学前儿童语言教育的内容可以分为专门的语言教育内容和渗透的语言教育内容两类。专门的语言教育内容,主要包括谈话、讲述、听说游戏、文学作品学习和早期阅读等;渗透的语言教育内容,主要包括日常生活中、人际交往中、游戏活动中、学习活动中的语言教育内容。

4.学前儿童语言教育的内容选择主要有以下要点:学前儿童语言教育的目标、学前儿童心理发展的特点、学前儿童语言发展的特点、学前儿童新旧语言经验。

思考与实训

1.结合篇首案例破冰中的实际问题,运用本章所学知识,尝试回答学前儿童是否应该大量学习识字和写字。请说出你的想法和依据。

2.结合实际,说一说合理制订学前儿童语言教育目标对儿童身心发展的重要意义。

3.简述学前儿童语言教育的具体活动目标与语言教育总目标、语言教育年龄阶段目标有什么关系。

专题探讨

背景资料:当下,民族地区"学前学会普通话"正逐步成为共识,甚至上升到国家战略的高度,人们越来越认识到普通话作为国家通用语言的重要性。过去,不会说普通话一直是少数民族儿童的"人生第一道坎",进入小学后就成了进一步学习的障碍,甚至严重阻碍他们顺利接受义务教育,使得他们的学习积极性、自尊心、自信心都备受打击,甚至导致厌学辍学,影响他们日后走出大山对外交往、谋生。因此,"学前学会普通话"是少数民族学前儿童接受义务教育并融入社会最重要的基础,不仅能够帮助儿童掌握语言交际工具,从根本上提升少数民族地区教育水平,推动少数民族地区的社会进步,而且有助于他们在潜移默化中形成中华民族大家庭的身份认同。

探讨:那么,"学前学会普通话"到底应该学什么?少数民族地区的幼儿教师应该怎么教呢?

第四章

学前儿童语言教育的途径与方法

学习目标

- 了解学前儿童语言教育的基本途径；
- 了解学前儿童语言教育的基本方法；
- 能够将以上内容融会贯通在其他领域中。

学习重难点

- 重点：学前儿童语言教育的基本方法；
- 难点：能够将所讲的途径与方法运用到语言活动中，并尝试拓展至其他领域。

案例破冰

一名新教师的疑问

小颖是一名刚入职的应届幼儿园教师，对待自己的工作认真且负责。在幼儿园即将到来的中秋节主题月中，为了使儿童更好地了解中秋节的历史知识，小颖老师拟定了多节课的语言活动，如中秋节的起源、神话故事《嫦娥奔月》、中秋节相关绘本阅读活动等等。但是在设计内容时，小颖老师有所担忧，她想知道：用怎样的方式开展活动对儿童最合适？传统的以教师为中心的讲授法是否过于单调？能否尝试不同的教育方法？不同的教育方法在运用时需要注意哪些要素，遵循哪些原则？小颖老师的这些疑惑你们遇到过吗？通过本单元的学习，你会找到这些问题的答案。

第一节 学前儿童语言教育实施的原则

学前阶段是儿童语言发展的初步形成时期，教师要抓住这一关键时期，对儿童的语言能力进行科学的指导，为后续儿童语言的发展打下基础。在进行儿童语言教育时，我们应遵循以下原则。

一、直观示范原则

学前儿童思维有具体形象的特点。儿童的思维内容是具体的，他们能够掌握在语言的具体运用中代表实际意义的内容，不易掌握抽象的概念。同理，语言是抽象的，过多抽象的语句不适用于儿童的语言学习，教师在具体的运用中将语言做具体解释，与儿童开展谈话、交流活动，儿童更容易理解并记忆。

例如，儿童的规则意识是在日常和活动中逐步形成的，规则的抽象性使儿童理解起来有一定困难，教师想取得理想的语言教学成果，则需要将规则内容具体地放在一定的语境中示范、展示给儿童，并将之应用在与儿童的交流中。日常的语言交流在真实而丰富的环境下，通过实际意义的语词交谈，儿童学到规则，同时也学到语言运用的各种技巧，扩展自己的语言经验。

二、经验建构原则

建构主义的教学观强调教学要发挥学习者在学习过程中的主动性和建构性，即教学活动应从学习者的经验出发，使学习者拥有学习过程的主动权。儿童在获取新知识之前，自身已有一定的认知经验，因此，在教授新知识之前应认真考虑儿童已获得的经验和知识积累，将新知识控制在儿童可建构的范围之内，并能够与已有的经验相融合。

例如，在分树叶的活动中，儿童已有按物体特征进行分类的经验基础，教师将活动目标设计为引导儿童学习多角度地为树叶分类，并能用语言表述自己的分类标准。教师对重点层层推进，过渡自然，儿童在原有的基础上跳一跳能“摘到果子”，此次活动难易适度，符合儿童的认知特点，适合儿童发展。

三、扩充原则

扩充学前儿童的词汇量，帮助他们正确理解词义，掌握词汇的正确用法。3~4岁是儿童词汇的第一个高速增长期，此期间儿童的词汇量可以扩展到1600个左右。但儿童在学习过程中首先掌握的是与自身生活环境相关联的实词，对虚词的掌握与使用需要进一步扩充。

例如，小班的儿童由于认知能力有限，对词义的把握与运用往往不够准确。儿童学到一个新词"小猫"之后，那么他可能将小狗、小狮子、小老虎等统称为小猫。有的儿童家里的宠物狗叫"豆豆"，那么他可能见到所有的小狗都称之为"豆豆"。这就需要教师帮助儿童在已有基础上提高与扩充词汇量，确保儿童准确地说出物体的称呼。

四、规范化原则

在学前阶段，模仿是儿童学习的重要方式。教师应有意识地巩固和强化儿童的语词发音。例如，在识字、识词时，组织儿童对发音反复练习，锻炼发音器官中肌肉组织的协调性，发展听觉器官的敏感性，帮助其培养正确的发音习惯。绕口令、儿童诗歌、谜语这几类文学作品的句词音韵流畅，易于上口，其内容情感真挚，贴近儿童生活且受儿童喜爱，便于传播，适合在中、大班进行，规范儿童的发音。

知识拓展

"镜像神经元"

1977年曾有一个实验：出生40分钟的婴儿还没有抱回家，实验者对他吐舌头、做鬼脸，结果孩子马上就学会了。这个时候的孩子就像白板，怎么就会了呢？因为大脑里有"镜像神经元"。镜像神经元是20世纪末由意大利帕尔马大学首先发现的，这个发现证明在猴脑中存在一种特殊神经元，能够像照镜子一样通过内部模仿而辨认出所观察对象的动作行为的潜在意义，并且做出相应的情感反应。镜像神经元就像是镜子一样，看到别人的行为，大脑就会出现相应的反应，行动上就可能会模仿。

五、迁移性原则

儿童语言的发展是一系列迁移性反应的结果。最重要的迁移性反应有3种：①

（一）情景迁移

是指在甲情景中学的话，改换到乙情景、丙情景中说。这样逐渐使儿童学会让相同的语言适应多种不同的语境，并逐渐在心理上把语言从语境中分离出来，实现言语向语言的转化。

（二）所指迁移

是指以甲原型为基础学习的语言单位，再迁移到相关的其他实物上，让语言同它的各种所指都发生关联。比如，老师教“苹果”这个词时用的实物是一个塑料苹果，接着可以把“苹果”这个词用到真的各种各样的苹果身上，如红苹果、青苹果、黄苹果等。通过所指迁移，可以使儿童把握某语言单位的外延，并逐渐深化内涵。

（三）语法迁移

是指用某语言单位造出不同类型的句子。如老师一开始用“这是苹果”这句话教“苹果”这个词，以后可以视情况再使用这样的句子：

（1）我吃苹果。

（2）苹果是水果。

（3）你喜欢吃苹果吗？

（4）请把苹果放在篮子里。

（5）桌子上有2个苹果。

…………

语法迁移常用的有扩展、变换、联合、简缩、替换等。通过语法迁移，儿童能够掌握某语言单位的各种用法，以及与之有关的一些句式、句型和句类，从而提高儿童的语言能力和语言运用能力。

六、创造性原则

创造性原则是指教师在进行语言教育时，创设一个宽松、自由、平等的语言环境，鼓励儿童积极表达自己的想法，提高言语表达的变通性、独特性、多向性，发展其创造性思

① 张明红.学前儿童语言教育与活动指导[M].上海：华东师范大学出版社，2014：132-150.

维。创造性教育已经得到了广大儿童教育工作者的认同,在实际中,创造性教育偏向应用于艺术领域的教育活动,这样的活动比较容易培养儿童的创造性。其实,创造性培养是贯穿和融合在教育过程的一切活动中的,语言教育活动也不例外。教师所选择的教育方法、手段和措施都要有利于保护和发展儿童的创造性。

典型案例

中班语言活动:设计小汽车[①]

【活动目标】

1.了解汽车的各部分名称,知道汽车的作用。

2.能够运用多种材料设计出不同外形的汽车。

3.通过设计汽车,发展创造力和动手能力,体验到亲手设计的快乐。

【活动准备】

1.汽车王国场景图片(每个小椅子上贴着不同的汽车图片)。

2.各种玩具汽车、积木、插塑若干、废旧皮鞋盒、牙膏盒、可乐瓶、即时贴、彩色笔。

3.儿童歌曲《小汽车》。

【活动过程】

1.导入活动,由谜语引出主题

师:小朋友们,今天老师带你们去一个特别好玩的地方,但是要到那里去必须先答对问题才可以,你们有没有信心?小朋友们要听清楚了,一座房子真有趣,有门有窗有座椅;坐在原地不用动,一下跑出二三里。猜一样交通工具。

幼:汽车。

师:小朋友们太聪明了,我们今天要去的地方就是汽车王国。现在我们一起出发吧!

听着《小汽车》的音乐,教师带领幼儿进入活动室,让他们在自己喜欢的小汽车前的椅子上坐好。

师:现在我们已经来到了汽车王国,看,这里有这么多的汽车,它们多整齐呀!你们喜不喜欢汽车呀?

幼:喜欢。

① 教育部教育管理信息中心.全国优秀幼儿语言教育活动课例评析[M].重庆:西南师范大学出版社,2011:133-135.

师：那你们知道汽车有什么作用吗？（教师帮助幼儿简单地总结各种汽车的功能）

2.幼儿自由观察汽车并与同伴比较

师：现在这里有这么多辆汽车，小朋友们可以找一辆你最喜欢的，看看车子都是由哪些部件构成的，再和你的好朋友比一比，看看是否一样。

幼儿分散观察车子，在摸一摸、看一看、玩一玩的过程中回答教师提出的问题。

师：仔细看看车子上都有什么，是不是每辆车都有？

3.引导幼儿认识汽车

教师放《小汽车》的音乐，幼儿放下小汽车回到座位。

师：刚刚我们仔细看了一遍小汽车，谁愿意告诉大家你看到的车子是由什么组成的？（教师帮助幼儿总结车子的结构：车轮、车灯、方向盘、车门等）

在幼儿说的过程中，教师出示相关汽车零部件的图示，让幼儿更清晰地认识并记住汽车的结构。

4.指导幼儿设计汽车

（1）小组讨论

师：小朋友们真是太棒了，认识了汽车的构造。你们今天玩得开心吗？可是，汽车王国的国王刚刚和老师说，他想要一辆不一样的汽车，希望小朋友们帮助他。你们愿意帮助他吗？

幼：愿意！

师：既然你们接受了这个任务，那就要把它完成好。现在就请大家想一想，你准备设计一辆什么样的汽车？

幼儿自由组合交谈，想象设计什么样的汽车。

教师轮流参与幼儿的谈话，指导幼儿重点围绕“不一样的汽车”进行交谈。

请个别幼儿在全班幼儿面前讲述自己的设计。

（2）幼儿操作活动

师：现在老师请小朋友把自己设计的汽车造出来好吗？播放歌曲《小汽车》，幼儿在音乐声中分组活动。

5.活动结束

师：大家今天玩得开不开心？小朋友们真能干，不仅认识了汽车，还帮助汽车王国的国王设计出了这么多有创意的汽车，你们真是太棒了，现在我们把汽车摆放好，一起回家吧！

七、因材施教原则

因材施教原则是指教师要从儿童的实际情况、个别差异出发,有的放矢地进行有差别的教学,使每个儿童都能扬长避短,获得最佳的发展。贯彻因材施教原则的基本要求有两点:第一,针对儿童的特点进行有区别的教学。教师应当了解每个儿童的特点及实际情况,有目的地因材施教。第二,采取有效措施,使有才能的儿童得到充分的发展。

儿童语言的发展既有人类语言发展的一般规律,又有非常明显的个别差异,即使是同一年龄的儿童,他们语言能力的发展也未必在同一个水平,教师要根据儿童的个性特点以及表达方式,针对心理特点正确引导儿童的活动和行为。每个孩子既有优点又有不足,要注意取长补短,最大限度地发展他们的潜能,给每一个儿童提供符合个别需要的教育机会。

第二节 学前儿童语言教育实施的途径

学前儿童语言教育的实施途径概括起来主要由两类组成，其一是专门的语言教育途径，其二是渗透的语言教育途径。

一、专门的语言教育

在本书中，专门的语言教育是指幼儿园开展的语言教育活动，主要活动类型分为听说游戏活动、谈话活动、讲述活动、文学活动以及早期阅读活动。以上活动也是幼儿园基本的语言教育途径，在后面的章节中会详细介绍。

二、渗透的语言教育

儿童处在幼儿园这样一个社会环境下，对外界的需求会促使他们使用语言进行交流，教师要善于观察并把握机会，在生活细微处创造条件让儿童学习、理解、运用语言。

（一）通过区域活动渗透语言教育

幼儿园的区域活动存在着许多渗透语言教育的机会。图书区作为幼儿园中不可或缺的一个区域，其使用频率较高。首先在区域环境创设时，要选取光线充足的位置，并且设置在相对安静的区域旁边，比如美工区、益智区等。其次要创设舒适的阅读环境，比如柔软的地垫、舒适的靠枕、方便拿取的书架。再次，图书区里的图书要适合儿童的年龄段、发展水平以及兴趣爱好。最后，教师要做到及时、有效地观察和引导，向儿童介绍图书区的每一本书，定时组织图书分享活动，培养儿童阅读图书的方法，从图书中获取信息学习语言，并将其运用到实际生活中。

在同伴交往中，语言是交流沟通的重要媒介。在图书区里分享的故事，可以拿到表演区，让儿童即兴表演自己阅读的故事，锻炼他们的语言能力。儿童对语言的使用充满了复杂性与社会性，教师在鼓励儿童大胆发言，发表自己观点的基础上，要教会儿童正确的谈话、交流方式，对儿童错误的沟通交流方式要及时介入并引导其改正。有些幼儿园会在区域活动时让儿童自己选择区域，但又没有限制区域人数，导致个别区域的人数超出了承载量，区域材料人均使用量减少，儿童之间容易发生争抢玩具的行为。不少幼儿园通过区域牌让儿童实名制选区域的方式，控制了区域人数的总量，这一做法在规范了区域人数的基础上，使儿童增加了语言的交往。比如建构区人数已满，但儿童坚持想去这个区域，此时该儿童可以与区域内的其他儿童进行交流，询问是否有愿意跟自己交换区域的儿童，争取自己的意愿。在这个沟通过程中，儿童的语言能力得到了提高，社会性发展得到了丰富。

在区域活动的开展中，儿童学习语言的机会非常多，儿童对语言的运用比较灵活。教师要通过观察儿童的行为敏锐地发现语言教育的时机，抓住教育机会，用适当的形式引导儿童谈话，寻找儿童感兴趣的话题与其交流。在活动结束时，教师可组织儿童进行分享活动，如分享自己在此次区域活动中的收获与困难，教师与其他儿童共同为其提供思路，探讨解决的办法。

（二）通过其他领域活动渗透语言教育

在其他领域活动中，语言是儿童学习的工具，语言学习是随时随地都在进行的，儿童可以在不知不觉中获得词汇和理解表达的经验。所以语言教育应渗透到其他领域的活动中，并做到有机结合，相互融通。

1.在科学活动中渗透语言教育

科学活动与语言的运用息息相关。科学活动重视儿童的好奇心和探究兴趣，而体现儿童好奇心与探究兴趣的开端则是儿童的好问。教师要重视儿童的提问，给予积极的反馈，让他们在动手操作、自主探究的亲身经历中获得直接经验。数学活动具有抽象性，这要求儿童将抽象、专业的事物用精准的语言进行表达，同时又要理解抽象名词的含义。如在认识长方形的教学活动中，教师可以先说清长方形的概念，再让儿童在教室中找长方形的物品，以此将抽象的几何图形运用到生活中来。还要留给儿童质疑、探究、思考和表达的空间，如“这样对吗？”“你有什么不同意见吗？”“应该是什么？”“你来试一试”等。同时，儿童对语言的理解能力直接影响着对数学内容的学习，理解和运用数是儿童日常生活必备的技能。但是数学是比较枯燥的学习活动，采用游戏的方式可以使儿童在愉快的心情中学会数学知识。如幼儿园常见的区域“小超市”，创设模拟真实超市的环境，儿童可以在这一环境中练习对物品的点数，以及计算物品对应的价格，这样不仅锻炼了他们实物与数点一一对应的能力，也提高了他们语言表达的能力。

2.在音乐活动中渗透语言教育

音乐除了本身的优美旋律，还有其独特的创作背景。作者创作作品是要表达一种情绪，当知道这种创作情绪来源的时候，可以更好地欣赏与体会这种情感。如歌曲《尝葡萄》，教师在教授歌词前，需要渗透儿童关于新疆的地理位置、维吾尔族的民族特点等知识，儿童在与教师的谈话中了解了这首歌曲的歌词意义，体会到了维吾尔族人民能歌善舞、热情好客的品质，在演唱时要带着欢快的心情，而不是单纯的机械记忆。通过对这首歌曲的学习，既完成了活动目标，儿童又能了解新疆的知识，感受少数民族歌曲的魅力。

3.在美术活动中渗透语言教育

儿童是大自然之美的发现者与创作者，他们笔下的作品总能给人们意外的惊喜。教师可以在儿童画完画之后，选择一段时间进行集中分享交流，让每一位儿童说一说自己作品的内容，同时也欣赏其他人的作品。教师要及时鼓励与肯定儿童的成果，使儿童乐于绘画，享受绘画的过程，同时提高语言表达能力。

4.在体育活动中渗透语言教育

体育活动也要讲究语言的艺术。比如儿童不理解快速跑的含义，教师可以进行一个夸张的比喻：一只非常饿非常饿的狮子碰到了你们，你们只有快跑才能脱离危险，跑得慢的小朋友会怎么样？就要被狮子吃掉了！这样比喻不仅能使儿童对快速跑这一动作有准确深刻的理解，还能调动儿童积极的状态，增加对锻炼身体的兴趣。又比如儿童在走平衡木时，总是掌握不到要领，此时教师可以示范动作，请儿童观看并讲述教师动作的要领，与同伴讨论动作中的注意事项，儿童再次尝试时，便会逐渐掌握要领，获得新的体验，也锻炼了表达能力。

（三）在日常生活中渗透语言教育

儿童在幼儿园的日常生活包含方方面面，入园、早操、进餐、睡觉、盥洗、如厕、散步、离园等，都是幼儿园必不可少的内容。在这期间，儿童不可避免地与教师、同伴以及家长接触，教师讲述幼儿园里的常规，调节儿童的情绪；儿童开始接触同伴，学着与同伴相处。语言是儿童与外界日常交往的重要媒介。

1.把握日常语言环境

日常生活中与儿童息息相关的事物，如物品、表演、谈话等，总是作用于儿童的视觉和听觉，对他们来说是具体的，易于理解的。教师应善于抓住与儿童接触的各个环节，丰富他们的词汇。如教儿童正确叫出自己身体的各个部位，以及衣物和其各个组成部分的名称；教儿童正确的七步洗手法；教儿童叫出同伴的名字；教儿童说出在幼儿园发生的事情；等等。

日常生活中用到的语言大多使用频率高，重复性大，对儿童来说简单易学，并且此类句式儿童掌握得较好，因为这些言语反复出现，多次运用，儿童能够真正理解，做到正确使用。

儿童有学语言的需求。儿童在生活中接触到的新鲜事物，都会使他们萌发探究意识，引发他们的求知欲。他们迫切地想知道它们是什么，面对这些现象儿童会提出很多“为什么”。教师在解答儿童自发产生的问题时，也可以启发儿童自己去寻找答案，让他们通过观察、记录、比较、分析来得出正确结论。这样不仅可以扩大儿童的知识储备量，还能让他们在日常生活中加以运用。像是生字词的学习，比如幼儿园的山楂树结了很多山楂，教师可以说：“山楂是这棵树结的果实，现在这些山楂从绿色变成了红色，说明山楂树上的山楂成熟了，我们可以吃了。”儿童结合实际情况学习了“果实”和“成熟”两个生词，并且感受了果实成熟的过程。

幼儿园的生活处处充满着语言学习的契机，儿童的语言能力在与教师、同伴之间的交流中潜移默化发展着。交谈者相互了解不仅要借助有声语言，而且要借助手势、面部表情、语调等。交谈的内容大都是双方共同了解的，其中心可以随时转移，可以在任何情况下开始或结束，不受时间、地点的约束。教师可以与一个或多个儿童交谈，儿童可以随时加入或退出谈话。由于日常中的谈话比较随意，所以它容易吸引儿童参加，是发展言语的好形式。

2.把握儿童语言规律

(1)小班

小班的幼儿从家庭走进幼儿园陌生的大环境，需要一段时间去接受并且适应幼儿园的生活规律。刚开始，幼儿容易出现分离焦虑、拒绝沟通等现象，教师首先要给予幼儿一个安全的信号，用亲切的行为与和蔼的声音跟他们交流沟通，满足幼儿的感情需要，同时促使他们对幼儿园的环境、教师与同伴产生兴趣和联结，让幼儿的陌生感逐渐减退，从而愿意交流，产生说话的愿望。

在一日活动中，教师要抓住教育契机，尽量多地跟幼儿沟通，及时看到他们的进步，多鼓励幼儿，赞扬幼儿。比如在入园时间，教师可以和幼儿单独说几句话，培养他们见面时的礼貌用语；在集体活动时，给幼儿示范与同伴交流时常用的语言，如怎样向别人寻求帮助，怎样表达自己的意愿，怎样表达感谢等。小班的孩子以模仿学习为主，教师应启发他们在活动中应用，乐于表达，并在适合的时间纠正不准确的用语，提升其语言运用的准确度。

对于拒绝沟通的幼儿，教师可以寻找他们感兴趣的点并加以利用，比如幼儿家里的娃娃、有趣的绘本、好玩的玩具等。刚开始适合教师一对一地与幼儿交谈，比如“你家里有什么玩具？周末去哪里玩了？谁带你去的？”等，待幼儿与同伴熟悉后，可以进行两个人及以上的交谈。

(2)中大班

中班幼儿的词汇量有了一定的增加，并且开始学着使用这些词汇，他们更愿意表达，喜欢与人交流。大班幼儿的词汇量不断丰富，逐渐能够表达完整的句子和复杂的词汇。他们能够用简短的句子表达自己的请求和愿望，能复述一个他们听过的故事，能在集体面前发言并讲述自己感兴趣的事。大班幼儿可以在教师的引导下尝试描述自己想象中的画面。

教师要在日常生活中为幼儿创设宽松、自由的谈话环境，在一日活动的过渡时间，只要不是大声喧哗、吵闹，幼儿间的自由交流有助于他们表达能力的发展和同伴关系的增进。教师对幼儿谈话的内容要予以注意，鼓励幼儿之间的争论，因为争论是把思维转换成语言输出的一个过程，可以锻炼他们自主解决问题的能力。在争论演变成无意义的争吵时，教师要在适当的时机介入，往积极的方向去引导。

同时，教师应对中大班幼儿谈话时的语言表达能力逐步提高要求。当他人说话时，幼儿要做好倾听者，能认真、有礼貌地倾听，不随意打断他人讲话；在集体活动中，能较长时间地听别人说话，能理解较复杂的指令；当自己是表述者时，说话声音自然，能根据不同场合调整音量，不妨碍他人；在集体面前说话时态度自然大方，能主动表达自己的意思，能连贯地讲述一件事。

(四)渗透的语言教育须注意的问题

1.教师指导语言的扼要性

教师在指导儿童语言规范时说话要简洁、明了、易懂，用简单的语句概括清楚自己想要表达的意思。学前期儿童在身心不断发展的阶段，快速理解长句子对儿童来说仍有难度。长篇大论增加了不必要的词藻，儿童会抓不住话语中的重点，也会失去聆听的耐心。

所以教师在指导儿童时，句子的使用建议控制在一句到两句，以祈使句为主，简洁明了地说清楚，儿童也能及时地做出相应的反应。这就要求教师抓住教育契机，有意识地创造机会让儿童去表达，以观察为基础，在合适的时间介入指导儿童，指导时以鼓励表扬为主，增强儿童表达的自信心。

2.教师指导时机的适宜性

当儿童沉浸在区域活动中时，他们逐渐有了自己的节奏，慢慢地深度投入活动中去学习、获得经验。但是，在区域中有这样的行为：儿童正在讲述一个故事，教师因为儿童出现的某个原因终止或打断了区域里的进程，直接干扰了孩子们的活动，并紧接着纠正活动中存在的问题后让儿童继续活动。这样不仅会打乱儿童原有的思路，挫伤他们的信心，打击了他们的积极性，给活动带来了不愉快的体验，而且儿童的思路被打断之后，很难还原之前的进度，通常情况下儿童不会再继续之前的活动。

所以教师指导的时机就必须具有适宜性。儿童在活动中使用的语言出现了问题，教师此时在心中应有一个判断，是否决定要打断儿童活动的进程。如果教师能够保证在指导之后，儿童能够顺着之前的进度继续活动，那么可以给予恰当的指导。如果不能保证，那么教师应做一名合格的倾听者，给予儿童尝试的空间，在观察的基础上做好记录。在所有儿童结束活动之后，邀请班级里的儿童一起讨论，让他们大胆发言，谈一谈正确的做法以及改正方式。

3.教师指导的主次性

五大领域中的每个领域都有其独特的价值，教师在将语言渗透到其他领域时，应尊重其他领域活动的主体性，注意分清主次，切勿本末倒置。如，在一次美术活动中，教师把活动的重心放在了儿童对自己作品的描述上，认为作品的好坏与描述的详细程度相关，儿童将自己的作品解释得很精彩，那么这一幅作品就是好的；如果儿童对自己的作品讲不出自己的理解，那么就不如其他作品。以上例子过分强调其他领域活动，忽视了本领域活动的主体性，影响了活动目标的实现。教师应该在实现其他领域活动目标的基础上，将语言指导作为锦上添花的效果去呈现，可以在不干扰本次活动进程的情况下进行指导，也可以作为延伸活动，或者生成一次新的活动来教学。

4.教师指导语言的规范性

在幼儿园阶段，模仿是儿童重要的学习方式，而教师是权威的象征，是正确的象征，教师的一言一行儿童都会有意识地去模仿。因此，教师在开展语言活动时要注意自己教学用语的正确使用，做到规范语词的发音，下达指令时做到用词精准明确，用句简洁明了，使儿童能够准确地理解自己的意思，进而做出相应反馈。儿童向师性的特点，还要求教师在日常语言的使用方面起到示范作用，当好榜样。比如教师习惯用“这个”“那个”等代词来教学，但是儿童并不理解“这个”“那个”是代指什么，久而久之，儿童在面对相近的事物时，也只会用“这个”或“那个”来代指，而不能详细地说明。这样不利于儿童语言的学习，也不利于语言环境的建立。

5.遵循儿童语言模仿的规律

儿童在语言学习方面大致有4种模仿方式。教师要客观、正确地看待儿童的语言模仿行为,以接纳的态度对待儿童的言语表达。

(1)即时的、完全的模仿

即你说一遍,我说一遍,两遍语句的内容相同。如,一个儿童说“我昨天过生日,吃了蛋糕”,另一个儿童也说“我昨天过生日,吃了蛋糕”。

(2)即时的、不完全的模仿

即你说一遍,我说一遍,两遍语句内容相似。此类模仿多见于幼儿初期,因为模仿的发生多见于幼儿初期。模仿的发生往往受儿童言语技能的限制,对于超出他们技能范围的,他们要么不能模仿,要么表现为不完全模仿。如,教师说“国庆节我去电影院看了一部电影”,儿童则模仿说“国庆节我看了电影”。

(3)延缓模仿

儿童听到范句后不立刻模仿,隔一段时间后,在一定的场合中把范句或与范句接近的话复述出来。如,儿童去超市购物后,再回到幼儿园小超市的区角,跟同伴说:“你买了牙膏、苹果、鸡蛋,一共23元,请出示手机付款码。”以上举例中,超市与幼儿园的区角是类似的情景,儿童模仿了超市收银员的语言。

(4)创造性模仿

也称选择性模仿,即按照范句的句法结构,在新的情境中表述新的内容。这类模仿不是完全重复别人的原词句,常常有自己的创造性。如,儿童说:“我们家养了一只狗,它的名字叫多多。”另一个儿童说:“我们家养了一只猫,它的名字叫果果。”

儿童的语言模仿是在与周围环境的相互作用中自然而然地进行的,只要儿童有兴趣和需要,可以随时随地进行模仿和学习。教师在语言指导时,应经常采用示范、模仿和强化的策略,引发儿童的创造性模仿。

第三节　学前儿童语言教育实施的方法

一、示范法

示范法是教师作为儿童模仿的对象，让儿童模仿自己规范化语言的一种教育方法，有时也可让语言能力强的儿童作为模仿对象。

这一方法在实际应用中有几点需注意。首先，教师示范的语言一定要规范、到位。教师示范什么，儿童就模仿什么，教师是儿童主要的模仿对象，儿童会不自觉地模仿教师的说话方式，说话时的动作、神态，甚至教师自己都不曾注意到的细微之处。因此，幼儿教师说话时要注意吐字清晰、发音准确、音量语速适中并富含感情。还要注意的是在句式的使用方面，尽量使用简洁明了易懂的短句。教师自身做到语言规范，才能为儿童创设一个良好的语言学习环境，利于儿童的模仿学习。

其次，要把握示范的频率与主次关系。语言的示范要放在合适的时间节点，示范的频率要适度，既不能示范过多，也不能示范过少。示范过多会使教师成为主体，示范过少儿童不能准确模仿学习。要对重点反复示范，使活动循序渐进，从易到难地进行。在语言活动中，要以活动目标的完成为最终目的，对于与活动目标无关的内容，教师要以启发为主，可以放到延伸活动中或生成新的活动来详细讲解。

最后，教师要因材施教，根据儿童语言掌握的不同程度辅以不同的示范方法，及时赞扬、鼓励儿童的语言行为，对错误要及时指出，避免错误语言的强化。同时要发挥同伴榜样的力量，让语言发展较好的儿童进行示范，增加儿童学习语言的积极性。

二、视、听、讲、做结合法

视、听、讲、做结合法又称多感官教育法。“视”是指通过展示画面，儿童用眼睛直观地获得知识。“听”是指通过播放带有声音的音频、视频，儿童从声音当中获取信息知识。“讲”是指儿童在初步了解语言意义之后，自己尝试运用所学知识表达想法。“做”是多感官教育法中的最后一步，即结合视、听、讲的方法，让儿童带着任务去参加活动，将所学知识内化成自身系统的语言，并创造性地加以应用。

运用这一方法时应注意，视、听是前提，讲、做是儿童将所学内容进行内化的重要步骤。儿童通过视、听掌握知识的程度将在讲和做中呈现效果。所以教师在展示视、听材料时，应从儿童熟悉的内容出发，这样易于他们对新词汇的理解。留给儿童观察和提问的时间。教师的提问应做到从易到难，有启发性地提问，帮助儿童整理思路与表述，并根据儿童反馈的实际情况，对教学进度加以调整，为儿童提供充分的接纳时间，促进其语言能力的发展。

典型案例

中班语言活动：掉进酒桶里的老鼠①

【活动目标】

1.理解故事内容，知道小老鼠是怎样逃生的。

2.能借助画面内容创编“救鼠”和“逃生”的故事情节。

3.体验创造性讲述的快乐。

【活动准备】

1.故事《掉进酒桶里的老鼠》视频。

2.鼠、兔、鸟、狗、羊、鸭、鸡、猴、猫、牛以及酒桶的图片。酒桶图片贴在黑板中间，动物图片呈圆形贴在酒桶外圈。

【活动过程】

1.出示小老鼠图片导入

师：小朋友，你们看谁来了？

师：这是一只聪明勇敢的小老鼠，今天我们一起听听这只小老鼠的故事吧！

2.教师分段播放录像，幼儿欣赏并创编故事

(1)播放录像第一部分：从故事开始到“等着有谁来救它”。

教师出示事先布置好的黑板，把小老鼠图片放在黑板上的酒桶图片上。

师：小老鼠为什么掉进酒桶里？(想喝酒桶里的酒)

师：小老鼠掉进酒桶里后是怎么做的？(一边挣扎一边喊救命)

师：谁会来救小老鼠呢？怎样救的？(幼儿每说出一种动物，教师就把相应的图片翻过来，用笔画线，把动物与酒桶连起来。如果黑板上没有幼儿创编的

① 教育部教育管理信息中心.全国优秀幼儿语言教育活动课例评析[M].重庆：西南师范大学出版社，2011：84-89.

动物的图片，教师就用笔画出来；幼儿没有提到的动物，教师最后把它的图片翻过来，并引导幼儿进行创编。）

（2）播放录像第二部分：从“这时来了一只小花猫”到“我的命就是你的了”。

师：小花猫和小老鼠是好朋友吗？（不是）

师：小花猫为什么要救小老鼠？（想吃小老鼠）小老鼠为什么同意小花猫救自己？（想从酒桶里上来）

（3）播放录像第三部分：从小花猫“把小老鼠救了上来”到“张嘴想吃掉小老鼠”。

师：小老鼠被小花猫吃了吗？（没有）它是如何逃脱的？

（4）播放录像第四部分：从“小花猫张嘴想吃掉小老鼠”到结束。

师：当小花猫要吃小老鼠时，小老鼠说了什么？（“现在我浑身是酒，你吃了肯定会醉的，不如先把我身上的酒烘干了，到时候再吃也不迟呀。”）小花猫是怎么做的？（小花猫把小老鼠叼到火炉边烤着）小老鼠逃回洞里又是怎么说的？（“刚才我在酒桶里喝多了，说的全都是醉话，哪能算数了呢？”）

3. 教师引导幼儿完整地欣赏故事录像

教师要求幼儿边看边尝试着讲述故事。

4. 幼儿借助慢放的无声录像，复述故事

师：这个故事真好听，小朋友还想听吗？下面，我们请几个小朋友看着没有声音的录像为我们讲故事。

5. 迁移故事主题，渗透品德教育

（1）提问

师：你喜欢故事里的小老鼠吗？（喜欢）为什么？（聪明、勇敢）我们应该向小老鼠学习什么？（遇到困难想办法解决，不害怕）

教师结合自然灾害、迷路等日常生活实际对幼儿进行安全教育。

（2）小结：我们应该像小老鼠一样做个聪明勇敢的孩子，遇到困难的时候不要害怕，要动脑筋想办法克服困难，学会保护自己。

在此案例中，教师充分运用了视、听、讲、做结合法，采用图片、视频等直观教具引导幼儿大胆想象，创编故事情节，积极讲述。教学内容贴近幼儿生活，使幼儿的创编活动具备了可行性。这些直观教具的巧妙运用，增强了活动的趣味性，使幼儿在活动中积极主动地参与，情绪愉快，充分体验到创造性学习的乐趣，发展了幼儿的语言能力和想象能力，让幼儿成为学习的主人。

教学附录：

掉进酒桶里的老鼠

农夫买了一桶葡萄酒，放在了地窖里。有一天，他想喝酒，就让小儿子去舀酒。可是小儿子太粗心，舀完了酒，却忘了把酒桶的盖子盖上。酒的香气呀，就慢慢地飘了出来，飘啊飘啊，地窖里到处都能闻到。有只小老鼠闻到了香味，它嗅着嗅着就爬上了酒桶，准备美美地喝上一顿，不料一不小心脚下一滑，"扑通"一声，就掉到桶里去了。酒桶里满满的都是酒，小老鼠四只爪子乱扑腾，怎么也爬不出来，只好一边喊救命，一边拼命地游啊游，等着有谁来救它。

这时来了一只小花猫，小老鼠连忙对小花猫说："猫先生，快点救救我吧！"小花猫说："让我救你也行啊，但是你上来后愿意让我吃掉吗？"小老鼠有点儿犯愁了，但又想，能出去总比淹死强啊，于是就对小花猫说："我尊敬的猫先生，只要能把我救上来，我的命就是你的了。"小花猫听了很高兴，就伸出爪子，把小老鼠救了上来。小花猫张嘴想吃掉小老鼠的时候，老鼠忙说："慢着，慢着。"小花猫不放心地问："什么？你不会想赖账吧？"小老鼠转了转眼珠子说："当然不是了，我是想啊，现在我浑身是酒，你吃了肯定会醉的，不如先把我身上的酒烘干了，到时候再吃也不迟呀！"小花猫一听，觉得很有道理，就把小老鼠叼到火炉边，还用两只爪子摁住老鼠，免得它溜走了。

火炉暖烘烘的，慢慢地小花猫忍不住打起了瞌睡，又过了一会儿，小花猫睡着了，还大声地打起了呼噜，爪子也慢慢地松开了。小老鼠一看，哈哈，机会来了，就悄悄地从小花猫的爪子底下爬出来，"吱溜"一下钻进洞里去了。小花猫被惊醒了，赶紧跑到老鼠洞前，非常生气地问小老鼠："老鼠，老鼠，你不是答应让我吃掉的吗？"小老鼠笑着说："啊，刚才我在酒桶里喝多了，说的全都是醉话，哪能算数了呢？"小花猫气得吹胡子瞪眼睛，扑上前去捉小老鼠时，"嘭"的一声撞到了墙上，疼得小花猫"喵喵"直叫。这时，小老鼠早就钻到洞的深处去了，不出来了。小花猫左等右等，但小老鼠却再也没有露面，它只好灰溜溜地走了。

三、游戏法

游戏法是指儿童在遵守游戏规则的前提下，在欢快的气氛中掌握语言知识的方法，游戏法是游戏和教学的巧妙结合。游戏是符合儿童年龄特点的活动，游戏能够提高儿童学习的动力，让他们快速集中注意力，保持对语言学习及运用的兴趣。这一方法在使用时应寓教于乐，注意避免为了游戏而游戏。整个游戏过程都由教师安排并提出要求，儿童思考的时间很少，教师在设计时应尊重儿童的主体性，自己起到陪伴者、引导者的作用，这样才能发挥出游戏的优势。同时，游戏的内容要根据目标来设置，规则清晰明了，便于儿童理解，旨在强化儿童所学的语言，促进儿童各种感官和大脑的积极活动。

典型案例

大班语言活动：高老鼠和矮老鼠①

【活动目标】

1. 理解故事内容，产生有意识地变换角度去观察事物的兴趣。

2. 乐于参与游戏，从中体验、探索和发现。

3. 能发挥想象力，大胆地在集体面前表述。

【活动准备】

1. 故事图片若干。

2. 红色和蓝色的衣服。

3. 高、矮老鼠图片，游戏音乐一段。

【活动过程】

1. 导入

组织幼儿学习“高人走”（踮起脚尖，双手举高）、“矮人走”（蹲下来，双手放在背后）。

2. 欣赏故事

师：今天，我们教室里来了两只老鼠，它们也是一只高，一只矮。小朋友们先听听它们的自我介绍。（出示高老鼠图片）你们好！我今天穿了一件红衣服，我的名字叫高老鼠。（出示矮老鼠图片）你们好！我今天穿的是蓝衣服，我是矮老鼠。

（1）教师完整讲述一遍故事

师：高老鼠和矮老鼠看到的东西一样吗？为什么？高老鼠看到了哪些东西？矮老鼠看到了哪些东西？

（2）教师利用教具分段讲述故事第一、二段

师：高老鼠和矮老鼠是怎么打招呼的？我们一起来学一学：“你好，高老鼠！”“你好，矮老鼠！”

（3）教师讲述故事第三至第六段

师：高老鼠看到了哪些东西？（小鸟、大树、顶、大门）也就是说，高老鼠看到

① 教育部教育管理信息中心.全国优秀幼儿语言教育活动课例评析[M].重庆：西南师范大学出版社，2011：184-187.

的都是什么地方的东西?(高的)

教师边指教具边将教具摆放到教室的四周。

师:矮老鼠看到了哪些东西?(小狗、小花、地板、门)也就是说,矮老鼠看到的都是什么地方的东西?(矮的)

教师边指教具边将教具摆放到教室的四周。

3.游戏表演

(1)幼儿进行第一遍游戏

师:好,现在,我的手上有一根魔棒,待会儿只要我念起魔咒:魔棒魔棒,变,变,变! 那么,穿红色衣服的小朋友就要变成高老鼠,穿蓝色衣服的小朋友就要变成矮老鼠。然后,我会放一段非常好听的音乐,高老鼠就可以到这边来走一走,看一看。

(2)幼儿进行第二遍游戏

师:好,现在我的魔棒又要开始变了,这一次,魔棒就要把穿红色衣服的小朋友变成矮老鼠,把穿蓝色衣服的小朋友变成高老鼠了! 变好之后呢,也请你们去看一看,走一走,和你们看到的东西打打招呼!

4.扩展谈话:"变矮和变高"

师:小朋友们,你们变高了和变矮了之后,看到的东西一样吗?

师:噢,你们都看到不一样的东西了。

(1)"变矮"

师:那么,如果你是个矮人,你还能变得更矮吗? 谁来变变看? 请问你,变这么矮之后,你在眼前看到的是什么? 还有呢?(以此类推,大概提问3~4名幼儿)

(2)"变高"

师:那如果你是高人,你有什么办法能让自己变得更高? 请问你,在这么高的地方,你在眼前会看到什么? 还有谁能变得比他还要高?(以此类推,大概提问5~6名幼儿)

(3)变换角度

师:其实呀,刚才故事中的高老鼠和矮老鼠还发生了一件有趣的事情,是什么呢? 我们一起来看看吧。

教师讲述故事的第七、八段。

师:咦? 为什么最后两只老鼠会一起看到彩虹呢?

师:那你们有什么办法让高老鼠看到矮的东西?

进行"变换角度的高矮老鼠"游戏。

师:我们下面就做一个让高老鼠低下头走路和矮老鼠抬起头走路的游戏,看看会不会有什么新的发现。矮老鼠们,这一次你们看到了什么? 高老鼠们呢?

师(小结):其实,就像高老鼠和矮老鼠一样,只要我们变一下角度,改变一下视线,就不仅仅能看见眼前的东西,还可以看到更多的东西。

5.延伸活动:“观察记录表”

师:小朋友们,我这里有两张照片,请大家看一看它们是同一棵树吗?为什么?(自由回答)

师:小朋友,其实这两张照片上的就是同一棵树,只是一张是我从下往上拍的,而另一张是我从上往下拍的。

教师分发观察记录表,讲解记录方法。

6.活动结束

师:好,那现在,我的魔棒又要变了,这次请你们自由选择变成高老鼠或矮老鼠,我们带高老鼠和矮老鼠去看看我们的幼儿园吧!

此案例中,教师运用了游戏法,在开始部分采用了“高人走”“矮人走”的热身活动,引出故事,为后面的情境游戏做好铺垫。在情境游戏中,幼儿亲身体验了“抬头,低头”能看见什么。幼儿观察周围事物时,积极性很高。此活动把一个复杂的哲理,通过高老鼠和矮老鼠的生动形象,变换角度进行了具体的表演,并且让孩子亲自参与活动,在愉悦的氛围中感悟高和矮各自的优劣,让每个孩子都能有话说,想说话,说好话,孩子们主动积极地参与到活动中,教师和幼儿间也产生了高效的互动。

四、练习法

练习法是指通过不断重复或者运用一个语言因素,来使儿童熟悉并习惯语言技巧的方法。运用练习法时应注意,要密切联系日常生活中儿童熟悉的事物,将儿童感兴趣的点作为练习对象;练习方式要避免枯燥的单一重复,可以变换练习形式,提高儿童的练习兴趣。明确练习的要求,教师要注意示范的正确性和严谨性,要创设丰富的语言环境,要求儿童在熟悉的基础上发挥创造力,能够举一反三,真正掌握所学的语言技巧。

五、多媒体辅助法

多媒体是运用现代手段,对语言信息进行加工处理。它以图文并茂、声像技术等形式,将语言教学内容形象、生动地表现出来。丰富的教学形式,增强了儿童对抽象事物的理解,使抽象的语言变得可视、可听、易感知,提高了儿童对语言学习的兴趣。

在一次语言教育活动中，为了更好地达成活动目标，往往会使用两种或更多的方法相互配合，使活动环节更充实，更有趣味性。以上所列举的是常见的几种儿童语言教育方法，教师在实际应用中，可根据活动内容、儿童语言发展程度、幼儿园特色进行调整，探索出适合本园儿童的语言教育方法，以促进他们语言的发展。

本章小结

本章重点介绍了儿童语言教育的原则、途径与方法。核心内容如下：

1. 学前儿童语言教育实施的原则主要有六条：直观示范原则、经验建构原则、扩充原则、规范化原则、迁移性原则、创造性原则。

2. 学前儿童语言教育实施的途径主要分为专门的语言教育和渗透的语言教育。本章着重梳理了渗透的语言教育途径，主要有三个方面：通过区域活动渗透语言教育、通过其他领域活动渗透语言教育、在日常生活中渗透语言教育。

3. 在进行语言教育的渗透时应注意以下几点：教师指导语言的扼要性、教师指导时机的适宜性、教师指导的主次性、教师指导语言的规范性、遵循儿童语言模仿的规律。

4. 学前儿童语言教育实施的方法主要有五种：示范法，视、听、讲、做结合法，游戏法，练习法，多媒体辅助法。

思考与实训

1. 结合篇首案例中的实际问题，运用本章所学知识，尝试回答小颖老师遇到的疑惑，并选一个自己感兴趣的活动进行设计，写清楚使用的教育方法及遵循的原则。

2. 结合实际，说一说为什么要实施渗透的语言教育。

3. 结合实际，说一说在进行语言教育时要注意哪些问题。

专题探讨

背景资料：古希腊的演说家德摩斯梯尼从小患有口吃，说话气短，他在初学演讲时曾被听众轰下讲坛。但他毫不气馁，为了能流利地说话，他刻苦练习发音，用嘴含着石子练习朗诵，每天迎着风和波涛朗诵，还一边登山一边吟诗。他最终成为古希腊闻名的演说家。受到德摩斯梯尼的故事的启发，有些人认为语言学习的过程中，练习法是非常重要且有效的方法，功夫不负有心人，只要勤奋练习，每个人都能舌绽莲花。

探讨：请结合本章所学内容，谈谈你对语言学习中练习法的认识，练习法在学前儿童语言学习中的地位和作用如何。

第五章

学前儿童听说游戏

学习目标

- 了解学前儿童听说游戏的基本概念；
- 了解学前儿童听说游戏环境的创设；
- 了解学前儿童听说游戏的设计与组织策略。

学习重难点

- 重点：学前儿童听说游戏的设计与组织；
- 难点：如何为学前儿童创设听说游戏的良好环境。

案例破冰

让老师头疼的“打你没商量”

一天，老师组织大班的孩子们玩组词游戏，游戏规则是：请小朋友用“打”字组词，要求每个小朋友组的词不能和前面小朋友说过的一样。于是第一个小朋友说“打人”，第二个小朋友说“打头”，第三个说“打脚”，后边的小朋友接着说“打手、打屁股、打墙、打地、打衣服、打鞋子……”，几乎把教室里看得见的东西都“打”了一遍，老师急得不知所措，而孩子们却兴奋得哈哈大笑。这样的组词似乎没什么问题，也符合幼儿的思维特点，先入为主，善于模仿，可是从大班孩子们的语言发展水平来看，远远低于他们的认知目标。为何会出现这样的状况？老师的组织还有怎样的提升空间呢？

第一节 学前儿童听说游戏概述

一、学前儿童听说游戏的基本概念

语言是交流和思维的工具，幼儿期是语言发展，特别是口语发展的关键敏感期，而口语获得的主要途径就是来自身边的各种各样的声音，当这些声音通过语音、语序、语调的不断变化，被孩子们通过听觉器官大量地吸收、接纳、理解以后，孩子们开始尝试用自己的声音去表达，这个过程就是口头语言学习的过程，所以孩子们的语言发展过程最初都是从倾听开始的，然后大脑对倾听到的信息进行分辨、理解，再针对性地用口语表达出来。《指南》在幼儿口头语言学习与发展的目标“倾听与表达”中就明确提出“认真听并能听懂常用语言”“愿意讲话并能清楚地表达”。这两个目标充分说明了听与说在幼儿期语言学习中的重要地位。众所周知，游戏是幼儿期最主要的学习方式，语言的学习也不例外，通过游戏的方式能让幼儿在轻松和愉悦的状态中发展语言。下面，我们就一起来全面解读听说游戏。

（一）学前儿童语言倾听的目标要求

倾听是感知语言的行为表现，也是理解语言的重要途径。只有懂得倾听、乐于倾听并且善于倾听的人，才能真正理解语言的内容。良好倾听习惯的养成是从学前阶段开始的，因此就儿童语言学习和发展而言，倾听是不可或缺的一种行为能力。《指南》中目标1明确要求“认真听并能听懂常用语言”，3~4岁儿童在别人对自己说话时能注意听并做出回应，能听懂日常会话；4~5岁儿童在群体中能有意识地听与自己有关的信息，能结合情境感受到不同语气、语调所表达的不同意思；5~6岁儿童在集体中能注意听老师或其他人讲话，听不懂或有疑问时能主动提问，能结合情境理解一些表示因果、假设等相对复杂的句子。这一系列要求，实质上是要求儿童在语言学习与发展中学会有意识地倾听别人所说的话，分析性倾听交流的信息，从而形成理解性的倾听语言能力。

（二）学前儿童语言表达的目标要求

语言表达是以一定的语言内容、语言形式以及语言运用方式进行交流的行为，是幼儿园语言学习与发展的主要表现之一。儿童语言研究早已告诉我们，只有懂得语言表达的作用，愿意向别人表达自己的见解，并且能够清楚表达的人，才能真正与人进行语言交流。《指南》中的目标2明确要求“愿意讲话并清楚地表达”。3~4岁儿童愿意在熟人面前说话，能大方地与人打招呼，愿意表达自己的需要和想法，能口齿清楚地说儿歌、童谣或复述简短的故事；4~5岁儿童愿意与他人交谈，喜欢谈论自己感兴趣的话题，能基本完整地讲述自己的所见所闻和经历的事情；5~6岁儿童愿意与他人讨论问题，敢于在众人面前说话，并能有序、连贯、清楚地讲述一件事。上述一系列目标充分体现了学前阶段儿童口头语言学习与发展的重点，从积极语言表达的倾向态度，到正确恰当地运用语言表达的能力，循序渐进地提出目标要求。

（三）学前儿童语言学习的直接方式听与说的关系

3~6岁儿童处于语言发展的关键期，口语能力的培养是幼儿语言学习的重中之重。儿童需要通过不断地倾听、理解交流者的语言，并且在不同的社会交往情境中通过语言来表达自己的想法。说直白一些，听与说就是儿童在习得语言的过程中，通过听觉器官的区辨力内化接收到的信息，经过已有知识经验的再加工、再重组，然后运用口头语言表达的方式输出自己想法的一个完整的过程。儿童语言的发展正是在这样循环往复的过程中，逐渐呈螺旋式上升的。所以听与说在儿童学习语言的过程中，就像是一对紧密相连的孪生姐妹，只有打通它们之间的通道，才能拥有良好的语言能力。

（四）学前儿童听说游戏的概念

听与说是儿童学习语言的最直接有效的途径，结合儿童游戏化的学习方式，听说游戏成为培养儿童语言发展能力的一种重要形式，并深受小朋友的喜爱。那么，怎么界定听说游戏的概念呢？一般而言，听说游戏是为培养幼儿倾听和表述能力而专门设计的，用游戏的形式组织的语言教育活动，是一种由教师设计的有组织的、有目的的、有准备的、儿童感兴趣且自愿参加的教学游戏，具有教育和游戏的双重性。

二、学前儿童听说游戏的基本特征

（一）在游戏中包含着语言教育目标

教师通过对听说游戏活动的设计与组织，将根据近阶段幼儿语言发展水平和语言学习需要所提出的语言教学任务，落实到每一位幼儿接受理解和尝试掌握的教育过程中去,每一个听说游戏都包含对幼儿语言学习的具体要求。听说游戏中包含的语言目标有一定的特殊性。

1.听说游戏包含的语言教育目标具有具体的特点

一般而言,听说游戏对幼儿提出的语言学习要求非常具体。通常在语言学习过程中,我们都会给孩子们设置比较宽松的目标,鼓励孩子们大胆说,不去评判对错。而听说游戏的目标则非常清晰具体,甚至单一化。比如,小班幼儿正确发音的辨音游戏、平翘舌音的区分(zh、ch、sh和z、c、s)都是非常具体的语言教育目标;猜谜语活动,就是根据谜面的描述,猜对谜底;说相反的游戏,也同样有非常明确的目标,如说出反义词;等等。这些游戏都充分说明听说游戏的语言教育目标是非常具有针对性,具体化的。

2.听说游戏包含的语言教育目标具有练习的特点

听说游戏一般都是对最近幼儿语言学习的主要目标、重难点进行的巩固练习,其作用就仿佛疫苗接种后的加强针一样。教师根据教育目标设计涵盖听说功能的生动有趣的游戏,让幼儿通过反复练习来进一步加强对语言内容的理解、语言知识的掌握,从而真正获得某一方面语言运用的能力。

3.听说游戏包含的语言教育目标具有含蓄的特点

听说游戏的设计与实施,基本都是根据儿童语言发展水平和语言学习的需要提出的近阶段语言教育目标,将这些目标分解和融入游戏的内容和过程中,真正落实到幼儿接受、理解、练习和掌握的程度,让他们在边学边玩中完成学习任务,达到教育活动的要求。这也正是听说游戏独有的优势,更是其他语言活动不能代替的游戏活动。

(二)将语言学习的重点内容转化为对游戏规则的理解

听说游戏都有一定的游戏规则。听说游戏的规则是教师在设计听说游戏时,根据具体的语言教育目标选择适当的语言学习内容,结合本次活动的语言学习重点转化而成的。当幼儿参与听说游戏时,他们必须遵守游戏规则。按照规则进行游戏,就是在理解游戏规则的思维中,练习幼儿的听说能力。教师要求幼儿掌握的语言学习重点孕育在游戏规则之下,通过整个听说游戏的过程达到学习听说的目的。

听说游戏活动的规则制订从性质上可以分为两种类型。一种是竞争性的游戏规则。游戏中如果幼儿听准了,说对了,便达到学习的要求,成功到达胜利的彼岸;如果幼儿听错了,说错了,就要重新经历相仿的学习过程。这种竞争性质的游戏规则在听说游戏中产生了激励效应,可以促使幼儿更主动、更积极地投身游戏中。另外一种游戏的规则不具有竞争性质,但同样能产生激励效应。比如,小班孩子们最喜欢玩的听说游戏“老狼老狼几点了”，老师和幼儿在相互的回应中念儿歌：“老狼老狼几点了？一点了！老狼老狼几点了？两点了！老狼老狼几点了？三点了！……老狼老狼几点了，天黑了！”当孩子们听到“天黑了”时，就要快速跑回“家里”躲起来，不被老狼抓住。这样的听说游戏，也可以对幼儿产生很大的吸引力。幼儿在听与说的过程中，需要准确地辨别到返回的语言信号，从而赢得游戏的胜利。幼儿在反复玩这个游戏的过程中，也达到了语言学习的效果。

（三）在活动中逐步扩大游戏的成分

幼儿园的听说游戏兼有活动和游戏的双重性质，从活动组织形式上看，具有从活动入手，逐步扩大游戏成分的特点。听说游戏带有明确的学习任务。活动开始，教师需要帮助幼儿理解活动的内容，交代游戏的规则，示范游戏的玩法，然后带领幼儿开展游戏，在幼儿熟悉游戏规则后，再放手让幼儿独立进行游戏。应当说，听说游戏以活动的方式开始，最后以游戏的方式结束，教师的主导作用在开始时体现得十分鲜明，而后随着幼儿熟悉水平的提高而逐渐减小，直至幼儿完全自主地进行游戏。实际上，听说游戏存在着以下由活动逐渐向游戏过渡的3种转换。

1. 由外部控制向内部控制转换

听说游戏刚开始时，由教师主导创设游戏情境，交代游戏规则，幼儿只被动观察、听讲、思考，当他们产生兴趣时，不由自主地跟随教师参与游戏，在掌握规则之后，尝试独立游戏，最终完全主动积极地投入游戏中去。这一过程实际上是由外部控制转换为内部控制的过程。

2. 由真实情境向假想情境转换

无论教师如何提供游戏的场景，在听说游戏刚开始时，幼儿所处的仍然是真实情境。教师向幼儿交代活动内容，解释活动规则，甚至示范游戏玩法，此时幼儿均以旁观者的身份进行观察思考，所有的一切对他们仍然是真实的环境。随着幼儿自己参与游戏，他们开始扮演某一角色，并想象可能有的情节、动作、物品、语言，于是幼儿所处的环境便发生了变化，成为假想的情境，听说游戏活动因此发生由真实情境向假想情境的转换。

3. 由外部动机向内部动机转换

在听说游戏活动中，同样有外部动机向内部动机转换的过程，它与外部控制向内部控制转换密切相关。幼儿刚开始参加听说游戏时，和其他教育活动一样，外部动机决定了他们参与的积极性。然而，由于听说游戏活动的特点，幼儿在游戏中自主的成分越来越高，他们的主动性、积极性逐渐得以充分发挥。随着他们对听说游戏规则的掌握和游戏内容方式的熟悉，他们在活动中保持着越来越明显的内部动机。当然，必须说明，幼儿能否将外部动机转换为内部动机，很大程度取决于这个听说游戏是否真正具有游戏的特点，是否真正对幼儿产生强大的吸引力，幼儿自己能否真正地玩起来。否则，在活动中，幼儿便无法实现由外部动机向内部动机的转换。反过来说，如果在听说游戏中不能将外部动机转化为幼儿的内部动机，那么这种听说游戏便只能称之为听说活动，甚至是一种蹩脚的听说活动，因为它不真正具有游戏的价值，也不能发挥听说游戏作为一种特殊的语言教育活动所应发挥的作用。

三、学前儿童听说游戏活动的目标

学前儿童听说游戏活动的第一个目标是帮助幼儿按一定的规则进行口语表达练习。教师按照语言的规范制订游戏规则，幼儿需要先进行规范语言的学习，然后在执行游戏规则的活动中掌握规范的口语表达能力。

学前儿童听说游戏活动的第二个目标是发展幼儿积极倾听的水平。教师在听说游戏中应从两个方面来培养幼儿积极倾听的能力：一是能听辨有细微区别的信息，提高倾听的准确度；二是能听懂教师讲解的游戏规则及指令。

学前儿童听说游戏活动的第三个目标是培养幼儿在语言交往中的机制性和灵活性。语言游戏为幼儿提供了一种特殊的语言交往场合，幼儿在“玩”的刺激下对游戏保持积极愉悦的状态，在这种状态下，幼儿能积极主动地在语言游戏中发挥语言交往的机制性、灵活性，从而提高幼儿在语言交往过程中反应敏捷的能力。

四、学前儿童听说游戏活动的主要类型

根据儿童口头语言发展的规律(单音→词语→简单句→复杂句)，我们把听说游戏的类型分为语音游戏、词汇练习游戏、句子和语法练习游戏以及描述练习游戏。下面就一一进行解说。

(一)语音游戏

语言是以语音为表现形式的，语音学习对幼儿口头语言的发展至关重要，良好的语音意识和语音辨别能力对幼儿的语言发展具有积极的促进作用。语音游戏是以练习正确发音和提高辨音能力为目的的语言游戏。这种游戏一般在幼儿初次学习新的

语言、发音时进行，比较适合小班幼儿。长期进行这种游戏，对培养幼儿听觉的灵敏性和捕捉细微变化的敏捷性具有良好的作用。

（二）词汇练习游戏

学前阶段儿童语言学习的一个非常重要的核心点就是大量积累词汇，增加口语表达的内容。词汇包括了表示事物或动物的词汇，也包括一些修饰性的词汇。学前儿童的词汇是在日常生活经验的积累过程中和大量接触优秀文学作品中逐步增长起来的。词汇练习游戏可以帮助幼儿提升理解能力，为以后的语言运用铺垫基础。

（三）句子和语法练习游戏

学前阶段是儿童大量积累句型，学习按照语法规则组合成句的时期，这是他们语法习得和发展的重要阶段。一般来说，学前期儿童的语法水平都是从简单句过渡到复杂句的。句子和语法练习游戏可以帮助幼儿建立良好的语感，感受语言美，为将来的书写发展奠定基础。

（四）描述练习游戏

这类游戏是以训练儿童用比较连贯的语言，具体形象地描述事物，提高口语表达能力为目的的游戏。它要求儿童语言完整、连贯，具有一定的描述能力，从而建立良好的语言逻辑思维。这类游戏适合大班孩子们进行，它需要孩子们具备一定的语汇积累和创造思维相结合，主动建立相关信息之间的关系，运用完整有序的语言来描述一件事或一个场景等的能力。种游戏往往对幼儿语言能力的发展水平要求比较高，同时，也能极大地促进幼儿语言的快速发展。

第二节 学前儿童听说游戏环境的创设

在贯彻实施《指南》的过程中，广大教育工作者越来越重视环境创设对儿童语言发展的影响力。《指南》更进一步明确地提出：“幼儿的语言能力是在交流和运用过程中发展起来的。应为幼儿创设自由、宽松的语言交往环境，鼓励和支持幼儿与成人、同伴交流，让幼儿想说、敢说、喜欢说并能得到积极的回应。”听说游戏在幼儿语言学习过程中具有不可替代的作用，它具有教育目标明确清晰、形式相对单一、游戏规则严格的特点，这样的游戏活动如果没有良好的环境作为支撑，孩子们很难轻松愉悦地参与其中，更难产生兴趣。如果只是一味地被动参与，那就失去了游戏的本真，所以，创设一个孩子们主动参与的学习环境就显得尤为重要。

（一）创设新颖独特的游戏环境，引发幼儿主动参与的动力

1. 生动有趣的物化环境的创设

我们都知道幼儿的认知特点是以具体形象思维为主，生动有趣的可视化的环境能够从视觉上极大地提高幼儿参与活动的积极性。教师可使用一些与听说游戏有关的物品、玩具、日用品等等，制造游戏的氛围，激发幼儿参与游戏的兴趣。比如语音分辨游戏，我们可以制作一个精美的声音魔箱，每按一下按钮，魔箱就发出一种声音，让孩子们分辨是什么声音，答对就跳出相对声音的图片，答错就跳出一个拳头。这样的物化环境会让孩子们意犹未尽，充满热情地参与活动。

2. 教师有意识地创设看不见但身心都能感受到的软环境

这种环境在幼儿园里仿佛是很难实现的，但在现实教学中却能取得意想不到的效果，特别是在倾听游戏中尤为有效。孩子们已经习惯了视觉环境的强烈刺激，偶尔换成用心灵静静感受的、看不见的静态环境反而更能吸引孩子们的注意力。它的新颖处正是教师用夸张的肢体动作、小声语言，带领孩子们进入一个软环境。比如，老师带领孩子们进入安静的“静默”状态，仿佛全世界都沉睡了，孩子们也进入一个非常安静却又高度专注的状态之中，这时开始倾听游戏：时钟的滴答声，小鸟的吱吱声，蝴蝶扇动翅膀的声音，等等，这个世界变成充满了声音的世界。这种环境是完全靠老师引导幼儿共同创设的充满真实氛围的心理环境。

（二）创设轻松愉悦的师幼互动环境，激发幼儿大胆参与的愿望

1.教师在听说游戏中的正确角色定位，能有效地创造良好的师幼互动

教师在语言活动中的角色主要有5种，分别是倾听者、交流者、合作者、支持者和促进者。但是，由于听说游戏的特点，教师往往会把自己更多地定位为调控者、组织者，有着明确的“教育计划”，希望自己的行为和要求能被幼儿所接受、执行。殊不知，这样的状况会导致幼儿被动地参与活动，完全没有积极、愉悦的主观能动性，这样的游戏环境会让幼儿高度紧张，长此以往他们就对听说游戏产生畏惧心理。因此，教师在听说游戏中的角色定位对幼儿参与的积极主动性尤为关键。教师要根据每个听说游戏的特点适时转变自己的角色，为幼儿创建积极参与的游戏环境。

2.教师要尽量营造出轻松的氛围，让幼儿在轻松的互动过程中获得较多的游戏体验

教师可以采用表达积极情感和期望、尊重幼儿的互动、使用幽默的语言、及时回应幼儿的情感需求等方法，创造积极的氛围，以此促进幼儿游戏性的发展。具体来看，表达积极情感和期望，要求教师在游戏过程中经常运用口头语言和肢体语言表达对幼儿的喜爱、认可和期待；尊重幼儿的互动，是要教师使用平等的语言和语气，倾听幼儿，鼓励并赞同幼儿的想法；使用幽默的语言则是让幼儿在欢声笑语中掌握知识；及时回应幼儿的情感需求，要求教师及时向幼儿传递爱的信息，并对他们的需求表示理解、悦纳。这样轻松愉悦的互动环境就能真正地激发幼儿大胆参与游戏的愿望，让游戏活动取得事半功倍的成效。

（三）创设不断拓展的游戏空间，启发幼儿自发改编游戏规则的能力

1.教师要敢于放手

听说游戏的特点之一就是有非常明确具体的语言教学目标，这个特点就注定了教师要事先预设好游戏步骤、游戏规则，在这样的思维定式下，要教师放手给幼儿足够的拓展空间显得颇为困难，是一种挑战。比如，今天我们的游戏是“听说接龙”，游戏规则是根据第一个小朋友听到的语言信息，通过接龙传话的形式传到最后一个小朋友，以最后一个小朋友说出的语言信息与第一个小朋友听到的信息是否一致来判定游戏是否成功。在这样的一个基本游戏规则下，如何放手让幼儿扩展游戏的难度、广度和深度，对激发幼儿的参与性、积极性、主动性就变得十分有意义。在我们的实际教学中，只要教师放手，幼儿就会产生强大的想象力和创造力。

2. 给幼儿创设大胆改编、创新游戏规则的宽松活动氛围

幼儿的创造性是最强的，他们也具备巨大的创新热情和天马行空的思维方式，所以只要给予幼儿创新的空间和条件，他们完全可以创造出各种各样稀奇古怪的玩法，而教师就是要好好保护这种大胆想象的能力。在听说游戏中，规则基本都是事先设定好的，但是当幼儿熟悉规则后会自发地主动玩游戏，而且慢慢地不满足于这种层次的要求，此时就非常需要教师启发鼓励式的引领，为幼儿的需求提供一个支撑的通道和力量，给予足够的空间让他们大胆地改变游戏的玩法。这一方面能有效促进幼儿创新能力的发展，另一方面也能给幼儿传递一个信号——规则是可以不断改进的，只要具有可行性我们都可以尝试。

第三节 学前儿童听说游戏的设计与组织

一、学前儿童听说游戏活动设计的基本结构

(一)设置游戏情境

在听说游戏开始时,教师要调动一些手段方法去设置游戏情境,主要目的在于向幼儿展示听说游戏的氛围,引发幼儿参与游戏的兴趣。一般可采用以下方法。

1.用物品创设游戏情境

教师使用一些与听说游戏活动有关的物品,如玩具、日用品等等,布置游戏环境,制造游戏氛围,达到引导幼儿进入听说游戏的效果。

2.用动作创设游戏情境

有的时候,教师并不一定使用实物,而是仅仅靠动作表演,让幼儿想象出游戏的角色,或者游戏的场所,进而产生游戏气氛。

3.用语言创设游戏情境

教师通过声情并茂的语言表述、生动形象的描述或扮演角色来创设游戏的情境。

(二)讲解游戏规则,明确游戏玩法

教师可以通过语言解释和动作示范相结合的方式,告诉幼儿游戏的基本规则、步骤和要求,帮助幼儿理解游戏的玩法。教师在交代游戏规则时,有必要注意这样几点:

第一,注意用简洁明了的语言讲解。

第二,注意讲清楚听说游戏的规则要点和游戏的开展顺序。教师应当让幼儿基本明白说什么和怎样说,以便他们能够在参与游戏时付诸实践。同时要帮助幼儿清楚地理解游戏的开展顺序,先做什么,后做什么,什么角色做什么,等等。

第三,注意用恰当的语速进行讲解和示范。

(三)教师指导儿童游戏

教师带领幼儿开展游戏,是一种以教师为主角指导幼儿游戏的过程。在这段时间内,教师充当重要的角色,可以主导游戏的进程。幼儿此时参与活动的方式,一种是部

分地参与游戏，即一部分幼儿参与游戏活动，实行轮换，以便另一部分幼儿有观察熟悉的机会；另一种方式是全体幼儿参加游戏的一部分活动，待幼儿熟悉掌握游戏规则后再完全参加游戏。教师引导游戏，有利于幼儿在活动进展过程中逐渐熟悉游戏规则，进一步理解游戏的程序，掌握在游戏中运用语言进行交往的基本思路，从而为独立开展听说游戏做好充分的准备。

（四）儿童自主游戏

儿童自主游戏的阶段，教师应放手让他们自己开展活动。此时，教师已从游戏领导者的身份退出，处于旁观者的地位：把游戏的主动权完全还给幼儿，注意对个别不熟悉规则的幼儿进行及时的指导点拨；解决矛盾纠纷；可以小组形式开展游戏，也可让幼儿自由结合，选择适当场地进行活动；也可以一对一结伴的方式进行游戏。

二、学前儿童听说游戏活动组织过程中的注意事项

（一）注重实效性的观察反思，激活听说游戏

教师在听说游戏中要善于做观察者：这个游戏哪里最吸引孩子？幼儿玩这个游戏能持续多长时间？师幼互动、幼幼互动是什么状况？幼儿是主动游戏还是被动游戏？游戏过程中幼儿的情绪如何？教师只有在充分观察的基础上，才能对游戏做出正确的判断，有的放矢地引导，帮助幼儿获得发展，并使游戏得到延伸，进而提升幼儿游戏的技巧。

（二）根据幼儿的接受能力和认知水平来设计听说游戏

听说游戏的目的性很强，教师在选择游戏形式和内容时一定要深入了解幼儿的现有水平，既要满足促进幼儿发展的目的，又要保证他们能持续地玩游戏，更要满足幼儿的心理需要。

（三）有目的性的随机指导推进听说游戏的有效开展

当听说游戏内容贫乏时，就要及时启发、诱导，使幼儿主动创造出新的内容；当幼儿不专注持续游戏时，教师要及时介入指导，给予拔高难度或者扩宽思路的指导，增加幼儿对游戏的兴趣；当幼儿在游戏中遇到困难时，教师更要及时给予帮助，增强幼儿游戏的信心，用表情、眼神、动作、手势等语言或非语言的手段介入。总之，教师有目的性的随机指导对幼儿推进游戏具有非常重要的作用。

（四）开展有针对性的评价来完善听说游戏的价值

当游戏结束时，组织幼儿开展探讨活动是十分必要的。教师和孩子们围坐在一起，交流体会，分享游戏中的快乐与收获，讨论遇到的问题与疑惑。一方面，孩子们在分享中展示亮点，这种积极的自我认可和他人认可，会极大地激发孩子们参与听说游戏的热情；另一方面，在孩子们的分享中教师可以及时了解他们听说游戏的发展水平、情绪体验、创新思维等，从而为下一步的游戏设计提供真实的基础。

三、学前儿童听说游戏活动设计案例

（一）语音游戏

游戏1："亲一亲"（小班）①

游戏目标：

1.初步培养幼儿对语言游戏的兴趣。

2.引导幼儿尝试发现用两种不同的物品敲击会发出不同的声音，并尝试用固定的句型进行描述。

游戏准备：

图片（两只小手）、漱口杯、勺子、碗。

游戏过程：

1.导入活动，感知理解句型

（1）出示两只小手的图片，引起幼儿的兴趣

师：瞧！这是什么呀？对了，是两只小手，小朋友，你们看看这两只小手在干什么？（一只手在亲另一只手，小手亲一亲。）

师：小手亲小手会发出什么声音呢？让我们一起来试一试，然后再来告诉大家。

（2）请个别幼儿上台演示小手亲小手

师：小朋友，你们听到了什么声音？（"啪啪""啪啪啪"声……引导幼儿用完整的句子来描述：小手亲小手，啪啪，啪啪啪。）

2.游戏

师：哦！小朋友！你们的小手亲得可真开心啊！现在老师的脚也想来亲一亲了，小朋友看看老师的脚亲了什么地方？（老师的脚亲到了地板。）

师：请小朋友说一说，小脚亲地板会发出什么声音呢？（嗒嗒，嗒嗒嗒。）

① 本案例系编者根据"亲一亲"游戏改编。

师：请小朋友们自己也来做做看。（请个别幼儿上台演示小脚亲地板，再集体练习小脚亲地板。引导幼儿说出完整的句型：小脚亲地板，嗒嗒，嗒嗒嗒。）

小朋友们的小脚亲累了，要休息一下。

师：现在请小朋友们看看，我们的桌上有什么？（有漱口杯、碗、勺子。）今天，我们帮它们也来找一个好朋友亲一亲好吗？

游戏规则：每个小朋友手里拿两个一样的东西，让它们也来亲一亲，听听它们会发出什么声音。（请个别幼儿演示自己的活动，鼓励其他幼儿一起来学说他的话。）“杯子亲杯子，当当，当当当。”“勺子亲勺子，叮叮，叮叮叮。”“小碗亲小碗，咣咣，咣咣咣。”

通过游戏引导幼儿模仿说拟声词，并尝试用完整的句型进行表述。

游戏2:“有趣的木头人”(中班)①

游戏目标：

1. 要求幼儿正确发出“山、上、三”等字音，区别s和sh、an和ang等音。
2. 帮助幼儿听懂并理解游戏规则，提高对指令性语言的倾听水平。
3. 培养幼儿的自我控制能力以及听说应变能力。
4. 培养幼儿反应的敏捷性和对动作的控制能力。
5. 遵守游戏规则，体验与同伴合作游戏及控制性活动带来的快乐。

游戏过程：

首先播放木偶视频，创设游戏情境，引起幼儿的兴趣。其次，向幼儿介绍游戏规则及玩法：一边念儿歌，一边自由做动作，儿歌念完后就不能动，也不能发出声音。教师以游戏参与者的身份分别与全体或个别幼儿进行交往活动，给幼儿观察和练习的机会。接着，幼儿与同伴自由结对，自主地开展游戏活动。注意提醒幼儿遵守游戏规则，与同伴友好合作游戏。最后创编游戏，教师提问：“你还看见过用其他材料做成的人吗？”引导幼儿说出“铁皮人”“石头人”“稻草人”等。

附儿歌：《山上有个木头人》

山，山，山，山上有个木头人。
三，三，三，三个好玩的木头人。
不许说话不许动。

① 本案例系编者根据“木头人”游戏改编。

游戏3:“盖、怪、菜”(中班)[①]

游戏目标:

1.遵守游戏规则,积极参与游戏活动。

2.养成注意倾听的习惯,提高语言表达能力和动作反应的敏捷性。

3.发准“盖、怪、菜”等容易混淆字的字音,能根据自己的生活经验说出各种菜肴名称。

游戏准备:

1.教师准备小铝锅盖一个。

2.教师或家长于活动前丰富幼儿对有关菜名的认识。

游戏过程:

1.教师出示锅盖,用手指顶着锅盖的中心口念游戏儿歌,营造一个轻松愉快的游戏气氛,引起幼儿对游戏活动的兴趣,然后带领幼儿一起念游戏儿歌,练习发准“盖、怪、菜”等字音。

2.教师讲解游戏规则。

(1)幼儿必须边念儿歌边用食指顶着“手掌锅盖”(其他幼儿用手掌作为“锅盖”)。

(2)儿歌念完,“手掌锅盖”才能去抓顶着“锅盖”的食指,同时食指也要赶紧缩回,不让“锅盖”抓住。

(3)若被抓住,“手掌锅盖”就要问“烧的什么菜?”。被抓住的幼儿必须说出一道菜名,方能与“手掌锅盖”交换角色,然后继续进行游戏。

3.教师引导幼儿游戏。

可采用提问的方式,根据幼儿已有的生活经验,引导幼儿说出各种菜肴的名称。

教师扮“手掌锅盖”,引导幼儿玩“顶锅盖”游戏。引导幼儿一只手做“锅盖”,另一只手顶“锅盖”,自问自答。

游戏4:“娃娃请客”(中班)[②]

设计意图:

《指南》强调,中班阶段的幼儿,会用普通话进行日常交流,对普通话的使用也应规范和标准。游戏能够帮助幼儿培养良好的倾听习惯,学说普通话及

---

① 本案例系编者根据《顶锅盖,油炒菜》儿歌改编。

② 本案例系编者自编。

礼貌用语,进而建立表达的自信心。

游戏目标:

1.能感受普通话4种不同的声调,练习发准四声。

2.认真倾听老师和同伴的发音,培养良好的倾听习惯。

游戏准备:

符合游戏内容的图片。

游戏过程:

1.设置幼儿到娃娃家做客的情景;

2.娃娃和幼儿分别介绍自己的名字;

3.娃娃请小朋友们喝茶——请坐,喝茶(请幼儿学说,说对了可坐下喝茶);

4.娃娃请小朋友们吃饭——猪油炒饭(规则同上);

5.娃娃请小朋友们吃菜——番茄炒蛋(规则同上);

6.吃完饭,娃娃请大家拍球——拍球比赛(规则同上);

7.和娃娃再见——非常感谢(规则同上)。

游戏延伸:

1.游戏中,可以先让幼儿自选一个小动物玩“请客”的游戏,引导幼儿说说请了哪个朋友,怎样招待他的,请他吃什么、喝什么、玩什么,最后怎么说的,重点帮助幼儿发准四声。然后请2~3名幼儿在集体面前表演“娃娃请客”的游戏。

2.此游戏对于小班幼儿只要求学说即可,但需纠正发音;而对于大班的幼儿,不仅要求发音标准,还要强调礼貌用语的使用。

(二)词汇练习游戏

游戏1:“传声筒”(中班)[①]

设计意图:

中班幼儿平时喜欢聊天,分享生活中的趣事。通过竞赛的方式进行传话游戏,可以培养幼儿良好的倾听和表述能力。

游戏目标:

1.通过传话游戏,培养幼儿良好的倾听和表述能力。

2.通过竞赛方式,引导幼儿养成良好的团队合作精神。

① 本案例系编者自编。

游戏准备：

1.材料：一些需要幼儿传话的短语或句子。

2.环境：老师与幼儿围成一个弧形，老师坐第一个。

游戏过程：

1.创设情景，引发兴趣。

师：今天，老师有一些悄悄话想告诉大家，你们想不想听啊？（想听。）

师：悄悄话只能悄悄地讲给我旁边的一个小朋友听，后面的小朋友听不见了，这可怎么办呢？（引发小朋友讨论。）

师：小朋友们想了那么多好办法，老师这里也有一个好办法。我们来玩一个游戏好不好？

2.交代规则，明确玩法。

师：老师先把悄悄话说给我旁边的小明听，请他悄悄地告诉他旁边的小红听，小红再悄悄告诉小芳。这样一个接一个地传给后面的小朋友听，老师的悄悄话是不是就能让所有的小朋友都听到了啊？（是。）

师：不过我有一个小小的要求，请我们的小朋友们传话的时候啊，仔细听，说清楚，不要把老师的话传错了！大家能不能做到啊？（能。）

师：最后我们让离老师最远的小朋友来说说他听到了什么，看看他说的和你们听到的是不是一样的。

3.教师参与，全班游戏。

4.分组竞赛。

将幼儿分成4排，告诉每排第一个幼儿相同的一句话，一个接一个传话，哪组完成得最快，且传话正确，哪组就获胜。

注意事项：

1.若幼儿说对了，给予表扬；若说错了，给予鼓励。

2.可以加入图片，让幼儿对其进行描述，然后传达给下一个人。

3.此游戏也可用于句子和语法练习。

游戏2："词语接龙"（中班）[①]

设计意图：

中班的幼儿爱表达，但是词汇量不多，通过认识词语接龙的规则，让幼儿在游戏中根据词语衔接上下句，发展幼儿的思维和语言表达能力。

① 本案例系编者自编。

游戏目标：

1.认识词语接龙的规则。

2.能够根据词语衔接上下句，发展幼儿的思维和语言表达能力。

游戏准备：

空旷的场地，幼儿围圈坐。

游戏玩法：

教师与一幼儿同做游戏，两人同念："我家弟弟真淘气，今晚带你去看戏。"幼儿："什么戏？"教师："游戏。"幼儿："什么游？"教师："菜油。""什么菜？""花菜。""什么花？"……如此类推，一问一答，循循诱导。也可以是词语的首尾衔接，如：中华→华夏→夏天→天气。

注意事项：

1.游戏以接龙的方式进行。

2.多开发幼儿的想象力。

其他年龄段玩法：

小班幼儿可以尝试简单的反义词接龙；大班幼儿可以拓展成语首字母接龙。

游戏3："跷跷板"（中班）①

游戏目标：

1.学习运用"××有什么？"的疑问句型和正确的方位词与同伴交流。

2.愿与同伴愉快合作，养成仔细倾听同伴发言，不重复别人语句的好习惯。

游戏准备：

1.一面鼓。

2.小星星贴画多枚。

游戏过程：

1.指导语：我们小朋友应该都玩过跷跷板吧？今天我们就来做个游戏，名字就叫"跷跷板"。不过这和我们平时玩的有点儿不太一样，让我们来看看怎么玩吧！

2.规则：老师敲鼓、幼儿拍手，练习按"××|×××|"的节奏来提问。如：天上|有什么|？地上|有什么|？两人轮流背对方，互相提问、回答问题。如回答

① 本案例系编者自编。

不出或不按节奏说，就算失败。如对答如流，全对、不重复别人的问题或回答者，获胜。获胜者将得到小星星贴画一枚，贴画最多者为优胜者。

3. 老师与助教一起做示范：两人背靠背，胳膊挽在一起，轮流背起对方，模仿跷跷板。助教仰面朝天，老师问："天上有什么？"助教说出天上的两样东西，如"星星、月亮"。然后助教背起老师并问："地上有什么？"老师说出地上的两样东西，如"小虫、石子"。（不能重复别人已经说过的词，否则另一个人要重新提问）

4. 分批开展游戏，老师观察指导。需要注意以下3点：

（1）玩跷跷板游戏时，应安排身高体重相仿的2名幼儿一起玩，轮流背的时候注意安全。

（2）老师观察纠正幼儿的提问和回答，鼓励幼儿不重复别人的提问或回答，启发幼儿说出更多的方位词（如：桥下、路上、门前、树后、家里、屋外等）和回答出更丰富的东西。

（3）师生可以共同总结评价游戏，奖励优胜者。

注意事项：

可多到操场、户外等地方进行游戏，开阔幼儿视野，让他们认识不同的事物、动植物，丰富游戏内容。

其他年龄段玩法：

小班幼儿可从认识室内的物品开始；大班幼儿从户外、大自然开始，拓展幼儿的词汇。

游戏4："说反话"（大班）[①]

游戏目标：

1. 理解反义词的含义，学习正确运用反义词。

2. 培养幼儿注意倾听的习惯，体验语言交流的乐趣。

游戏准备：

PPT，红、绿色旗子人手一对，奖励品若干。

游戏过程：

1. 创设情境引出游戏主题。

师：小朋友们，欢迎你们来到我们"智勇大冲关"活动现场！我是今天的主持人苗苗老师，现在由我来为大家介绍一下本次活动的规则与要求，请大家仔

① 本案例系编者自编。

细听哦！

2.游戏“说反话”。

本次活动共有4关：热身赛、眼睛真能干、脑筋急转弯、红旗绿旗举起来。

(1)热身赛：播放音乐《颠倒歌》，请幼儿听音乐。老师提问：“这首歌曲中，你觉得哪些地方唱得比较奇怪？奇怪在哪里？应该怎么样呢？现在怎么样了呢？”(出现了相反，颠倒了。)

(2)眼睛真能干：出示图片，引导幼儿观察，找出相反的地方。

①师：这两兄弟可好玩了，他们身上有很多相反的地方，我们一起来看看，并找出他们相反的地方，看谁找得多！

②寻找生活中的反义词，引导幼儿通过找一找、想一想，寻找活动室里的反义词。

(3)脑筋急转弯：幼儿根据老师的提问快速做出回答。

师：我说一个黑(上、多、高、胖)！

幼：我说一个白(下、少、矮、瘦)！

(4)红旗绿旗举起来：

老师随机说“举红旗”“举绿旗”，幼儿听到指令后举起手中相反颜色的旗子。如老师说“举红旗”，则幼儿要举绿色旗子。相同时间内看谁正确率高，获胜的幼儿给予奖励。

(三)句子和语法练习游戏

游戏1:“花儿花儿几月开”(中班)①

游戏目标：

1.学习游戏儿歌，进一步了解四季中的花卉。

2.能够用“×花×花×月开”的句式进行游戏，正确说出花儿几月开的短句。

3.愉快轻松地游戏，提高听说能力。

游戏准备：

1.经验准备：①幼儿已经学过儿歌《荷花荷花几月开》；②幼儿已了解桃花三月开、桂花九月开、菊花九月开、梅花十二月开等相关知识。

2.材料准备：塑料荷花或荷花图卡。

游戏过程：

1.教师请幼儿围成一个圆圈，并将荷花交给其中一位幼儿。

① 本案例系编者自编。

2.幼儿集体提问“荷花荷花几月开?”,手拿荷花的幼儿边答“一月不开二月开”,边将荷花传递给旁边的同伴。幼儿继续集体提问,手拿荷花的幼儿边答“二月不开三月开”,边将荷花传递给旁边的同伴。

3.幼儿反复集体提问,直到问到花儿开花的月份。念到“六月荷花全部开”的幼儿走到圆圈中间扮演“花仙子”并举起荷花,其他幼儿蹲下做开花状。

提示:教师可结合其他花儿,引导幼儿创编儿歌,并利用创编的儿歌进行游戏。

游戏延伸:

将游戏材料投放到语言区,并带领幼儿利用生活经验丰富游戏材料。

游戏2:“我的纸飞机飞呀飞”(小班)①

设计意图:

小班幼儿正处于具体形象思维的阶段,需要运用多重感官,如听、看、说等方式,反复训练并将其应用到日常语言交往中,从而提高自己的表达能力。游戏采用问答的形式,让幼儿在模仿的基础上迅速反应,是一次新的挑战。

游戏准备:

可根据游戏玩法,适当提供相应的图片。

游戏目标:

1.练习运用“我的××飞呀飞”的句型。

2.大胆想象,提升反应能力。

游戏玩法:

1.玩法一:请一名幼儿到圆圈中间当“飞行员”,大声地说:“我的飞机飞呀飞。”其他幼儿问:“飞到哪里去?”飞行员回答:“飞到××那里去。”两名幼儿交换位置,被点到名字的幼儿到中间继续游戏。

2.玩法二:每位幼儿事先选好一种飞行的交通工具或能飞行的小动物,将标记贴在胸口,请一名幼儿到中间大声地说“我是飞机飞呀飞”,并做相应的飞行动作,然后指定下一位小朋友。该幼儿必须快速接龙“我是××,飞呀飞”,做出相应动作后再指定下一位幼儿继续游戏。

游戏延伸:

1.小班幼儿在开展游戏的过程中,不必有反应的时间规定,中班、大班的幼儿可以根据情况适当提出时间限制的要求进行挑战,

① 本案例系编者自编。

2. 针对中班、大班的幼儿，可在玩法一的基础上进行改编，如将玩法一中的××换成地名，如："我是飞机飞呀飞。""飞到哪里去？""飞到北京去。"被指定的幼儿换个地名继续游戏。

（四）描述练习游戏

游戏1："猜水果"（中班）[①]

设计意图：

中班幼儿对水果、蔬菜感兴趣，本游戏让幼儿通过观察讲出某样事物的特征，从而培养他们的观察力、语言表达能力以及思维的灵敏性。

游戏准备：

1. 一些常见的水果、玩具、日用品。

2. 一些作为奖励用的零食或其他小奖品（根据幼儿的年龄和兴趣而异）。

游戏过程：

1. 教师与幼儿面对面而坐，身边放一些游戏的物品。

2. 教师出示一个物品（如苹果），描述说："这个东西是圆圆的。"然后一位幼儿接着说："这个东西可以吃。"但在描述苹果时，不可以说"这是一个苹果"。接着，后一名幼儿说："这个东西吃起来酸酸甜甜的。"之后，一名幼儿再接着说："这个东西是一种水果。"

3. 所有幼儿轮流描述，未能正确回答物品名称的幼儿就退出游戏，以全部幼儿都参与过描述算一轮游戏结束。（根据幼儿的回答情况可做调整）

4. 教师换另一种物品开始第二轮游戏、第三轮游戏。（规则同前）

5. 教师根据实际的游戏情况分发奖品给若干名表现好的幼儿，游戏结束。

注意事项：

1. 要根据幼儿的经验选择适当的物品，可以延伸猜动物、蔬菜等不同物品，增加游戏的趣味性。

2. 奖励用的物品可根据幼儿的年龄选择小零食、小贴纸，也可以采用分组记分的形式来进行游戏。

其他年龄段玩法：

年龄小的幼儿可选择水果等外部特征明显的物品来进行描述，年龄大的则可以选择一些文具用品或外部特征不明显的物品。

---

① 本案例系编者自编。

游戏2:“我说你画”(大班)[①]

设计意图:

通过游戏,培养幼儿的倾听、理解能力,和朋友之间的合作、协作能力。

游戏目标:

能够遵循指令作画(能根据指令在相应的位置作画)。

游戏准备:

一张大纸、彩笔。

游戏过程:

在一张大纸的中间画一条线,分成上下两半,2个孩子面对面坐好,一人拥有一半的画纸,轮流发指令,让对方在纸上画图。

例如:“在左边画几只小鸟。”“在横线的下面画个圆圈。”“在圆圈里画个小女孩。”“在横线的下方画3个三角形。”“在中间的三角形里画个×。”“在左边的三角形上画条斜线。”“从右边的三角形画条线到圆圈里。”等。

注意事项:

刚开始时,指令可以简单些,当幼儿具备一定的技能后,再增加指令的难度。

游戏延伸:

该游戏可以变化为亲子游戏。

游戏3:“种莲子”(中班)[②]

游戏目标:

1. 学习使用比较连贯的语句来描述同伴的发型、衣着等外部特征。

2. 注意倾听同伴的发言,并能根据语言描述迅速做出正确的判断。

3. 遵守游戏规则,愉快地进行游戏。

游戏准备:

一颗莲子。

游戏过程:

一个小朋友种莲子,其余小朋友扮泥,扮泥的小朋友必须将眼睛闭起来,不能偷看,等儿歌念完后才能睁开。扮泥的小朋友念儿歌:“种莲子,种莲子,不知莲子种哪家。东一家,西一家,到了明年就开花。”种莲子的人会在儿歌结

① 本案例系编者自编。

② 本案例系编者自编。

束前将莲子放在其中一个扮泥的小朋友的手里，并且用简短的语言来描述这个小朋友的外貌特征，请大家来猜。被猜出的小朋友必须复述出自己的外貌特征。

游戏延伸：

将游戏材料投放到语言区，并带领幼儿利用生活经验丰富游戏材料进行活动。可以把莲子换成其他物品。

本章小结

本章从幼儿园听说游戏的基本概念、环境创设以及组织与指导等方面比较全面地介绍了听说游戏在幼儿语言发展中的重要意义和独特价值，特别是对促进幼儿口头语言表达能力的发展具有的突出作用。听说游戏往往在幼儿较为轻松，没有压力的情况下组织，幼儿可以大胆地表达；丰富的游戏题材，又很容易让幼儿产生表达的欲望，大大提高幼儿口语发展的速度；同时，在听说游戏中需要专注的倾听力、细致的观察力和敏锐的判断力，这些综合能力在幼儿之间的语言交往中不断地被运用，促进幼儿社会语言的发展。

语言是千变万化的，也是多姿多彩的，在每个听说游戏中都存在着语言交流，发展幼儿的语言能力就是为了让他们学会交流。听说游戏中的师幼交流、幼幼交流就能有效提高幼儿的语言表达能力和语言运用能力。因此，听说游戏这种传统的语言游戏应该在我们一代又一代的幼教人手中发扬光大，真正实现幼儿在游戏中想说、敢说、喜欢说、有机会说的目标。

思考与实训

1. 举例说明学前儿童听说游戏的主要类型有哪些。

2. 结合学前儿童听说游戏活动设计和实施应注意的问题，说说如何组织一次成功的听说游戏。

专题探讨

背景资料：在M幼儿园教研组例会上，新入职的小夏老师说出了她的一个难题。她组织了一个中班的听说游戏“三个字”，她给孩子们制定的游戏规则是说出“ABB”（如香喷喷）这样的词语才算念对隐身咒语。一开始幼儿按照游戏规则玩耍，游戏顺利进行，但是随着幼儿游戏热情的提升，孩子们越玩越疯，有些孩子开始不遵守游戏规则，一开始是不再说“ABB”式的三个字,而是说“大屁股”“大臭脚”这样的搞笑词语,然后是三个字都不说了,直接演变成追逐游戏。她努力地想要让孩子们回到游戏正轨上来,但是效果却并不好。她请老师们给她指导这类活动要怎么组织才好。老师们七嘴八舌发表了很多意见,有的说要多强调游戏规则,严格要求孩子遵守,否则只有玩没有学习;有的说要注意游戏性,游戏规则不重要,孩子们玩得开心就行;还有老师认为“ABB”的游戏规则太难了,应该降低……

探讨:请你结合学前儿童听说游戏的特点,谈一谈你的看法,给小夏老师提提建议。

第六章

学前儿童谈话活动

学习目标

- 理解学前儿童谈话活动的概念、特征、作用及类型；
- 掌握学前儿童谈话活动环境的创设要点；
- 联系实际领会学前儿童谈话活动设计与组织的基本步骤，并尝试应用。

学习重难点

- 重点：学前儿童谈话活动的含义及核心概念；
- 难点：学前儿童谈话活动设计与组织的基本步骤及应用。

案例破冰

中心话题从“我的妈妈”变成“我的生日”

图6-1 小班幼儿谈话活动

小杜老师入职刚满3年，今年她第一次带小班。她发现小班的孩子非常喜欢谈论自己的妈妈，说起妈妈来满眼都是骄傲。于是，小杜老师选择了一个话题“我的妈妈”开展集体谈话活动。活动开展前，小杜老师做了很多准备，比如让每个幼儿准备好自己和妈妈的合影，或者妈妈正在专心做事的照片，并让他们提前了解妈妈的爱好。谈话活动开始了，小杜老师首先引导幼儿自由与同伴交流自己妈妈的情况，然后再让孩子们集中谈一谈妈妈是怎样关心爱护他们的。“我妈妈特别漂亮！”“我妈妈的裙子最多！”“我妈妈爱带我去逛超市，我表现好就给我买玩具。”“我最喜欢妈妈做的饭菜，香香的！”“我妈妈有个本领，你们的妈妈都没有！”可可小朋友神秘地大声说道。全班孩子迫不及待地追问：“是什么本领呢？”“我过生日时，妈妈给我做的生日蛋糕可好吃啦！”接下来的谈话场面热闹极了，大家都抢着说自己过生日当天的种种细节和情景。

面临着话题从“我的妈妈”偏离到“我的生日”的状况，教师应该引导幼儿回到中心话题继续交流，还是任由幼儿自主讨论随机生成的新话题？在谈话教学中，你有没有遇到过类似问题？假如你是小杜老师，你将怎样引导幼儿把话题拉回来继续拓展谈话内容呢？

第一节　学前儿童谈话活动概述

一、谈话活动的相关概念

谈话是指两个或两个以上的人就某一主题进行的交谈，是人们最常使用的语言运用形式，也是儿童交流能力发展的重要途径。《指南》指出，幼儿的语言能力是在交流和运用的过程中发展起来的。谈话是学前儿童口头语言能力的重要组成部分，良好的谈话能力是学前儿童口头语言能力的重要表现，同时学前儿童的口头语言能力又是在交往和谈话中发展出来的。因此，谈话对学前儿童的语言发展来说，既有本体价值又有工具价值，不仅对学前儿童口头语言能力的发展有着重要价值，对学前儿童其他方面的发展也具有重要意义。

就一个完整的谈话过程而言，包含着谈话的传递、谈话的导向和谈话的推进等语言要素，每一个过程又涉及若干个谈话的要素，其中较为关键的是谈话的发起、谈话中的应答与轮流、谈话主题的深入与转换、谈话的总结与结束等语言要素，这些语言要素都是儿童在口头语言发展的过程中要逐渐学习和获得的。

在学前教育领域，谈话活动指的是教师有目的、有计划地组织幼儿围绕一定的话题，学习运用口头语言与他人进行交流的语言教育活动。谈话活动是以对话形式进行的语言交往。在良好的语言环境中，谈话活动可以帮助幼儿学会倾听他人谈话，学到与他人交流的方式和规则，提高幼儿的语言交往能力和水平。

在幼儿园教育中，儿童的谈话有日常谈话和集体谈话两种形式。日常生活中的谈话带有强烈的情境性和随机性，这种谈话人数不一、时间不定，内容往往具有即时性的特点。集体谈话往往由教师组织，教师根据儿童的兴趣、教学的内容引入一个谈话主题，通过提问的方式引导幼儿发表自己的观点，鼓励幼儿对他人的观点进行质疑和讨论，并适时通过回应和引入新的问题将幼儿的讨论带入新的领域，从而帮助幼儿学习谈话的规则，逐渐掌握谈话的策略。日常谈话和集体谈话两者相辅相成，均为儿童口头语言能力发展的重要途径。本章所指的谈话主要是集体谈话。

二、谈话活动的基本特征

谈话活动和其他各种类型的语言教育活动相比，在形式、内容以及方法、途径等方面，具有别的语言教育活动所不能代替的作用和独特的促进幼儿语言发展的功能。谈话活动中“谈”是关键，所以谈话活动的基本特征也主要体现在“谈”的两大方面，即谈什么和怎么谈上。首先，在语言表达中，谈话不是幼儿个人自言自语，而是和其他人对话的过程。谈话活动中“谈什么”是首先要明确的，即要有一个清楚而明确、有意思的话题。另外，幼儿谈话中要能交谈起来，有话可说、有话能说，还需要有谈话的素材。其次，要清楚“怎么谈”。谈话过程中怎么谈取决于是否有一个能让幼儿畅所欲言的氛围、多方交流的环境，当然也缺不了教师的合理引导。因此，在谈话主题确定后，怎么围绕话题进行谈话，是决定谈话活动成效的重要方面。教师在组织谈话活动的时候，要注意其基本特征，并据此进行谈话主题的选择、活动方式的确定以及活动的开展。

（一）谈话活动具有一个明确有趣的中心话题

谈话活动是一种有目的、有计划、有组织的语言教育活动，它不同于自由交谈，谈话活动必须围绕一个中心话题来展开，使儿童的谈话指向一定的目标，不至于儿童无话可说。所以谈话活动中，共有的话题限定了儿童交流的范围，主导了儿童的谈话方向，让儿童的交谈带有一定的讨论性质，促使儿童谈话向纵深发展。因此，选择一个儿童感兴趣的明确具体的话题十分关键，它对谈话活动的顺利实施具有重要作用。教师设计的话题要使儿童有话可说，同时能够保持较高的参与谈话的热情。具体来说，应至少符合以下要求。

1.中心话题与儿童生活息息相关

中心话题应是儿童日常生活中熟悉的、喜闻乐见的内容，需要大部分儿童都有相似的经历，如节假日的所见所闻、旅游过程中的奇闻逸事、日常生活中的点滴。如小班的谈话活动“我喜欢的玩具”，中班的谈话活动“交朋友”，大班的谈话活动“难忘的春节”等，这一类话题贴近儿童的生活，儿童对话题具有一定的经验基础。儿童的感性经验越丰富，谈话的素材积累得越多，谈话的内容就越丰富。同时，围绕这个主题，每个儿童又有着各自独特的经历、见解和看法，因而在谈话中能有所表达。假如谈话的主题是儿童完全陌生的领域，和其生活严重脱节，例如“美丽的南极”这类和儿童生活相去甚远的话题，谈话就无法顺利进行下去。

2. 中心话题能引发儿童兴趣

中心话题应该是有趣的。有趣的中心话题主要表现为所谈论的话题主要是儿童刚刚经历的事情，与儿童近日生活的共同关注点有关，或者应为儿童所关心的，这样儿童才能有兴趣，积极地参加谈话活动。一般来说，一定区域内儿童生活中出现某些大家共同经历的事，或是电视台最近放映的一部动画片，都能够成为有趣的中心话题。比如，前几天幼儿园里进来了一只受伤的小黄猫，班里的孩子在老师的带领下分别做了帮助小猫找主人、救治受伤的小猫、给小猫搭房子、喂小猫爱吃的食物、喂养小猫注意事项等生成活动，所以当中心话题确定为“幼儿园里来了一只小黄猫”时，能够使儿童产生交流和分享的强烈兴趣及愿望。

3. 中心话题具有一定的新鲜感

人都有喜新求奇的心性，儿童也不例外。话题有新鲜感，最好具有“新闻效应”，幼儿才会关注、才会有兴趣。比如，新近发生过的事情或正在发生的事情，不仅能吸引儿童注意，还能引发他们表达的欲望。一次活动中突然下雨，幼儿纷纷跑到窗口去看，老师索性让儿童自由观察、交谈，随后组织幼儿开展“下雨了”的谈话活动，描述下雨天的情景，真情实景使得所有儿童都能生动地进行表达。但是，事情发生一段时间后再进行这样的话题交谈，或是一个话题翻来覆去地谈，原本有趣的话题也会失去新鲜感。

图6-2 “下雨了”谈话活动

(二)谈话活动拥有较丰富的谈话素材

谈话所涉及的素材必须是学前儿童知识经验范围以内的，可以是学前儿童参观、游览、日常生活中的观察，也可以是在教育活动、游戏、电影、电视中获得的知识经验。如果学前儿童对某地方或某事物只有粗浅的印象，他们在谈话活动中便会感到无话可说。只有当儿童对某种事物或现象进行了多次观察，从不同角度比较细致地进行了解以后，才会有强烈的谈话欲望，谈话素材才能较完整、丰富，才能触及事物的本质特征。例如，春天到了，教师想组织幼儿进行一次有关春天的谈话活动，如果幼儿只是在教师的带领下来到室外看了看幼儿园的小草、树木，教师就要幼儿谈春天是什么样的，估计很多幼儿无法说得详细生动。因此，教师在谈话前应多带领幼儿进行观察（家庭可积极参与前期经验准备），从不同角度体验春天，听听小鸟鸣唱，看看柳树长出芽苞，青草发芽，桃花、迎春花、玉兰花绽放，沐浴一下温暖的阳光，换上轻便的春装体会放风筝的快乐，尝试学着农民伯伯种下令人期待的种子，到小山坡上爬爬滚滚感受泥土的松软，到花园里走走、看看……幼儿在细致观察体验后，谈话素材愈加丰富完整，思维更加活跃，愿意与教师和同伴交流他们的感受和见闻，自然就谈得生动、形象。

（三）谈话活动注重多方的信息交流

和讲述活动这种个人独白言语不同，谈话活动强调的是对白言语，侧重于儿童和他人间的信息交流与补充。因此，儿童在谈话中交流的信息、交流的对象和交流的方式都有独特之处。具体表现在以下三个方面：一是儿童语言交流的信息量较大。从语言信息量来看，当儿童围绕中心话题进行交谈时，他们的思路相对开阔，是呈辐射状向外发散的，而不同个体间的语言经验各自有别，谈论的内容也多种多样，因此在谈话中的每个儿童获取的信息量都比较大。二是儿童语言交流的对象范围相对较大。幼儿有时在全班面前谈论个人见解，有时在小组里与几个幼儿交谈，也有时与邻座幼儿或教师进行个别交谈。三是语言交流的方式较多。任何谈话活动有可能包括教师与幼儿交流、幼儿与教师交流、幼儿与幼儿交流，因此，谈话活动是一种多方位的语言交流活动，它给幼儿提供的学习运用语言的机会是其他活动所不具备的。

（四）谈话活动的语境宽松自由

在谈话活动中，儿童可以围绕自己感兴趣的中心话题，自由自在地表达个人见解。无论其原有经验是怎样的，也无论他们用什么样的表达方式谈话，都可以在这个范围内将自己想说的话说出来。因儿童本身能力所限，他们不可能在语言表达中做到规范标准，所以依据《纲要》目标要求，能让他们体验到和教师或同伴交流的乐趣就可以了。这种宽松、自由的语境体现在以下两个方面。

1.不要求儿童统一认识

谈话活动不要求有标准答案或统一的认识,因为要求谈话活动有标准答案或统一的认识既不可能也无必要,还会限制儿童的谈话,局限其思维发展。在谈话过程中,教师不能做一致性的要求,应围绕话题谈话,允许幼儿根据个人经验和感受自由地发表见解,针对谈话主题说自己想说的话、自己独特的经验,或者在教师的引导下既能做出正确的判断和结论,又能自由发表自己的看法,还可以利用自己的经验和认知能力进行合理想象,将自己的想象和意愿表达出来,和其他人分享。

2.不特别强调规范化的语言

谈话活动的主要目的是鼓励儿童大胆地与他人交谈,用语言表达自己的意见和看法,但不要求儿童一定要使用准确无误的句式、完整连贯的语言来表达。实际上,谈话活动重在给儿童提供说的机会,就是要利用一日活动的各个环节,为儿童提供开口说话和与人交谈的机会,从而使儿童能经常在用语言交流的过程中练习和巩固已有的语言经验,操练自己的语言,提高对语言的敏感程度,不断地促进语言的发展。

(五)谈话活动中教师起间接引导的作用

谈话活动注重在宽松的语境氛围中,教师引导儿童围绕谈话主题,学会用多种方式和他人交流。在谈话活动的设计和组织过程中,教师是儿童谈话活动的设计者,是教育活动的引领者,谈什么、怎么谈都需要教师的引导。在谈话活动中,教师的引导作用是以间接的方式实现的。他们往往以参与者的身份参加谈话,给儿童以平等的感觉,这也是创造谈话活动宽松自由氛围的一个重要因素。教师在谈话活动中以参与者的身份出现,并不代表谈话可以成为任意的无计划交谈。教师在设计实施谈话时,仍然需要按照预定的目标内容,紧扣谈话的中心话题,有效地推动谈话活动的进程。教师的间接引导主要体现在两个方面。一是教师的间接引导通过提问的方式体现,用提问的方式引出话题或转换话题,将儿童吸引到活动中来,打开谈话的思路,在活动展开的过程中,用提问的方式体现对谈话内容和方式的引领。二是教师用平行谈话的方式对儿童进行隐形示范。儿童往往在谈话开始的环节和自由讲的环节说不好,因此需要教师在不能硬性规定“你必须这样说……”的基础上,妥善考虑如何才能既引导谈话的方向和内容,又能对儿童起到示范作用。例如教师通过谈论自己的生活经验、感受等,不动声色地“告诉”儿童该说什么内容、应用什么样的谈话方式,潜移默化地向儿童进行暗示,这也是谈话活动不同于其他语言活动的一个独特之处。

三、谈话活动的教育作用

在日常生活中，儿童与成人或儿童与儿童之间的自由交谈，是儿童学习语言的最佳环境。儿童不仅可以从成人和同伴那里学习用词、造句和表达技能，而且在自己表达有困难时，也可以得到及时的帮助。在幼儿园，自由交谈有利于教师了解儿童的语言发展水平，可有针对性地进行个别指导。特别是对那些在集体活动中沉默寡言的儿童，更要帮助他们树立在集体中发言的信心。另外，儿童语言中的消极面，最易在日常生活中暴露出来，如脏话、乱用词、语法错误和语病等，需要教师及时指出与纠正，否则，他们就会继续犯错且难以改正。在游戏时，儿童可以自由组合进行各种活动，讨论规则、制订计划等都要通过相互交谈来解决。有时，儿童还会把语言教育活动中学过的内容，在游戏过程中表演、复述、朗诵出来。通过这些活动，不仅能使儿童从多方面提高语言技能，而且还便于教师在提高儿童语言质量方面做具体指导。幼儿园谈话活动对儿童语言发展的作用具体表现在以下6个方面。

（一）激发儿童交谈的兴趣

在儿童语言发展的过程中，其学习语言的态度是否积极主动，讲话的愿望是否强烈，影响儿童对语言信息的获取，影响其语言发展的速度与水平。幼儿园谈话活动并不特别强调儿童语言表述的严密逻辑，也不注重儿童语言表达词语和内容的丰富性。谈话活动中，教师给出一个儿童感兴趣的话题，重点鼓励他们大胆表达自己的内心想法，激发他们说话的欲望。要求儿童积极主动地参与同伴的讨论，从而克服部分儿童的羞怯心理，使他们在轻松愉快的氛围中，有话想说、有话敢说，增进同伴间的交流，加深同伴间的友谊，进而增强交谈的兴趣。

（二）帮助儿童习得谈话的规则

谈话活动，不但是儿童学习语言的过程，同时也是语言使用规则特别是谈话规则的习得过程。帮助学前儿童学习谈话，实际上是指导学前儿童按照社会交往过程中约定俗成的方式进行交流，使儿童在谈话活动中逐渐领悟、掌握谈话的基本规则。儿童学习谈话时，不仅需要掌握倾听、理解别人谈话等能力，还应该懂得语言交往的基本规则。如果违背了这些谈话的基本规则，就有可能对人际交往造成不利影响，干扰谈话的正常进行。

教师作为活动的组织者，需要全程观察，在适当的时候，及时对儿童提出一些谈话要求，例如："不能打断别人讲话""不能插话""认真听小朋友讲话""要轮流发言""不要抢着说""注意说话的语气语调"等。3~6岁的儿童更愿意表达自己的观点，不愿意倾听别人的意见，甚至因此急得面红耳赤，或者直接打断别人的话题。教师是规则的制定者，也是监督者，适时地进行干预和引导会帮助儿童习得谈话的基本规则。

（三）增强儿童通过交流获取信息的意识

通过谈话活动，儿童能获取更多的相关知识和信息，加深认识。在谈话活动中，儿童语言交流的信息量较大，交流对象也不再局限于教师、家长或相邻的同伴，他们之间能互通有无，取长补短，获得一些新鲜的知识。同时，儿童之间能互相启发、互相促进，思维碰撞中也能巩固交谈所得。在这种"互利互惠"的环境下，儿童获取了更多的信息，同时也掌握了获得信息的方法和手段，促进了他们对自发交谈的兴趣，增强了儿童通过交流获取信息的意识。如：带领大班儿童参观大理扎染厂后，教师组织了谈话活动"美丽的扎染"，儿童围绕大理扎染的由来、制作扎染的流程及工序、大理周城为什么叫扎染之乡、穿在身上的板蓝根、我最喜爱的扎染布手工艺品、小小导游夸扎染等话题展开谈话，能够使儿童对大理白族的扎染工艺及文化进行深入了解，增加他们科学、社会、艺术等方面知识的积累。更重要的是，儿童在谈话过程中可以逐步建立起一种意识，即通过交流来学习。

（四）引导儿童关注周围生活

围绕儿童所熟悉的生活环境组织谈话活动，能使儿童进一步认识谈话的对象，加深理解，促使儿童关注周围的生活。谈话活动的内容丰富多彩，谈话的主题事先由指导教师精心设计，这些话题应与儿童日常生活密切相关，也与儿童心智水平相适应。通过不同的话题，能使儿童关注不同的领域。例如：谈话活动"我最爱看的图画书"，儿童通过谈话需要再次熟悉自己爱看的绘本，加深对书的认识，并向同伴分享。在同伴的推介下，儿童在获得知识的同时，还能激发阅读的兴趣，增加阅读的氛围和数量，进一步关注到更多的书籍。又如，"我喜欢的小动物"这一话题能引导儿童观察动物的体形外貌，了解动物的生活习性，加深他们对小动物的感情，甚至增强他们对动物的保护意识。

（五）促使儿童建立良好的同伴关系

近年来，在国内外教育界兴起同伴教学的潮流，认为学前儿童更容易从同伴那里得到多种信息和学习方法，因此大力提倡同伴教学的方式。谈话活动扩大了儿童的交往范围，交谈对象由相邻同伴扩大到了小组、全班儿童，使得他们有机会接触到更多不同的谈话风格和不同性格特征的同伴，促进他们调整交流方式。通过谈话中的信息交流与分享，可以增进同伴间的相互了解，更容易形成和谐的相处模式。谈话是儿童社会性发展的重要途径。在谈话过程中,儿童能够认真倾听他人谈话,努力听懂他人意见,能够有礼貌地与人交谈,并把自己的意见进行明确表达,这些构成了儿童未来良好人际交往的基础和保证,能够促进同伴关系的良好发展。

(六)推动儿童的认知发展

谈话活动对儿童认知的发展也具有重要的作用。谈话中,儿童的语言能力表现在倾听和表达两个方面。其中,学会听是首要的条件。倾听是儿童感知和理解语言的行为表现。听是说的基础,只有懂得倾听、乐于倾听、善于倾听的人,才能真正理解语言的具体内容和形式,掌握与他人进行交流的技巧。儿童可以从同伴或教师那里学习陌生的词语、新鲜的表达句式,并根据语境与自身经验理解记忆,从而扩大自己的词汇量,提高自身的语言能力。表达是语言编码并发送的过程,为了准确地表达自己的观点和意见,儿童需要充分利用已有知识经验遣词造句,选择最适合此情此景的表达方式,及时调整说话的语气语调,从而促进思维能力的发展和语言表达能力的提高。

四、谈话活动的类型

谈话活动的实质是通过一定的话题引发多方的语言交往活动。原则上说凡是符合此特征的语言交往活动都应列入谈话活动的范畴,但是,我们也要认真考虑日常生活中的谈话活动与有计划的谈话活动、开放性的讨论活动之间的界限,三者之间存在着不同的侧重点。日常生活中的谈话活动内容较为随意,形式自由;而有计划的谈话活动和开放性的讨论活动通常是围绕事先确定的一个话题,进行较为深入的谈话或讨论,对儿童的语言发展水平有一定的要求。

(一)日常生活中的谈话活动

随着语言教育改革的不断深人,人们越来越深刻地意识到,日常生活中的谈话活动是发展学前儿童口语的重要途径,它带有极大的情境性和感情色彩,交谈的话题十分丰富,交谈的对象经常变化,交谈可以在任何情况下开始或结束,不受时间、空间、年龄、对象的限制。这种谈话活动在小、中、大3个年龄班都适用。它主要有两种形式。

1.日常个别谈话

在一日生活的各个环节,如早晨来园、晨间活动、盥洗、游戏、活动过渡的间隙、离园等各个场合或时间,教师都可以利用这些零散的时间与部分儿童就某个话题进行交谈。但这种交谈看似随意进行,却是教师有意为之的。教师提前经过一定的计划和准备，要考虑好本次谈话与哪些儿童交谈、谈什么、在交谈中发展他们的哪些言语技能和态度，也即对谈话对象、谈话内容、谈话目的均要全面考虑。教师应该把这部分内容列入一日活动计划中。例如，早晨入园时段，教师计划与班上较内向、语言能力相对较弱的4名儿童交谈，话题有两个：来园的路上都看到了什么和昨天最高兴的事。通过与儿童交谈，培养他们主动、大胆地与人交往的能力，鼓励儿童主动表达的积极性。交谈过程中，教师可以与一个或多个儿童交谈，儿童可以随时参加或退出谈话。日常个别谈话活动的主要目的在于增强个别儿童的自信心，调动儿童参与谈话的兴趣和积极性。

典型案例

入园之初的日常个别谈话

早晨入园时段，小班的毕老师希望和刚入园一个多月的孩子进行一次日常谈话。毕老师想了想，这几天沐沐和妈妈分别时都哭得厉害；浩浩总是怯生生地站在角落里不愿和小朋友玩；天天只愿意和他的邻居康康分享从家里带来的玩具电动汽车，对别的小朋友一概不理睬；而小羽看起来交朋友非常顺利，每天在幼儿园都过得开开心心的。今天毕老师就找这几个小朋友进行了交谈，谈一谈他们是怎么来到幼儿园的，来园的路上看到了什么，听到了哪些声音，有没有碰到特别有趣的事情，记住了哪个新伙伴的名字。这些话题能够缓解孩子入园时紧张焦虑的情绪，帮助他们相互熟悉，培养他们主动、大胆地与同伴交往的能力，鼓励他们主动表达的积极性。谈话过程中，情绪愉悦、善交朋友的小羽对其他孩子也起到了很好的暗示及榜样的作用。

2. 日常集体谈话

与日常个别谈话活动相比，日常集体谈话活动的话题更自由，可以同时有多个话题；形式更活泼，可以是师幼间的谈话，也可以是同伴间的谈话，或是师幼、同伴间的讨论等。这种谈话遵循着“自由参加”的原则，儿童可以参加谈话活动，也可以从事其他活动。例如，在每日午饭后散步时，教师可以就幼儿园内的花草树木或其他的环境变化与儿童进行交谈和讨论。教师可以问：“咱们跑道旁边新种了一些好看的树，它们是什么树呀？你们猜一猜这些树喜阴还是喜阳，为什么？”“这些天幼儿园里的花儿开得真好，有哪些植物都开花了？园里的花儿有多少种颜色？你怎么知道它是什么品种的花？你家里有没有养花？……”通过这样的日常集体谈话，教师既可以经常为儿童提供机会锻炼他们的表达能力，又可以培养儿童的观察力和注意力。

（二）有计划的谈话活动

这类活动是教师制订一定的计划和教育活动方案时，依据事先确定的话题，有目的地组织儿童进行谈话。谈话的话题可以各式各样，可以是儿童熟悉的，也可以是与他们的生活紧密相关的。这些题目一般由教师拟定，在大班也可以请儿童参与拟定。

知识拓展

有计划的谈话活动有哪些话题可谈？

我最喜欢的……（人物、动物、玩具、图书、衣服等）；

我和周围的人（爸爸妈妈、爷爷奶奶、教师及同伴等）；

我和节日（国际儿童节、国庆节、春节、“三八妇女节”等）；

我参加的一些活动（春游、参观、访问、旅游等）；

周围环境的变化（花草树木、建筑物、道路等）；

…………

这类活动需要事先进行精心设计和准备，因此在指导活动的过程中，教师要注意以下两点：第一，要努力创设良好的语言环境，鼓励每个儿童都能积极地发表自己的看法和见解。第二，要增加儿童语言交往的密集度。活动过程中，教师不仅要让儿童自己说，还要让他们积极地与同伴交谈，与教师交谈，在交谈中学习他人好的表达方式，不断提高语言运用能力。有计划的谈话活动对儿童的有意注意、有意记忆及语言能力的要求较高，因此不太适合小班上学期的儿童，可以从小班下学期开始进行。

（三）开放性的讨论活动

讨论活动是一种特殊的谈话活动形式，是指在教师的指导下，儿童围绕某一中心问题发表自己的看法，互相学习，互相启发的一种教学活动。其特殊性表现在，语言交往中谈话的形式、话题的基本性质、语言表达以及教师的指导都具有开放性的特点。同时，讨论活动还具有互动性、创造性等特点。

讨论活动的话题一般都是开放性的问题，同时，讨论所涉及的事物应与儿童已有生活经验相符合，但对儿童来讲又有一定的难度。例如，讨论的话题可以是“假如你有一双翅膀,你最想做的事是什么”,这个话题可以让儿童自由想象,随意发挥,没有固定的答案。

讨论活动是一种开放性的语言交往活动。儿童具有活泼好动,善于自我表现的特点,这一点在同伴中表现得更为明显。讨论活动为儿童提供了一个自由表达的机会,在讨论中,儿童可以就自己的观点与他人进行充分的语言交流。儿童既要清晰、准确地向对方表达自己的观点和看法,又要善于倾听他人的见解,并进行分析、反驳或赞同,从而使语言交往延续下去。这种语言交往对象可以是一一对应的,也可以是在小群体中进行的。可见,讨论活动对儿童的语言能力、思维能力都提出了很高的要求,因此一般在中班以后才适合开展这项活动。

讨论活动中,教师的指导态度要开放。与讨论的问题相对应,教师对儿童提出的看法也应采取开放的态度。教师要将指导的重点转向儿童的语言交往能力,对儿童的某些富有想象力和创造力的想法采取接纳和鼓励的态度。教师对儿童的点评、隐形指导都要体现开放的态度,尊重儿童天马行空的想象,不要一味地从成人的角度去判断儿童的某些看法合不合理。例如,儿童说:“假如我有一双翅膀,我想要飞到有蜘蛛侠的城市,看看他的蛛丝发射器到底是用什么材料做的。”“人不会飞是因为人没有翅膀,但人可以从小天使那儿借到一双翅膀,这样就可以像小鸟一样飞在高高的蓝天上了。”这样的答案教师不但要接受,还要在评议时给予积极的鼓励,引导其他儿童能像这些孩子一样,勇于创新、富于想象,并大胆地在集体中表述出来。教师的指导重点应放在如何促进师幼互动、同伴互动,如何引发全方位讨论上,并考虑如何使话题继续向纵深发展。

第二节 学前儿童谈话活动环境的创设

《纲要》和《指南》都指出，应为幼儿创设自由、宽松的语言交往环境，鼓励和支持幼儿与成人、同伴交流，让幼儿想说、敢说、喜欢说并能得到积极回应。《纲要》中还明确要求："发展幼儿语言的关键是创设一个能使他们想说、敢说、喜欢说、有机会说并能得到积极应答的环境。"在谈话活动中，教师首先要激发儿童的谈话兴趣。德国著名教育家第斯多惠说：教学的艺术不在于传授的本领，而在于激励、唤醒和鼓舞。教师要充分利用儿童的心理特点，精心创设儿童喜闻乐见的教学情境来引出谈话主题，让儿童有话可说、有话愿说，从而鼓励儿童积极参加谈话活动。要创设适当的、良好的谈话环境，打开谈话的思路，真正为儿童创设支持性的谈话环境，教师可从以下方面着手。

一、丰富儿童的生活内容，创设宽松、真实的生活情境

生活是语言的源泉，只有丰富的生活内容，才能有多彩的语言表达。儿童的学习是经验性的学习，其中直接经验更是举足轻重。依据儿童的这一特点，近年来学前儿童语言学习出现明显的情境化和生活化的倾向，教师越来越注重创设教育情境，且越来越贴近真实生活。而日常生活中的情境是的的确确存在的，有真实的情感体验，是自然的"低成本"的教学资源，我们应很好地挖掘和利用。

（一）让儿童在情境中谈话

分散的日常生活活动给儿童提供了很多的交往机会，儿童交往需要沟通，语言则是沟通的工具，在运用语言的过程中，儿童的语言获得发展，谈话能力得以培养，因此教师要让儿童在日常生活中有机会表达。教师在一日生活中可以根据儿童正在进行的生活事件，与不同人数的儿童进行谈话。如儿童出现争论时，教师可以就这个机会让争论双方进行表述，并让一方对另外一方的说法进行回应，同时鼓励目击的儿童参与到谈话当中，让事实在谈话讨论中逐渐明晰。这不仅能让儿童通过谈话自主解决问题，同时也潜移默化地发展了儿童谈话的能力。

典型案例

抢玩具事件引发的谈话活动[1]

在一次自由活动中，小俊从玩具柜里拿到了一辆电动玩具汽车玩得正开心，肖肖见状马上跑过去抢走了小俊的汽车，小俊一边哭着说："这车是我先拿到的！"一边抢回肖肖手里的车，肖肖使劲儿拽着车说："这辆车是我先看到的！"两个小朋友就这样打起来了。同时，肖肖的脸上被挠出一道血印子。

对于儿童之间发生的冲突事件，以往教师经常采取的方式是询问谁先动手，查看谁在冲突中受了伤，然后批评先动手的儿童及出手重的儿童，安慰受伤一方，跟他们讲道理，鼓励他们握手言和，很快将事情解决好。现在，教师们越来越关注到该事件有怎样的教育价值，做到"遇物而诲，相机而教"，及时把握偶发事件所隐含的教育价值并加以引导。《纲要》中指出，鼓励幼儿大胆、清楚地表达自己的想法和感受，尝试说明、描述简单的事物或过程，发展语言表达能力和思维能力。实际上，这时教师可以抓住开展谈话活动的契机，让当事人小俊和肖肖讲讲产生矛盾的原因、事情的经过，可以发展幼儿叙述性、描述性的语言，让"当事人"自己分析，这样做合适不合适，让其他了解情况的幼儿讲讲当时的情景，让全班幼儿发表不同的意见，发展幼儿的辩证性语言。

李季湄老师曾说："专业型的教师和非专业型的教师在教育中的表现迥异。当面临幼儿出现的某种纠纷时，专业型的教师的反应首先是'我能利用这个机会让儿童学习什么'，而非专业型的教师的反应往往是'发生了什么事'，考虑的只是尽快地结束纠纷。"因此，在日常生活中儿童的纠纷等偶发事件都是很好的教育机会，教师应很好地去把握住。

（二）让情境促儿童谈话

日常生活独有的、真实的生活情境及紧随的情感体验，是专门的语言教育活动所不具备的优势，当儿童面对日常生活中遇到的种种问题时，因为和自身的需要息息相关，渴望解决，常常会"主动出击"。沛沛小朋友平时很内向，不爱说话，但很爱护自己的东西。有一次，她把爸爸送给她的生日礼物——一枚小胸针带到了幼儿园，为了她的安全，老师将她的胸针放到了较高的柜子上帮她保管。离园时很少和老师说话的她主动跟老师说："老师，我的胸针呢？"老师立即将胸针还给了她，同时及时表扬她会主

---

① 本案例系编者根据大理幼儿园教师教学日志整理。

动和老师说话了。以后,她和老师交流的次数明显地增加了。如上所述,生活的具体问题使平时内向的儿童开始用语言与他人交流,而老师的回应则是极大的鼓励。

(三)多途径丰富儿童的经验,让儿童有内容可谈

教师要注意通过家园联系,了解儿童的兴趣和日常交流能力发展的特点,鼓励家长多创设机会让儿童参与各种类型的活动,接触大自然、了解新科技、阅读好图书,丰富儿童的所见、所闻,并在这个过程中积极与儿童互动。在幼儿园中,教师可以创设相应的游戏、语言区角,提供玩具材料,让儿童积极探索身边的材料,乐于和同伴、教师互动。教师也可通过观察、访问、记录等方式展现学前儿童的日常活动,从而丰富儿童的认知经验和生活经验,让学前儿童在谈话活动中有内容可谈。

(四)选择恰当的谈话主题,让儿童想谈

在集体谈话中,教师主要根据教学内容、时令节气、突发事件,甚至是新闻逸事等,选择儿童熟悉并且有着一定经验积累的谈话主题。比如地震发生后,教师可以就看到地震的新闻后自己的感受、如何躲避地震等话题引导儿童进行谈话;阅读完绘本《团圆》后,可以就"团圆是什么"这个问题进行讨论。当儿童对谈话主题有了一定的知识经验,并能有自己的想法和感悟的时候,儿童就自然地想表达了。

二、营造安全、积极的谈话氛围,让儿童敢谈并有机会谈

宽松和谐、充满爱心与支持的语言环境是儿童学习与发展的基本前提。心理的安全和心理的自由可以消除儿童的心理压力,使儿童进入积极的、主动的学习状态。在儿童充分获得被尊重、被接纳的心理状态下,才能有效调动让儿童喜欢说、愿意说、有话敢说的内部动机。

(一)为幼儿提供更多畅所欲言的机会,是谈话活动的关键

安全的谈话氛围表现为学前儿童的谈话在规则范围内不会被限制,有着自己在闲暇时间谈话的自由,并且教师不加以禁止。在谈话过程中儿童若有出错,其从教师的反馈中获得的应该是示范、鼓励,而不是批评或嘲笑。积极的谈话氛围指的是师幼都会积极寻找时间和空间进行多方的交流,这种交流不是检查,不是拷问,更不是否定,而是真诚的倾听、用心的交流。尤其表现为教师的语言所营造出来的是积极的交流环境。

若教师在活动开始时非常严肃或大声地斥责儿童,那么整个活动室里都会弥漫着

紧张不安的气氛，相信即使话题再有趣，也调动不了儿童的积极性。因此，在活动开始时教师一定要让周围的气氛轻松、自然，可以让儿童唱唱歌、做做游戏等，以使儿童的情绪稳定，将注意力迅速集中到教师身上。

（二）提倡敢说先于正确

儿童的语言受其发展水平及理解水平的影响，经常会出现一些“错误”。对年龄小、认知水平低的儿童来说，“错误”是正常而短暂的，教师要有一颗理解“错误”的平常心，多一些接纳的耐心，少一点功利心，不急于纠正儿童的词不达意、句不完整，不强调对错、好坏，鼓励儿童大胆表达。教师不要急于或刻意加以纠正，以免给儿童造成心理压力，给儿童以打击感或压抑感，从而失去说话的主动性、积极性。

教师要允许儿童在语言学习中尝试错误，允许儿童通过不同方式探索如何使用语言，在儿童有需求时，不时给予指导和帮助，这样儿童才能大胆表达自己的想法。有一次，在餐前谈话中教师向儿童介绍了当天午餐中的紫甘蓝这一蔬菜，佳佳小朋友随即问道：“紫甘蓝中含有这么多的维生素，那红甘蓝、黑甘蓝中又含有什么营养素呢？”这时教师没有立即纠正她，而是引导感兴趣的儿童自己寻找答案，待大家都回家查阅资料后，第二天再来揭晓答案。

因此，鼓励儿童敢于表达自己的观点，提倡“敢说先于正确”，相信儿童在交往过程中会越说越准确，越说越完整。另外，每个儿童的语言能力是有差异的，语言能力发展水平有所不同，我们要全面看待儿童。根据不同儿童的需要、兴趣，选择适宜的谈话内容、方式和场合，鼓励他们大胆表达，通过语言表达体验到语言交流的意义、成功和快乐。

三、创设生动、有趣的谈话情境，引出谈话话题

谈话情境的创设，常见的有以下三种方式。

（一）运用实物创设谈话情境

儿童是否具有学习的积极性和主动性取决于他们是否对学习的内容感兴趣。实物或直观教具是儿童兴趣的激发器，教师可利用活动角的布置、墙饰、桌面玩具、实物摆设或者图片、挂图、视频等，向儿童提供与话题内容相关的材料，引起儿童谈话的兴趣，启发他们的思路。如小班谈话活动“秋天的树叶”，教师提前让儿童在父母的带领下寻找、观察了各种各样的秋天的树叶，然后在班级活动角用形状、颜色各异的实物树

叶进行了主题墙的创设，展示了各种树叶的标本，从而引发儿童对树叶的兴趣。谈话过程中边观察树叶边说，激发了儿童说话与交流的欲望，使得谈话活动顺利展开。

图6-3 “秋天的树叶”谈话活动

此外，学前儿童学习的特点是：有效注意持续时间短，稳定性差，容易受外界因素干扰。在话题进行过程中，教师适时地展示实物还可以集中儿童的注意力，防止他们跑题，推动谈话持续进行。另外，实物教具的使用还可以使儿童消除焦虑和不安，使他们的压力消于无形，可以大胆、自由地开口说话。

（二）运用语言创设谈话情境

有的谈话主题不方便通过实物、绘画、录像、照片等方式引入，但儿童对该主题又有一定经验，这种时候教师就应采取语言导入的方式来引出谈话的主题，如讲一个故事等。教师通过自己说一段话，提一些问题来唤起儿童的回忆，调动他们的经验，以便适时地切入话题。

典型案例

运用语言创设谈话情境[1]

中班讨论活动“怎样当值日生”中，教师自己先说了一段简短的开场白，并提出一些简单的问题，如“吃午餐前值日生可以做哪些事情”“值日生擦桌子时有什么小诀窍”“当值日生要注意哪些事项”等，以帮助儿童进入谈话情境，积极地进行思考。

① 本案例系编者根据大理幼儿园教师教学日志整理。

在进行“节约粮食”的谈话活动时，教师先讲了一个故事：有些小动物总是浪费食物，有的把食物丢在路边，有的把食物洒在桌子上，有的偷偷倒进垃圾桶，结果它们最后都受到了惩罚——主人停掉了它们一天的粮食。教师讲故事时，语调丰富，抑扬顿挫，充满激情，儿童借着故事情境很快就能进入话题讨论。同样的话题，有的教师则声情并茂地朗诵了一首诗歌《悯农》，引导儿童从“粒粒皆辛苦”的诗句进入讨论。

（三）运用游戏、表演、实验演示等形式创设谈话情境

有些谈话主题需要儿童自己进入情境中，教师可以通过游戏、表演或实验演示等方式创设一个存在冲突或疑难的情境，引发儿童的讨论。

典型案例

运用游戏、表演、实验演示创设谈话情境[①]

在进行“方位问题”的谈话活动中，教师组织部分儿童排队，让每一位参与排队的儿童说出自己的前面和后面都是谁，然后再变换队形，说出自己的左边和右边是谁。或者以一个固定物体为参照物，让儿童按照指令分别站在它的前后左右，在游戏中展开话题。

在谈话活动“发生在公交车上的事”中，教师先请几个小朋友分别扮演司机和乘客进行情景表演。当表演到车上没人给老奶奶让座时，教师提出这样的问题：“如果你和家人也在公交车上，你会怎么做？”

在组织谈话活动“风的力量”时，教师做了几个关于风的小实验，包括：用风吹灭燃烧着的蜡烛，让风吹干桌子表面的水迹等。

运用这些形式创设谈话的情境，较易调动儿童的积极性和兴趣，引起他们对所谈内容的回忆，为下一步谈话奠定基础。

教师在创设谈话情境时，应该注意三个方面的问题。首先，注意创设的情境与话题之间的关系，即紧扣中心话题。谈话情境的创设是为引出话题服务的，应避免出现两种情况：一是避免过多与话题内容无关的语言，要紧扣话题的中心内容；二是避免过于热闹以致喧宾夺主，分散儿童的注意力。其次，创设的情境应尽可能活泼有趣，以便

① 本案例系编者根据大理幼儿园教师教学日志整理。

更好地调动儿童的学习兴趣，集中其注意力。最后，注意时间的分配。这个步骤的目的仅在于将话题引出来，因此，无论是实物的展示还是语言的解说，或者是游戏活动，都应该注意时间的分配不宜过长。

第三节 学前儿童谈话活动的设计与组织

儿童语言教育中专门的谈话活动遵循了语言教育活动的基本规律，其设计与组织也有着自身的结构。谈话活动的活动目标、活动方式的独特性，都要在活动设计的基本结构和组织开展中得到体现。

一、谈话活动内容的确定

学前儿童谈话活动内容的确定是实现教育目标的手段，是将目标转化为学前儿童发展的中间环节，同时也是活动设计与组织的主要依据。所以，活动内容的确定是语言教育活动设计的核心内容。谈话题目的确定，关系到谈话活动能否发挥其教育作用。总体来说，谈话活动的选题应符合学前儿童近期教育内容，范围应该是儿童生活经验之内的，具备的知识应该是比较丰富的，同时也应是儿童感兴趣的题目。

（一）谈话活动的题目应根据近期教育的主题内容来确定

谈话活动的题目应根据近期教育的主题内容来确定，主要根据科学教育和品德教育的内容来确定。通过科学教育，儿童可以学到大量有关动植物、四季特征、自然科学现象等知识，以及有关周围社会环境、交通工具、各种成人劳动、各类节日、著名建筑、名胜古迹、家乡的自然风景等社会知识。这些知识都需要通过谈话活动将其条理化，形成正确的概念。因此，以上内容也就是谈话活动选题的范围，特别是观察后的讨论谈话和总结性谈话的题目，更要从这些内容中选择。品德教育中的许多内容，如文明卫生习惯、互相友爱、爱护、礼貌与诚实教育、情感教育等，也是谈话活动的选题范围。

（二）谈话内容的选择应是儿童知识经验范围之内的

组织儿童谈话的内容选择应该是儿童知识经验范围之内的，即根据他们在参观、观察、游戏中获得的知识经验进行选择。因此，知识经验越多，谈话的内容越丰富。相反，如果对某个地方或某件事物只观察了一次，所获得的印象只是初步的，儿童就谈不出什么。只有当儿童对某种事物或某种现象进行了多次观察，从不同的角度，比较细致地了解以后，再组织谈话，他们才有条件谈得完整、丰富。谈话活动的内容与范围应具体、明确，一次谈话活动的内容范围不要过大，即谈话的中心要具体、明确，使儿童能围绕一个主题展开谈话。如家庭和幼儿园的日常生活、社会生活、成人的劳动、自然界的各种现象等，都可作为谈话的内容，但每次活动所谈的内容，只能是其中的一个小题目。

二、指导谈话活动的方法

（一）恰当提问

提问是组织集体谈话活动的基本方法。所提问题的深浅程度要适合学前儿童的经验和思维水平，问题尽量具体明确，避免抽象笼统。另外，在谈话活动中还要注意不要提儿童无法回答的问题，如有一些东西的外形特征是儿童难以描述的，对这类东西就不要问他们是什么样的，否则儿童就会以“弯的、圆的、红的、蓝的”来回答，达不到提问的目的。在谈话活动中，教师引导儿童对某些事物进行比较和判断时，问题要富有启发性，这样可以启发他们正确理解事物之间的相互关系，对发展儿童综合分析能力是有意义的。为了调动儿童谈话的兴趣，有时可用竞赛口吻提问，发展儿童的概括能力，调动他们思维和谈话的积极性，活跃谈话气氛。在谈话活动过程中，间或提一些带有评价性的问题，也是儿童感兴趣的，不仅可以调动他们学习的主动性，而且可以发展儿童的分析能力。

综上所述，集体谈话活动中所提问题，按其性质大致可分为以下两类。

1. 回忆性问题

要求儿童谈论经历过的事情及观察所获得的印象，最好能够说明事件发生的时间、地点、人物，如果能进行适当的细节描述就更好了。

2. 分析性问题

要求儿童谈出为什么并做出简单评价或回答判断方面的问题。

在谈话活动中，教师可根据活动目的考虑选用哪种提问方式。

（二）引导儿童围绕话题自由交谈

引出谈话的主题后，教师要引导儿童围绕这一谈话主题自由交谈。因为每个儿童的成长和家庭教育背景不同，而且具有不同的语言经验和知识积累，所以这一步骤的主要目的是调动儿童对谈话主题的知识和经验储备，从自己的经验出发来表达，并和同伴进行充分的语言交流。在不同见解的交流中，个人认识会得到完善或修正，而对不同观点的阐述，也可培养儿童初步的讨论意识。

1.放手让儿童围绕话题自由交谈

在这一环节，儿童的兴趣被谈话的起始情境唤起，很容易产生表达的欲望和实际行动。教师应鼓励他们和其他同伴说说自己的想法，进行自由交谈。只要是围绕着话题进行，教师就不需要做出示范，也不用给他们提示，让儿童想说什么就说什么，充分、自由地表达。

儿童在自由交流的过程中往往会转换谈话的对象，转向别的小伙伴，从形式上看，或是两两交谈，或是三五个人形成小组，对此，教师要允许他们有一定的自由，形成双向或者多向的交流。自由结组更有利于儿童参与积极性的发挥，转换谈话对象使得他们有更多的机会进行交流，也可保证气氛的融洽、宽松。

2.鼓励每名儿童积极参与，关注个别差异

自由交谈的环节为儿童增加了开口说话的机会，让他们想说、多说，形式、对象自由。但是，由于性格内向、环境陌生、语言表达能力不佳等多方面原因，总有些孩子游离于活动之外，在课堂上不发言，或发言时声音小等。为此，教师要有意识地在一旁小声提醒或鼓励，也可提示其他儿童说完后注意听听这些不善于发言的儿童的话语，以增强其自信心和大胆说话的能力。另外，在遵循儿童自由选择交谈同伴的前提下，可有意将光听不说或少说的儿童和语言交往能力强的儿童安排在一起。总之，不让一个孩子缺席是自由交谈的基本目的。

3.自由交谈中，允许儿童有“动作”

谈话活动的开展并不仅仅是说，动口又动手才符合儿童身心发展的特点。适当增加儿童“动作”的机会，让其在动嘴、动脑的同时，也能有动手、动脚等其他操作活动，将有利于儿童保持谈话的兴趣，增强他们说话的积极性。例如，在谈话活动“我爱吃的水果”中，可用几种常见的水果引出话题，在儿童自由交谈这一步骤中让其品尝水果，引导他们说出水果的味道、颜色、形状等不同的特征。和事物有关的谈话可以让儿童有看、摸、尝、闻等动作参与，以充分感知；其他类的谈话活动也可以根据话题的内容，适当鼓励儿童增加动作。例如，在参观动物园后的谈话活动中，教师可以设计模仿动物形态、动作的环节，以配合儿童回忆、表述各种各样的动物。

4.教师要关注儿童的谈话情况

在儿童自由交谈环节，教师要密切关注并观察儿童的自由发言。教师在活动现场不能离儿童太远，否则活动中会有跑题的情况发生。在这一活动环节中，教师最好做到以下两点。

(1)要巡视儿童的自由交流,并用非语言形式做出相应的反应。轮番巡视、倾听、观察不同儿童的谈话,对每一对或每一组都停下来听听,并用微笑、点头、轻抚儿童等表情和身体语言进行鼓励;也可用皱眉、摇头、手指示意等方式对没有积极参与状态的儿童进行提示。必要时,教师要用简单的语言做出反馈。

(2)要详细观察儿童的活动参与情况,对不同儿童的谈话水平进行了解,明确其差异,特别是那些语言表达能力相对弱一些的儿童。同时,对儿童总体的谈话经验做到心中有数,以利于下一步活动的展开。

(三)教师围绕中心话题不断拓展谈话思路

在儿童围绕主题充分自由交谈后,教师要自然地逐步拓展谈话的思路,引导儿童扩大谈话的范围,启发、帮助儿童把新经验运用到谈话活动中,不断提高儿童的谈话水平。

谈话思路的拓展要逐步自然地进行,不能让参与谈话的儿童感到意外突然,使活动进行得不顺畅。话题的拓展,一般步骤是,先描述谈话对象—说一说对谈话对象的态度—为什么会有这种态度—以后对谈话对象的打算或想法。如:在“我的妈妈”的谈话活动中,教师可以设计这样4个问题:请儿童说说自己妈妈所做的工作,讲一讲妈妈的外貌特征及自己对妈妈的态度,谈一谈为什么对妈妈是这种态度,最后让儿童讲一讲以后要为妈妈做什么。用这样4个问题引导儿童拓展思路,逐步深入,唤起儿童关于话题的更多回忆和感受。要注意每个问题提出后都要围绕它展开充分的谈话,自然地过渡到下一个问题。需要注意的是,儿童新的谈话经验是谈话内容、方式和思路的总和,它是谈话活动目标的具体化。在进行迁移时,不是呆板的句式或词语的运用,而是以新经验作为一个起点,寻求新经验与活动目标的结合点,使儿童掌握谈话的思路,习得一定的谈话规则。

(四)教师隐性示范新的谈话经验

对幼儿园语言教育来说,教师的示范是儿童进行语言模仿的基础,但是在具体操作示范这一步骤的过程中,往往容易出现由此限制了儿童想象和思维,阻碍儿童调动已有语言经验的偏差。在谈话活动中,教师应从直接示范转变为间接指导,教师可以以参与者的身份参加谈话,用平行谈话的方式对儿童做隐性示范。如在“我喜欢的季节”这一谈话活动中,教师可以谈的内容有:自己喜欢的季节是什么;这个季节有什么特征;自己为什么喜欢这个季节;一年之中只有这一个季节会怎么样等。教师通过示范暗示和启发儿童,让儿童在谈话过程中不知不觉地沿着新的思路去说，潜移默化地应用新的谈话经验，保证谈话活动的顺利进行。又如在“我最喜欢的一本书”的谈话活动中，教师可以先谈一谈自己最喜欢哪一本书，它的主要内容是什么，为什么喜欢它，打算以后怎么做。这样就给儿童暗示了谈话的思路和线索，使儿童获得了谈话的新经验。

教师为儿童提供的新的语言经验，必须考虑不同年龄段语言教育的目标、各年龄段儿童语言发展的水平和特点，对不同年龄段的儿童要有不同的要求。总之，教师要运用各种“隐性”的手段，潜移默化地影响儿童，使其不断习得新的语言经验。

三、组织与指导谈话活动的注意要点

（一）教师要引导谈话活动有计划、有组织地进行

成人应鼓励儿童积极参与谈话，层层深入地扩展谈话范围，但与此同时，教师必须通过引导来保证谈话活动的主题不变，防止跑题。

当儿童围绕中心话题进行交谈时，他们的思路是呈辐射状向外发散的，也是杂乱无序的。儿童根据自己的经验和内心感受直截了当地表达自己的想法，由此派生出来的子话题是丰富的，这就与有计划、有组织的谈话活动宗旨形成了矛盾。为此，教师要掌控局面，引导儿童逐层深入地推进谈话。

谈话活动具有“话题的导向”和“话题的传递”两个语言应用要素。教师通过递进式提问，巧妙地引导儿童朝着一定的方向进行交谈，并传递和转换谈话的内容，使话题逐层深入。在“我喜欢的玩具”这一谈话活动中，教师通过“你喜欢的玩具有哪些—它们是用什么做成的—它们有什么功能—你为什么喜欢它—如果它已经过时了，你准备怎么处理它”，这样逐层推进的提问完成了话题的导向和传递，保证了话题的深入展开。

（二）教师要实时观察、及时点评

教师应以参与者的身份参加谈话，用平行谈话的方式对儿童做隐性示范，但同时不能忘记教师是活动的组织者、策划者和指导者。在整个环节中，教师要全程观察儿童的表现，主要观察的内容有：一是观察儿童的谈话内容，看看儿童对哪个小话题更感兴趣，更有话说，随时准备调整话题顺序。二是观察儿童在谈话中语言能力的表现，比如：是否学会了倾听；是否能够运用交流和表达的规则；是否使用了谈话的策略；整个活动是否达到了预期目标。在观察的同时，教师还要总结经验，及时弥补疏漏，使谈话

活动顺利进行。对儿童的表现,教师要及时点评,当然应以鼓励为主。

比如,教师可以说"乐乐说得很完整,加油""依依的词语用得非常准确""丹丹小朋友使用了'如果……那么……'来连接两个句子""瑶瑶小朋友举手发言,做得很好",这样及时的点评既可以随时调整活动进程,又可以使儿童感受到成功的喜悦和满足。

(三)采用多种形式,提高儿童谈话水平

除了有组织的集体形式外,还可以利用其他形式来提高儿童的谈话水平。

1. 开展课外语言活动

儿童谈话能力的提高不是一朝一夕就能完成的,需要我们在日常生活中有意识地培养其语言技能。在儿童休息或游戏时,教师可以组织儿童听、讲、编故事,组词造句等,不断丰富其语言经验。

2. 指导儿童在图书角中的活动

充分发挥图书角的作用,教师注意有计划地指导儿童在图书角中的活动。在儿童看书时,引导儿童相互交谈,讲述书中的故事情节,并及时对一些词语进行解释,帮助儿童不断地丰富词汇,为开展谈话活动打好基础。

3. 随机教育

教师可经常不失时机地利用日常生活中的各个环节,引导儿童说出周围一切使他感兴趣的事物的名称、形状、性质、颜色、作用等,也可以让其使用准确的动词描述同伴的行为。例如,在吃完饭后,教师可让儿童尝试说出今天饭菜的名称和味道;游戏时,让他们准确地表达自己的想法,鼓励他们与同伴交流和讨论,共同解决问题。总之,语言能力的培养无处不在,随机教育不可忽视。

典型案例

小班谈话活动:我的妈妈[①]

一、活动目标

1. 学会围绕主题谈话,并能用准确的语言介绍自己的妈妈;

2. 养成安静地听同伴谈话、轮流交谈的习惯;

3. 对妈妈有更多的了解,培养儿童关心和热爱妈妈的情感。

① 本案例由安徽省淮南市田家庵区第六幼儿园冯桢石老师提供。

二、活动准备

1.事先请幼儿观察自己妈妈的日常生活,了解妈妈在家做些什么事;

2.每人带一张自己妈妈的照片。

3.绘本《我妈妈》的节选PPT。

三、活动过程

(一)创设情境,引发儿童的谈话兴趣

1.教师展示自己妈妈的照片,教师先说说自己的妈妈。

2.出示PPT,让幼儿观察并说说图片中的妈妈是什么样子的,她会是一个什么样的妈妈?

3.教师:"我们每个人都有一个妈妈,每个人的妈妈都不一样。你的妈妈是什么样子的?她在家里做些什么事情"?

(设计意图:因为幼儿对自己的妈妈比较熟悉,所以此活动中谈话情境的创设采用了提问的方式,除此之外,有关"妈妈"的图片、谜语等也可用来创设情境、引出谈话话题。)

(二)幼儿围绕话题自由交谈

1.幼儿自由交谈。

将幼儿分成几个小组或两两结伴,要求幼儿拿着自己带来的照片向同伴介绍。教师轮流参与幼儿的小组谈话,了解他们的谈话内容,间接引导他们围绕主题谈话。

(设计意图:这一步要求幼儿借助照片围绕话题在小组和集体面前自由交流对自己妈妈的认识。这里的照片至少有两个作用,其一是避免幼儿谈话时跑题,其二是诱发幼儿对妈妈的记忆,使幼儿有话可说。)

2.引导儿童集体谈妈妈。

自由交谈结束后,教师请个别幼儿在集体面前谈自己的妈妈。要求围绕以上两个问题,大胆地讲出自己对妈妈的认识。教师对幼儿的谈话给予赞许和鼓励,对认真、专心听同伴讲话的幼儿,也给予鼓励。

(设计意图:这一步旨在引导幼儿相互学习谈"妈妈"的不同方法,分享经验。每一个在集体面前谈话的幼儿谈话结束后,教师需要进行简单的讲评。)

(三)教师引导幼儿结合绘本《我妈妈》拓展谈话范围

1.出示图一,问:这是什么?谁变的?你怎么知道?变成蝴蝶说明妈妈像蝴蝶一样什么?

2. 出示图二，问：这是什么？谁变的？你怎么知道？变成沙发说明妈妈像沙发一样什么？

3. 出示图三，问：这是什么？谁变的？你怎么知道？妈妈什么时候会像猫咪一样温柔？

4. 出示图四，问：这是什么？谁变的？妈妈为什么变成狮子了？你们的妈妈什么时候会像狮子一样？妈妈变成狮子的时候还爱你们吗？

5. 出示最后的画面，问：妈妈和宝宝紧紧地拥抱在一起，你猜妈妈对宝宝说了什么？

6. 讨论：什么是永远爱你？

在幼儿谈话过程中，教师用平行谈话的方式，为幼儿提供新的谈话经验。如：我的妈妈是老师，妈妈的工作很辛苦，每天晚上都要看书、写文章。她会说很多有趣的故事。我常和妈妈在一起整理图书，还帮妈妈做其他事情。我爱我的妈妈，永远爱她……

7. 教师小结。

引导儿童想一想：妈妈都很爱孩子，希望我们的小朋友成为好孩子。小朋友也应该关心妈妈，爱妈妈。

（设计意图：教师通过"你喜欢妈妈吗""为什么喜欢她""你愿意为你的妈妈做些什么事情"这3个提问来启发、引导幼儿逐步拓展谈话范围，使他们在谈话过程中不知不觉地学到新的谈话经验。）

（四）隐性示范新的谈话经验

教师拿出自己妈妈的照片，谈谈妈妈和自己在日常生活中的一些有趣的事情。

（五）结束活动。

欣赏歌曲《好妈妈》，鼓励儿童回家对妈妈表达自己的爱，爱就要大声说出来。

本章小结

本章重点界定了学前儿童语言教育中谈话活动的基础概念和基本观点。核心内容如下：

1. 关于学前儿童谈话活动的主要概念有：谈话活动指的是教师有目的、有计划地组织幼儿围绕一定的话题，学习运用口头语言与他人进行交流的语言教育活动。儿童的谈话有日常谈话和集体谈话两种形式。

2.学前儿童谈话活动的基本特征是：具有一个明确有趣的中心话题，拥有较丰富的谈话素材，注重多方的信息交流，语境宽松自由，教师起间接引导的作用。谈话活动的教育作用是：激发儿童交谈的兴趣，帮助儿童习得谈话的规则，增强儿童通过交流获取信息的意识，引导儿童关注周围生活，促使儿童建立良好的同伴关系，推动儿童的认知发展。谈话活动的类型有：日常生活中的谈话活动、有计划的谈话活动和开放性的讨论活动。

3.学前儿童谈话活动环境的创设要关注：丰富儿童的生活内容，创设宽松、真实的生活情境；营造安全、积极的谈话氛围，让儿童敢谈并有机会谈；创设生动、有趣的谈话情境，引出谈话话题。

4.学前儿童谈话活动的设计与组织应从谈话活动内容的确定、指导谈话活动的方法、组织与指导谈话活动的注意要点这几个方面实施。

思考与实训

1.结合本章案例破冰中的问题，运用本章所学知识，尝试回答：在“我的妈妈”这一谈话活动中，你将怎样引导幼儿把话题拉回来并继续拓展谈话内容？

2.谈话活动的基本特征是什么？主要类型有哪些？

3.在设计与组织学前儿童谈话活动时，应注意哪些问题？尝试设计一个谈话活动方案，并在小组内模拟试教。

专题探讨

背景资料：张老师带的中（一）班这个星期的活动主题是“消化系统”。在阅读完《食物的旅行》绘本之后，张老师打算组织一次关于“小包子的奇妙之旅”谈话活动。张老师精心为孩子们准备了消化系统的挂图，还准备了胃、食管、大肠、小肠等消化管的模型。谈话活动开始了，张老师首先请小朋友结合生活经验谈一谈我们吃进去的食物都到哪里去了，然后请小朋友对照消化系统挂图和自己的小伙伴讲一讲小包子在消化系统中旅行的顺序。小朋友们非常积极，你一言我一语地谈论开了：“小包子经过食管！”“小包子要在胃里待好一会儿呢！”“我们的小肠很长很细，小包子要嚼碎了才能通过。”“胃里面有胃酸可以帮助我们消化。”“小包子最后要到大肠里面，到大肠之后它就变成臭大便了。”牛牛大声说道。全班孩子一听到“臭大便”都哈哈大笑起来。“臭大便好臭好臭！”“臭大便拉出来之前要先放臭屁！”“狗臭屁，哈哈哈……”“我昨天拉了一堆黄色的臭大便！哈哈哈……”“不能随地大小便！”接下来的谈话场面热闹极了，小朋友们开始兴奋地讨论起臭屁、臭大便来。

探讨：面临着话题从“消化系统”偏离到“臭屁和臭大便”的状况，教师应该引导幼儿回到中心话题继续交流，还是任由幼儿自主讨论随机生成的新话题？在谈话教学中，你有没有遇到过类似问题？假如你是张老师，请结合中班幼儿的特点，谈一谈你将怎样引导幼儿把话题拉回来继续进行谈话活动。

第七章

学前儿童讲述活动

学习目标

- 了解学前儿童讲述活动的基本概念、特征、类型；
- 掌握学前儿童讲述活动环境创设的要求；
- 学习设计并组织实施小班、中班、大班讲述活动。

学习重难点

- 重点：学前儿童讲述活动的设计与组织；
- 难点：学前儿童讲述活动的组织。

案例破冰

状况百出的讲述活动

小慧今年7月大学毕业后到幼儿园工作。在最初开展讲述活动时，小慧缺乏对小朋友的了解，活动设计与幼儿的生活不是很贴近，多数从教师的角度出发；活动意图无话可说，不清楚幼儿的发展水平；目标定得太高或太低。活动前她虽然很认真地进行备课，但活动时还是状况百出：导入时间过长；因为太紧张面无表情，尤其是有老教师听课的时候，会忘记活动设计的流程，活动结束后发现这句忘了说，那句忘了问；出现突发情况时处理不佳或直接跳过；活动中有小朋友捣乱时不知如何制止和处理；有时时间把握不好，前面用了很多时间，后面发现时间不够时就草草结束，没有深入展开……活动结束后，回顾自己在活动中的表现，她都能找到各种解决办法，但活动中就是表现不出来。

如果你和小慧一样是一名新教师，你在活动中会出现以上问题吗？该怎么办？

第一节 学前儿童讲述活动概述

一、学前儿童讲述活动的概念

从字面上理解，“讲”即为“说”。谁说？幼儿说。怎么说？单独说。“述”是“叙述”。叙述什么呢？一件事情、一个实物、一幅或多幅图片等。“活动”两个字告诉我们，它开展的地点是一个比较正规的场合，通常都以集体教学活动的形式呈现。通俗地理解，“讲述活动”是幼儿在集体教学活动中根据老师（也可以是幼儿）提供的实物或图片等，在观察、理解、思考后，用自己的语言表达对某事、某物或某人的认知。

讲述活动是命题性质的语言活动，规定了讲的内容和范围。因此，讲述活动是一种有目的、有计划地培养学前儿童独白言语能力的语言教育活动。它是学前儿童语言教育中一种重要的组织形式，在幼儿园语言教育中占有很重要的地位。

二、学前儿童讲述活动的特征

（一）讲述活动有一定的凭借物

所谓凭借物，就是活动中幼儿看得见摸得着的诸如实物、图片等东西。它是幼儿讲述活动的对象，也是幼儿讲述的范围。它可以由老师准备，也可以由幼儿准备。它是幼儿讲述的依据，这是由幼儿的年龄特点和认知发展特点所决定的。3~6岁的幼儿认知发展处于前运算阶段，思维具有具体性、形象性等特征。受语言发展水平、认知水平、已有经验的制约，幼儿（尤其是小班的幼儿）不可能完成凭借记忆开展的讲述。没有凭借物的讲述，幼儿会讲得天马行空、跑题，或直接不理解老师的话语而一脸茫然。

年龄越小的幼儿对凭借物的依赖程度越高。随着幼儿年龄的增长，语言、思维能力得到发展，到了大班，幼儿对凭借物的依赖程度会降低，但借助凭借物的讲述要更好一些。小班幼儿对凭借物的感知理解集中于颜色鲜艳、自己感兴趣、体积较大的部分，还达不到整体观察和注重细节。大班幼儿对凭借物的感知理解能注意到整体与部分的关系，关注细节，有时还会加入自己的情感体验或已有经验。

（二）讲述活动培养幼儿的独白言语

独白言语是口头语言的一种形式。在学前儿童的讲述活动中它指的是幼儿通过多种感官对凭借物进行观察、理解、思考后用自己较为完整、连贯的语言表达对凭借物的完整认知。从观察理解到思考再到表达，整个过程都由幼儿独自完成。

在讲述活动中，所有的幼儿都指向同一凭借物，但每个幼儿所具有的遗传基因、认知水平、生活经验、语言发展水平、性格是不同的。因此，在使用独白言语进行讲述时，幼儿之间的水平差异很大。从小班到大班，幼儿独白言语的完整性、连贯性、严谨性、逻辑性、详细性、主体性是逐渐丰富和发展的。

（三）讲述活动的语境较为正式

语境指的是语言交际的环境。在不同的环境，说话者的心理状态不一样，语言组织和表达能力也不一样。在学前儿童的讲述活动中，环境对幼儿讲述水平的影响不可小觑。讲述活动的环境既不像谈话活动一样轻松，也不像听说游戏一样欢乐。讲述活动需要幼儿独立构思后用独白言语进行讲述。它的语境是较为正式的，主要体现在以下两方面。

1.语言规范

讲述活动的语言要规范、严谨、有条理、主题鲜明、重点突出。幼儿在开口说话前要认真观察、思考和组织语言，先说什么、再说什么、最后说什么。

2.环境正式

讲述活动以集中教育活动的形式开展，活动中教师和其他幼儿都在认真倾听发言的幼儿讲述。我们在活动中会观察到以下情况：能看懂也能理解教师提供的凭借物，但不能用完整的语言进行讲述；在其他幼儿的提醒下能完成本次讲述，但下次讲述时仍然只能看不能说，因为他没有内化到自己的知识体系中；坐着时能看懂、能理解、能讲述，站起来后却语无伦次无法进行完整讲述。其原因就是环境正式和语言规范，让幼儿产生了紧张的情绪，影响了他的发挥和表现。

三、学前儿童讲述活动的目标

（一）培养幼儿的感知理解能力

1.感知理解教师的话语

在讲述活动中，感知理解教师的话语是讲述的基础。幼儿首先要能倾听并正确理解教师的话语并做出回应。这对幼儿来说并不是件容易的事情,尤其是刚上幼儿园的幼儿或注意力不集中的幼儿。

拓展阅读

良好常规的重要性①

经过两个星期的适应,多数小朋友已经不再哭闹并能跟随老师开展一些简单的活动。今天的讲述活动是“我的幼儿园”,当老师把大图举起来给小朋友观察时,还没等老师开口,豆豆很兴奋地跑过来指着图上的滑梯说“我玩过这个”。老师做了一个举手的动作说:“豆豆,请回到自己的小椅子上坐好,发言前先举手。”豆豆坐回了自己的位置,老师继续开展活动。当看到教室一页时,老师问:“这是哪里?”西西突然大声说:“老师,(图上)那个小朋友在玩机器人,我也想玩。”此时,有几个小朋友跟着西西说“我也想玩”。老师重复了一遍提问,才让幼儿把注意力又放在观察“这是哪里”上。

解读:幼儿在活动中的听和说都还处于自由的状态,想说就说,想到什么说什么,还不能很好地根据提问回答问题。幼儿还没有建立活动中应有的常规,如坐姿正确,安静倾听,理解教师的话语,不随便走动,回答问题先举手等。因此,在小班,讲述活动要顺利开展,老师一定要在一日生活中把幼儿的常规培养放在第一位。常规不好,活动设计再好也缺乏秩序感,看上去乱糟糟的,老师一直在维持活动的秩序。良好的一日常规是讲述活动开展的保障,也是所有活动开展的保障。

在小班我们通常会看到这样的状况:老师在组织活动时,幼儿听到自己感兴趣的话题想说就说,有时老师还没说完他就开始接话,活动秩序有些乱。原因是幼儿从家到幼儿园后,注意听别人说话的习惯没有养成,想说就说的习惯没有得到约束,还没有建立良好的活动常规和一日常规。面对这样的情况,教师不要着急。多数幼儿在习得良好常规后能在活动中学会倾听和适时地表达。随着语言活动的开展,幼儿的倾听习惯和理解力也逐步得到提高。但也有少数幼儿存在倾听和理解的困难,到大班毕业仍不能很好地倾听和约束自己的语言,如感统失调和多动症的孩子。

① 本知识内容系编者自编。

《指南》在语言领域第一部分“倾听与表达”中的目标1是“认真听并能听懂常用语言”。在这个目标下,3~4岁的幼儿在“别人对自己说话时能注意听并做出回应”;4~5岁的幼儿要“在群体中能有意识地听与自己有关的信息”;5~6岁的幼儿在“集体中能注意听老师或他人讲话。听不懂或有疑问时要主动提问”。这些要求和幼儿在家时的听和说完全不一样,从中我们也能看出倾听在语言领域的重要性,它是理解和讲述的前提。

随着讲述活动的开展,小班上学期结束后多数幼儿都能在讲述活动中感知和理解教师的话语,这也是教师和幼儿相互磨合后的结果。教师在和幼儿交流时要注意自己面对的幼儿所处的年龄段。不同年龄段的幼儿,教师的语速、提问方式等都是有区别的,这也是幼儿感知和理解的前提。面对小班幼儿时语速要慢,问题可适当重复,要结合情景的不同变换语气、语调;面对大班幼儿时可以使用一些表示因果、假设等相对复杂的句子。但总的要求都不变:要用幼儿能听懂的语言。

2. 感知理解讲述对象

感知理解讲述对象是讲述的基础,只有感知理解了讲述对象,才能进行命题性质的讲述。感知和理解越充分,幼儿可讲的内容越多。在感知和理解讲述对象时,幼儿要调动视觉、听觉、触觉、嗅觉等多感官进行感知,然后结合自身已有的经验对输入的信息进行分析、推理、判断等加工,最后再转换成语言符号进行输出。讲述对象不能脱离幼儿的生活经验,否则幼儿无法完成讲述。因此,在选择讲述对象时一定要考虑幼儿的年龄段、已有经验和兴趣。如,对生活在云南和海南的小朋友开展讲述活动“冬天的雪”就不太贴近幼儿的生活。

3. 感知理解同伴的话语

在讲述活动中,所有幼儿指向同一凭借物进行讲述。在活动中,幼儿也要感知和理解同伴的讲述。这样可以比较自己和其他人在讲述上的异同,习得他人好的词汇和语句。讲述活动培养幼儿的独白言语,整个活动过程中会有不同的幼儿进行讲述,因此,在幼儿自己讲述之余也要能感知和理解他人的讲述,从而调整自己的讲述,促进自身语言能力的发展。

(二)培养幼儿进行完整讲述的能力

讲述活动贯穿幼儿园3年的学习生活,对提高幼儿语言的发展有重要作用。《指南》在语言领域第一部分“倾听与表达”中的目标2即是“愿意讲话并能清楚地表达”。清楚地表达包括“能基本完整地讲述自己的所见所闻和经历的事情。能有序、连贯、清楚地讲述一件事情"等内容。从小班到大班,通过不断的学习和运用,幼儿在讲述语句的完整性上会有很大提高。小班幼儿多用单句进行讲述,中大班幼儿在讲述中会出现并列、因果、转折、假设等句式。

在小班的讲述活动中,幼儿容易说半截话。幼儿年龄较小,教师不要希望一次示范后他们就能用完整的语句来讲述。这一目标的达成可能持续小班一学年,也可能持续3年。到大班毕业时也存在仍不能很好地进行完整讲述的幼儿。

每一次的讲述活动中,教师都要坚持培养幼儿用完整的语言进行讲述的能力,同时语言要清楚、简洁。通过这样的要求,幼儿会逐步养成用完整语句讲述的习惯和能力。随着年龄的增长,幼儿的语句逐渐丰富和完整。当幼儿因为着急表达而说不清楚时,教师应提醒幼儿不要着急、耐心倾听并给予必要的补充,帮助幼儿理清思路并清晰地说出来,增强讲述的勇气和信心。

(三)培养幼儿勇敢自信的品质

讲述活动中幼儿要独立构思并讲述,这是需要勇气和自信的,期间幼儿会有很多担忧:不敢站起来、不敢在集体面前发言、害怕出错被同伴笑话、害怕讲错被教师批评等等。开始时教师不要勉强其进行发言,勉强发言的后果可能是幼儿从此以后都不喜欢讲述活动,或者参与讲述活动就焦虑紧张,害怕被点名发言。教师可以在平时的日常生活中多与幼儿亲近和交流,多提供讲的机会,鼓励幼儿进行小故事的讲述,以此来锻炼幼儿的勇气与自信。

集体教学活动中,讲述活动语境较为正式,部分幼儿不敢在集体面前表达自己的想法和看法。有的是因为怕出错被小朋友笑话,有的是太在乎自己在教师眼里的形象,有的是因为紧张忘词。当然也有乐于举手积极讲述的幼儿,一种是性格开朗大方自信,知道自己会讲也敢讲;另一种是性格开朗,不担心对错,想讲敢讲。

通过讲述活动,幼儿在集体中逐渐敢于表达自己的观点,自信心会得到增强。教师要及时捕捉教育契机,对不敢讲的幼儿给予鼓励和肯定。有时候教师的一次鼓励和肯定就可以让一个孩子从此变得自信、敢说。

典型案例

害羞的小女孩①

朵朵是个内向、文静的小女孩，马老师大班上学期刚接手3班时她基本不说话。十月份幼儿园即将举行讲故事比赛，每个班先在各自班级中开展，然后再在幼儿园开展。朵朵妈妈想给孩子也报名参加故事比赛，让她锻炼一下自己的胆量，但和孩子商量后孩子不愿意参加。朵朵妈妈把这一情况告诉了马老师，马老师在餐后的自由活动中得知了朵朵的真实想法，她不敢站在台上讲故事，她怕小朋友笑话她。知道原因后，马老师鼓励朵朵去试一试，也许小朋友并不会笑话自己。朵朵很喜欢马老师，因为她觉得马老师很温柔，于是答应去试一试。马老师先利用晚餐前的一点时间让朵朵来给小朋友背一首自己喜欢的诗，朵朵的表现得到了小朋友们的赞赏。回家后朵朵告诉妈妈她愿意参加故事比赛。参加班级故事比赛时，朵朵的表现证明了自己是可以的，小朋友也没有笑话她。最后她参加了幼儿园的决赛，拿到了二等奖。

大班毕业那天，朵朵妈妈当面向马老师表达了感谢，妈妈告诉马老师自从孩子参加故事比赛以后比以前开朗自信了许多，也不再像以前一样害怕见生人了。朵朵毕业以后，每年教师节，马老师都会收到来自朵朵的问候，朵朵妈妈一直感谢马老师当时对孩子的鼓励，才让孩子有了今天的开朗与自信。

四、学前儿童讲述活动的类型

按照不同的标准，讲述活动可以分为不同的类型，主要有以下两种分法。

（一）按照讲述的内容来分类

1.叙事性讲述

即幼儿用口头语言讲述事情的起因、经过、结果，其中包含人物、时间、地点等。叙事性讲述要注意讲述的先后顺序，对幼儿的讲述能力、观察理解能力要求较高。大班叙事性讲述活动的内容、情节较复杂。小班叙事性讲述活动的情节较为简单，主要情节突出，讲述时幼儿可以用简单的句子完成整个事件的讲述。叙事性讲述可以使用第一人称讲述自己的个人见闻和事情经历，也可以使用第三人称讲述他人的见闻和事情经历。

① 本案例系编者自编。

小班讲述活动“袜子”，教师通过引导幼儿观察第一张图片，知道叔叔在洗袜子，此后几张图片分别给出绳子上晾晒了不同颜色的袜子，最后一张图片是因为狗狗捣乱袜子全部掉到地上变成了脏袜子。小班幼儿通过观察能理解图片内容，但无法形成连贯的讲述。幼儿会根据自己的感知理解讲述一部分，在教师的追问下又讲述一部分。活动快结束时可以达到这样的讲述“红袜子、白袜子、绿袜子……脏袜子”。讲述过程中，观察到第二张图片后，幼儿便能模仿教师的句式用相应的颜色进行替换后说出不同颜色的袜子，不再需要教师的提醒。在回家讲述的过程中，部分能力强的幼儿还可以进行相应的扩展：“这个叔叔在洗袜子，红袜子、白袜子、绿袜子……狗狗把袜子弄到地上，全部变成了脏袜子。”

2. 描述性讲述

即幼儿用生动形象的语言把人物的状态、动作或景物的特征具体地描述出来。在学前阶段，单独的景物描述性讲述较少，因为幼儿兴趣并不大，对景物的观察达不到成人的水平。在讲述活动中，教师会通过一些词语、句式的学习来逐步提高幼儿描述性讲述的能力，如高兴的表达方式“开心、快乐”；语言发展好和阅读量大的幼儿会用“兴高采烈”等词语。

在幼儿园阶段，单独的描述性讲述活动较少，通常会作为叙事性讲述或其他活动领域中的一个部分呈现。

3. 说明性讲述

即幼儿用简单明了的语言把事物的形状、特征、用途等说清楚。中大班讲述活动“我喜欢的玩具”，要求幼儿在讲述时要说明玩具的名称、玩法、注意事项等。此活动中大班都可开展，中班开展时，幼儿对玩具玩法的介绍会配合动作出现模糊的词语“这样玩，这样玩”。大班开展时，幼儿的语言更加丰富，可以把玩法介绍得具体一些，如“它的门可以打开，还可以翻转，最后变成一个机器人”。

4. 议论性讲述

在学前阶段，议论性讲述出现的频率也不高。因为幼儿的逻辑思维水平不高，会各说各话，不能达到针锋相对的议论，也不能从对方的发言中提取有用的信息进行反驳。但不是说一点都不能开展，幼儿可以根据教师提出的某个议题或大家争论的某一件事，说出自己的观点。

大班讲述活动“男生好还是女生好”，要求男生女生分别根据自己的已有经验讲出观点支持男生好或女生好；然后再站在对方的角度进行讲述，女生说说男生好的地方，男生说说女生好的地方。在这一活动中，教师并没有要求大家对双方的观点进行反驳，但通过活动,幼儿对男生和女生的优点都能有很好的认识,是一次非常好的议论性讲述。

(二)按照凭借物的特点来分类

1.看图讲述

这是幼儿园内讲述活动的主要形式,教师借助图片引导幼儿进行观察和理解,幼儿用完整的语言进行讲述。在以前的讲述活动中,有单图讲述、多图讲述、排图讲述、拼图讲述等。随着时代的变迁和发展、家长对早期教育的重视、幼儿图书的增加、信息技术的介入,现在刚入园的3岁幼儿对图片的理解力和语言表达能力较以前的幼儿提高了许多。城市中的多数幼儿在入园前有早教或阅读的经验。因此,小班幼儿看图讲述时单图讲述已很少,以多图讲述为主,只是图片较为简单,人物关系简单,主要内容较为突出,颜色鲜艳,便于幼儿观察。小班到大班的看图讲述中,以动物为主题的图片始终受到幼儿的欢迎。

2.实物讲述

即教师为幼儿提供日常用品、玩具、植物等作为凭借物进行的讲述,凭借物也可以由幼儿提供。"我喜欢的玩具""我的文具盒"等都属于实物讲述。实物讲述在3个年龄段都可以开展,但在进行实物讲述活动前要让幼儿充分感知该凭借物,这样幼儿在讲述时才有话可说。

3.情境讲述

即幼儿通过对情景表演的观察与理解来进行的一种活动。与看图讲述相比,情景表演是动态的,幼儿的注意力会更集中,同时印象更深刻,兴趣也更高。情景表演可以是真人表演,也可以是木偶表演。在幼儿园的一日生活中有角色扮演,教师可以将其引入讲述活动,让幼儿选择自己喜欢的角色进行情景表演。在表演的过程中,幼儿要承担所扮演的角色所说的话以及推动情节发展,因而会格外投入。情景讲述即让幼儿加深对情节的理解,在模仿中提升讲述的能力,锻炼幼儿的勇气与提高自信心。这一方式可以和看图讲述相结合使用,可以作为看图讲述的延伸活动,幼儿的参与度极高。

在参与表演后,幼儿的完整讲述会因亲身体验了表演而流利很多。小班的情景讲述可以由教师参与一起表演,到中大班逐渐过渡到幼儿自己完成表演和讲述,甚至演出道具和服装的制作与准备都可以由幼儿来完成,成为一个主题的系列活动。

综上所述,无论分类的标准是什么,讲述活动的重点都在于讲和怎么讲。幼儿能感知理解是一个发展水平,能讲述是一个发展水平,能条理清晰地讲述又是另外一个水平。从感知理解到条理清晰地讲述，不同的幼儿需要的时间是不一样的，不同性格的幼儿在活动中的表现也是不一样的，阅读量不同的幼儿所拥有的词汇和讲述的语句更是不一样的。

典型案例

不同年龄段幼儿回答同一问题时所表现的语言发展水平的差异①

师：皮球在哪里？

小班幼儿：在那里。

中班幼儿：在桌子下面。

大班幼儿：皮球在桌子下面。/皮球在桌子下面的椅子旁边。

类似的例子在幼儿园讲述活动或一日生活中比比皆是，幼儿回答问题的完整性或使用句子的复杂程度表明了不同年龄段幼儿语言发展的一般水平。

无论分类的标准是什么，看图讲述在幼儿园的讲述活动中都占有很重要的位置。看图讲述中，又以叙事性讲述为主。叙事性讲述、描述性讲述、说明性讲述、议论性讲述都可依托图片来完成。虽然分类的标准不一样，但我们能看到，一次活动中并不是单一的只有某种类型的讲述，而是几种类型都会出现。如叙事性讲述活动中会涉及描述性讲述和说明性讲述。同一活动的分类标准不一样，也可以归属于不同类型的讲述活动。如，“我喜欢的玩具”既是实物讲述，也可以归为描述性讲述。

随着幼儿园课程改革及一日活动的创新，有的教师也将讲述活动的开展方式进行了扩展：户外情景讲述活动、餐前讲述活动、区域活动中的讲述活动、调解纠纷时的讲述活动、其他领域中的讲述活动等。这些活动均指向幼儿独白言语的发展和完整讲述，但并不是专门的集体教学，所需要的时间和空间短而灵活。它融入其他活动或单独成为一个短小的活动，为幼儿更好地完整讲述提供了实践和运用的机会。从这一点上说，也会有教师质疑，认为其不属于讲述活动。

语言是交流的工具，是在与人交流的过程中发展起来的，也只有在与人交流的过程中获得提高。作为新时代的幼儿教师，不应该固步自封和墨守成规，要用与时俱进的态度观察和读懂新时代的幼儿，努力在一日生活中多创设“讲”的环境，让幼儿想讲、敢讲、开心地讲，而不是仅仅局限于一次活动或一个领域的讲述活动。

---

① 该内容系编者自编。

第二节 学前儿童讲述活动环境的创设

《指南》中指出:“应为幼儿创设自由、宽松的语言交往环境,鼓励和支持幼儿与成人、同伴交流,让幼儿想说、敢说、喜欢说并能得到积极回应。为幼儿提供丰富、适宜的低幼读物,经常和幼儿一起看图书、讲故事,丰富其语言表达能力……”

一、讲述活动中环境对幼儿讲述意愿和水平的影响

我们每个人都生活在一定的环境中,环境无时无刻不在影响着我们。在讲述活动中,环境也影响着幼儿,这里的环境既包含看得见的物质环境,如提供的凭借物等,也包括看不见的心理环境,如活动的氛围、教师的教态、同伴的态度等。

在讲述活动中,幼儿的表现是不一样的:有的想说,有的不想说;有的想说不敢说,有的会说不想说。之所以出现这些不同的表现,与幼儿的性格、语言发展水平及心理状态密切相关。不同性格、不同发展水平的幼儿参与活动的心情和心理状态是不一样的,而心情与心理状态又会反过来影响幼儿的讲述意愿和水平。

(一)不敢在集体面前讲述或是怕讲错的幼儿

这部分幼儿在活动中能跟随教师完成整个活动,但不敢举手讲述。主要有三种表现。

1.不出声

在教师的再三鼓励下,他们很小声地完成讲述而且讲得很好。这部分幼儿会讲但不敢讲,因为缺乏自信,所以不敢在集体和教师面前表达自己的想法。

2.很小声地讲

他们的音量比平时自由活动时小很多,有时要走到面前才听得见。

3.声音适中地完成讲述,但就是不举手

因为不确定自己讲的是否正确,怕讲错被老师指出或同伴笑话,所以他们直接不举手。如果回答正确,他们会开心得意;如果回答错误,则会伤心哭泣或发脾气。这一部分幼儿自尊心很强,有时有点儿自负,过于在意老师和同伴对自己的看法。

（二）不想讲也不愿讲的幼儿

这部分幼儿在活动中的态度是消极和被动的，在活动中会出现注意力不集中的情况。主要有三种表现。

1.不开口

无论教师如何鼓励或降低问题难度进行引导，他们都不开口。这部分幼儿性格内向，和外界交流接触较少，阅读的书籍较少，平时在一日生活中和同伴的交流也少，不会主动和他人交流或融入他人的活动。讲述活动中因为紧张、害怕，语言组织能力也欠缺，所以他们不敢在集体和教师面前表达自己的想法。

2.不知道教师讲什么

教师重复一遍或多遍问题后他们有时可以完成讲述。这部分幼儿不能跟随教师完成活动，思想处于游离状态，坐不住、注意力不集中，不理解教师的话或直接没有听到教师的话，可能有多动症、自闭症或是较明显的感统失调等情况。这部分幼儿中有一种特例，活动中不想讲也讲不好，但活动后能清楚地讲述整个活动的过程。

3.教师重复问题可以讲述

这部分幼儿身心发展健康，因为家长养育方法的不当，导致幼儿没有良好的学习生活习惯，不适应集体生活，需要教师一对一地交流才能完成活动。因为没有良好的学习生活习惯，所以他们缺乏自信心，会自我否定，认为自己什么也做不好；在集体活动中缺乏集体荣誉感和荣辱观，在一日生活中其他幼儿不会主动与他们交往和游戏。

（三）想讲也愿意讲的幼儿

这部分幼儿在活动中是较活跃的一部分，愿意积极参与讲述。主要有两种表现。

1.听完问题不等教师点名张口就讲

这部分幼儿性格开朗且有一些急躁，倾听习惯和举手回答问题的习惯弱一些。他们乐于表现自己，讲述时声音适中；在平时一日生活中会主动和小朋友、老师交流，会主动融入他人的活动；有时会成为活动的发起者，有一定的组织领导力。

2.听完问题安静举手，自信地完成讲述

他们在讲述时语言连贯、有逻辑性。这部分幼儿在活动中处于主导地位，性格开朗大方，自信心十足。因为自信，所以敢于在集体面前表达自己的看法。

通过分析不同幼儿在活动中的不同表现和心理状态，我们发现：在活动中如果能够让幼儿的心情放松，不紧张，不害怕，不担心，不敢讲的幼儿也会变得敢讲。因此，为了消除幼儿在活动中的种种不适和顾虑，让幼儿想讲、敢讲、能讲、会讲，教师

应该为幼儿创设一个宽松、和谐、自由的氛围，提供必要的物质支持，为幼儿创造多讲的机会。

二、创设宽松、和谐、自由的心理环境

（一）教师的教态、表情要得体亲切

在讲述活动中，如果教师一脸严肃或面无表情，会让幼儿尤其是刚从家来到幼儿园的小班幼儿产生害怕、紧张等情绪，活动中不敢讲或讲不好。在活动中，教师首先要面带微笑，拉近与幼儿的距离，让幼儿感觉到教师是可亲可敬的，而不是“凶凶的”；其次要声情并茂，讲话时语音和语调要有高低起伏和抑扬顿挫。从开始到结束都是一个语速和一个语调，会让幼儿觉得乏味，注意力不集中。为了吸引幼儿的注意力，有时教师还需要配上夸张的表情和丰富的肢体动作，让整个活动变得丰富有趣。

典型案例

讲述活动中错误的教师教态[①]

教师1：整个活动中两只手交叉抱在胸前或两手叉腰站在前面组织活动。

教师2：请某个幼儿发言时用食指指向幼儿并说“你来表演我看看”。

教师3：幼儿发言时走到幼儿面前背着手俯视幼儿。

教师4：幼儿发言时走到幼儿面前弯腰90度聆听。

思考：你还能想到哪些不合适的教态呢？该如何做才合适呢？

以上动作都体现出教师对幼儿的不尊重，给人居高临下的感觉。教师1和教师2的行为所呈现出的活动氛围是教师指挥下的氛围。教师1的做法无论什么时候都是严禁出现的，教师在活动中的站姿可以参考教师礼仪。教师2的正确做法是将右手手掌心朝上的邀请姿势，话语可以改为“我们请××小朋友来模仿一下”。教师3和教师4要采取蹲下的姿势（蹲的姿势参考教师礼仪）平视幼儿听其讲述。在教态和仪态上，要体现为人师表的师德规范、对幼儿的尊重、师幼之间的平等。

要让幼儿在活动中感受到轻松和谐的氛围，不害怕、不紧张，教师光在活动中亲切是不够的。幼儿对教师的印象更多的是来源于平时一日生活中与幼儿相处时的言行

---

① 该内容系编者自编。

举止。为了让幼儿在活动中感到放松自由、亲切敢讲，在平时的一日生活中教师要从心底去关心幼儿、爱护幼儿，做一个幼儿喜欢，愿意亲近也敢于亲近的教师。一个整天板着脸，从来不和小朋友嬉戏打闹，从来不亲亲抱抱小朋友的教师，在小朋友眼里是严肃的，甚至是让幼儿害怕的。幼儿对教师的印象会直接带到讲述活动中，影响幼儿讲述的愿望和水平。换位思考，如果教师变成幼儿，什么样的教师能让你想讲、愿讲、敢讲、喜欢讲？从这点出发，就能帮助幼儿解决在活动中因为害怕教师而不敢讲的心理。这是一项长期的工程，需要教师充满爱心、耐心的支持。

因此，在一日生活中如自由活动、餐后活动、区域活动、户外活动等环节，在确保安全的情况下，教师要多和幼儿交流，不要吝啬自己的笑容，做一个让幼儿喜欢的教师。而幼儿对教师产生第一印象最重要的时期是刚入园的第一个星期，也就是新生适应性活动和幼儿处于分离焦虑的时期。这时候幼儿会哭闹，如果教师能和幼儿建立很好的信任和依赖关系，对幼儿未来3年的心理成长会有很重要的作用，包括在讲述活动中的表现。

（二）马蹄形座位体现师幼平等，消除距离感

幼儿园的有些活动是不需要桌子的，比如音乐活动、讲述活动。讲述活动中一般采用的座位形式是马蹄形，也叫半圆形或U形。现在的幼儿园，在教室中会专门留有一块较大的空地用于开展集体活动。活动开始前，教师会组织幼儿把小椅子从各区角中抬出来摆到这一区域。人数多的班级，一个马蹄形容纳不下所有幼儿，侧面的幼儿会因斜视不利于眼睛健康。教师通常会采用双马蹄形座位的形式，即两排座位。前排座位之间有一定的空隙，后排座位对空。一般情况下座位的顺序是随机的，因为身高的原因，教师会进行调整，让高的幼儿坐后面，矮的坐前面。注意力不集中的幼儿、坐在一起会相互影响的幼儿、不专心的幼儿，教师也会根据情况调整座位。在讲述活动中，切记不要把座位摆成直线，像电影院里的座位一样，这样坐在后面的幼儿会看不到，看不到就会不专心，越靠后的越不专心。

图7-1　马蹄形座位

马蹄形座位在幼儿园里运用得很多，一般一排不要超过16人，具体安排要根据教室的大小来决定。原则是要能让所有幼儿都面向教师、看到教师，教师也可以更好地关注到每一个幼儿，同时兼顾安全。活动中，教师和幼儿互动、幼儿发言、幼儿表演都能让其他在座位上的幼儿看到，比起像小学一样的桌椅，幼儿的心理氛围更自由、轻松。如果采用桌椅式的座位，一是幼儿比较分散，不利于活动的开展；二是有的幼儿会被前面幼儿的头遮挡住视线（尤其是小班幼儿），只能看到前面幼儿的后脑勺，看不到讲述对象，注意力不集中。

（三）教师的语言要文明、具体、适度

语言是一把双刃剑，有时候它能鼓舞人增强信心，有时它又能伤害人让人灰心丧气。在讲述活动中，为了营造宽松、和谐的氛围，让幼儿想讲敢讲，教师要把握说话的度。表扬的话要具体、不敷衍，不流于形式；纠正和批评的话要适度，注意保护幼儿的自尊心和积极性，最重要的是不能有侮辱幼儿的语言。教师要多使用鼓励和正面的语言，每一个幼儿都渴望得到教师的表扬和认可，积极的心态更容易让幼儿在讲述活动中感觉到放松、不紧张，让幼儿想讲、敢讲、愿意讲。

1.表扬的话

表扬的话语要具体，不能敷衍和泛泛而谈。“太好了”“讲得真好”“你太聪明了”等类似的话语流于形式和表面，并不能让幼儿明白教师为何表扬自己，表扬的持续作用不长。幼儿从小班听到大班，这样的表扬话语也会失去激励的作用。在表扬时，教师话语得当能够很好地增强幼儿讲述的自信心，有时甚至改变幼儿的性格。教师的话就是这么神奇，所以请用好您手中的魔法棒。

教师也不能瞎表扬，这样的表扬不但没有激励作用，还会产生反作用。教师的表扬要基于幼儿的实际表现和以往的经验水平。瞎表扬不利于每一个幼儿形成良好的道德认知，是对幼儿的极度不尊重，也是对幼儿的极端不负责。这种不尊重和不负责是面向全体的，而不是个别幼儿。

幼儿有下列表现时教师应及时给予鼓励与表扬，进而激发幼儿讲述的愿望和勇气。

（1）幼儿讲述中出现以往不曾听到的新词汇、新句式的时候

典型案例

小班讲述活动“贪吃的老鼠”[1]

师:老鼠的心情是怎样的?(在感知理解老鼠偷到奶酪的图片时)

幼:开心。

幼:高兴。

师:我们还能用什么词来形容呢?(小朋友们想了半天也还是这两个词语,这时候开心突然举手了。)

开心:兴高采烈。

师:开心说得真好,我们请她来当小老师,教我们大家一起来说一遍。

全班幼儿:兴高采烈……(开心小朋友有点儿不好意思又有点儿小得意地又说了一遍,坐下后她很高兴,也更专心地参与接下来的活动。)

后续:在接下来的活动中,开心很专心,每个问题都会积极举手。在复习活动的时候,全班小朋友对这一页的讲述印象也很深刻,每次讲到这一页的时候开心总是很大声。在复述的过程中也有小朋友学会了这个词语的使用。

(2)平时不敢讲的幼儿勇敢完成了讲述的时候

南南是一个很胆小很内向的小朋友,内向到老师和她说话都不敢看老师的眼睛,总是把头转向一边。在平时的讲述活动中,她总是默默地坐在小椅子上听老师讲。如果老师眼睛看向她,她立马把头转向一边并低下头。活动中,老师也不点名让她讲述,怕点名后她更紧张和害怕。但老师也明白不能一直这样下去,于是老师还是抱着试一试的态度决定要帮助她。在一次讲述活动中,老师选择了一个简单的问题,大胆地点了她的名字。和老师预想的一样,刚开始她怎么也不站起来,把头转到另外一边。后来老师来到她的身边,拉着她的小手并蹲下,微笑着对她说:“你可以的,试一试,说得不对也没关系。”在老师的再三鼓励下,南南很小声、很小声地表达了自己的看法。老师没有再提更多的要求,而是让南南坐下继续开展接下来的活动。老师心里很清楚,不能太着急,孩子今天能开口已经迈出了最难的那一步。在活动结束时,老师当着全班小朋友表扬了南南:“南南小朋友今天很勇敢地表达了自己的看法。希望在以后的活动中,南南也像今天一样能勇敢地站起来说出自己的观点,再把声音放大一点儿让全班小朋友都能听见。”放学回家时,南南见到妈妈就迫不及待地给妈妈看了自己今天

① 本案例系编者自编。

努力得来的小贴画……

(3)小声讲的幼儿能大声讲的时候

浩浩是一个内向的小男生,平时把汤弄洒了也会哭。在讲述活动中,浩浩偶尔会举手讲述,但声音都很小,老师要来到他面前才能听到。很多时候他都不愿意举手,有时候还会不专心。有一次,在讲述活动中老师惊喜地发现浩浩举起了小手。浩浩站起来后因为紧张还是说得很小声,但讲述得很好。于是老师鼓励他用大一点儿的声音再讲述一遍。第一次鼓励后,他的声音还是很小;第二次鼓励后,声音大了一些;第三次鼓励后,全班小朋友都能听到了。浩浩战胜了自己的害羞,坐下来以后脸上洋溢着开心与自信,甚至还有些得意。在接下来的几次活动中,浩浩举手的频率增加了,但声音仍然很小,需要老师多次鼓励声音才会大一些。老师明白,不能着急,慢慢来,孩子也一直在努力……

(4)怕说错不敢举手的幼儿讲述错误的时候

成成是老师和家长眼中学习习惯、生活习惯都良好的孩子,唯一的不足便是不喜欢举手回答问题。这个问题老师观察了很长时间,发现成成并不是不会或不专心,而是不自信。她不确定自己的答案是否正确,所以不敢举手。在一次讲述活动中,老师提问后她没有举手但老师还是点了她的名字。她站起来的时候老师看到了她眼里的紧张,说话时的不自信和不确定。在得到老师的肯定后,她长长地松了一口气并高高兴兴地坐下继续接下来的活动。在另一次讲述活动中,老师提问后她也没有举手,老师也还是点了她的名字。她站起来的时候老师又看到了她眼里的紧张,说话时的不自信和不确定。这一次她没有回答正确,坐下时没有了上一次的高兴,满脸紧张与茫然。活动结束时,老师鼓励她:“说错了不要紧,敢站起来就是最棒的。”

在上述活动中,如果你是教师,你会怎么做呢?

在讲述活动中,还有很多类似的例子每天都在发生。每个幼儿都是独一无二的,每个幼儿都渴望得到教师的认可和表扬。教师需要做的就是细心观察幼儿的表现,分析其背后的原因,通过长期活动的积累,帮助幼儿在讲述活动中克服不敢讲、不愿讲的心理。

通过一次又一次活动的积累,幼儿的心理状态会出现变化:不敢讲的幼儿敢开口了、声音小的音量变大了。但也会有那么一部分很内向的幼儿依然不敢讲,尤其是在与教师眼神对视的时候。对于这部分幼儿,需要鼓励,但也不过于强求,否则会适得其反,让幼儿更加紧张害怕,甚至是不喜欢讲述活动,或者不喜欢这个教师。我们可以选择先悄悄地观察,让幼儿静静地参与活动,活动后再一对一地倾听幼儿讲述;平时多和幼儿交流、玩耍，在适当的时候问问原因。只有幼儿心里的戒备放下了，教师找到原因，才知道如何帮助幼儿。

2. 纠正、批评的话

讲述活动中，当幼儿讲述不准确、不完整、不规范时，教师要及时地给予正确的示范和指导。教师该如何指出呢？切记不要说“你这样说不对，应该说……”“你这样说是错的”，更不要说“这么简单你都说不对”，诸如此类的话语是对幼儿人格的不尊重，会严重打击幼儿的自尊心和积极性。

大班的幼儿，因观察不到位或表述不当的错误，我们可以通过反问的方式来让幼儿发现自己哪里说得不对，进行自我纠错。如果是新内容幼儿不会的，教师可以采取示范后请该幼儿当小老师教其他小朋友说，这样可以削弱幼儿因发言不当带来的害羞、不适等情绪。小班幼儿，教师可以借助动物手偶等幼儿喜爱的实物来进行纠错和示范。

无论是哪个年龄段的幼儿，教师一定不要一直在活动中强调某某小朋友说错了。幼儿和大人一样，我们需要用同理心去理解他们。在集体场合大人不愿意被纠错，幼儿亦然，负面强化多了幼儿自然不想说也不敢说。

活动中也不乏走神和不专心的幼儿、坐姿不好的幼儿、调皮捣蛋的幼儿，如果你遇到上述情况会怎么处理呢？

走神和不专心的幼儿：走到跟前与其互动或抬高提问的声音；摸摸头；请他回答问题。一定不要说“××你怎么又不专心”“就是你不专心”“每次都是你不专心”之类的话。

坐姿不好的幼儿：用语言提醒“××小朋友请好好坐在小椅子上”；活动开始前也可以通过表扬坐得好的幼儿来进行提醒。一定不要说“××你会不会坐？你看看你坐得像什么样”之类的话。

调皮捣蛋的幼儿：随着常规的建立，多数幼儿知道并能遵守一日常规。遇到调皮捣蛋的幼儿，可以通过适当提高音量和变换语调来让幼儿感觉到老师的提醒；也可以借用讲述中的人物、动物来进行正面的提醒，如“小猴子喜欢好好坐在椅子上的小朋友”等。一定不要说“××你怎么这么不听话，总是……”之类的话。

（四）坚持培养良好的同伴讲述氛围

在讲述活动中，有一类幼儿不愿意讲是怕自己讲错的时候被同伴笑话或是嘲笑，教师一定要坚决杜绝这样的事情。有的教师过于看重活动流程的完整性，对活动中幼儿的打闹等一些不良行为没有进行及时的干预。长此以往，会形成不良的班风，让幼儿在开展活动的过程中相互嘲笑，看不到别人的优点。当这样的情况出现时，教师一定要及时制止，不能听之任之，同时也要鼓励发言的幼儿坚持自己的观点不被他人所影响，不胆怯退缩，勇敢做自己。教师更不能和幼儿一起进行嘲笑，这样是有违师德的行为，对幼儿的心理伤害是永久性的。只有形成良好的同伴讲述氛围，幼儿才不会因为担心讲错被笑话而不敢讲，幼儿之间也才能在相互的讲述中习得他人的优点。

三、创设丰富多样的物质环境，让幼儿多看多说

讲述活动物质环境的创设包含两个方面：第一，活动中凭借物的选择；第二，区域和一日生活中的物质环境支持。

（一）活动中凭借物的选择

凭借物的选择直接关系到幼儿是否有兴趣说、能说多少。凭借物的选择要符合幼儿的年龄特点，贴近幼儿的生活，同时幼儿感兴趣。图片的选择还要符合社会主义核心价值观并传播正能量，教师示范所用的图片要注意尺寸，不能太小，太小幼儿看不清，不利于幼儿进行观察。图片的选择还要注意颜色，多以幼儿喜欢的暖色调色系的图片为主，能吸引幼儿的注意力。实物的选择也要注意尺寸的大小，太小的实物教师拿在手里幼儿也看不清楚。

（二）区域和一日生活中的物质环境支持

1.将讲述活动中的图片或图书等投放到阅读区

讲述活动中幼儿讲述的机会是有限的，有的幼儿在活动中甚至没有讲述的机会。教师可以把讲述活动中使用的图片、图书等投放到阅读区供幼儿再次阅读和讲述。在阅读区中我们会观察到如下情景：

情景一：幼儿模仿老师在讲述活动中的言行举止，如把书背对面向自己的小朋友，模仿老师点名让小朋友回答问题。

情景二：好朋友共享书籍，一起再次讲述。边看边讲，讲得更细，会讨论，也会有争论。

图7-2　拼图讲述凭借物“机器侠”

情节三：讲述活动中不愿讲述的幼儿和好朋友一起开心地讲述，还能进行续编和创编，

但发现老师在观察自己就会立马停止。

将讲述活动中的图片、书籍投放到阅读区，能够让幼儿有更多的时间来深入地进行感知理解，尤其是那些慢热的幼儿。幼儿可以在区域活动、餐后、入离园等时间段走进阅读区，没有任何约束地进行感知和理解，心理状态和集体教学活动中是完全不一样的。幼儿也可以和小伙伴一起边看边讨论边讲，讲述的能力也在交流讨论的过程中得到提升。

对于受欢迎的图片、书籍，幼儿会看上好一阵子，在讲述活动有限时间里没能仔细观察和深入观察的可以在这里再次观察。讲述活动中不敢开口的幼儿也能在阅读区轻松的氛围里开口讲述。因此，阅读区很好地补充了讲述活动中时间和机会的不足，反过来也能促进幼儿在讲述活动中的表现。

此外，教师可以在阅读区中投放和讲述活动中同类型的图片和书籍，更好地帮助幼儿扩展经验，实现讲述经验的迁移和运用。投放时要根据幼儿的语言发展水平提供不同层次和不同水平的图片和书籍，让幼儿将讲述活动中学到的新的讲述经验更好地运用于交流中。教师可以鼓励幼儿将自己家中与讲述活动有关的图片、书籍带到幼儿园放入阅读区与大家共享，为幼儿提供更多的讲述机会。

2. 表演区中再现讲述活动

为了给幼儿创造更多的讲述机会，教师可以把讲述活动延伸到表演区。幼儿通过角色扮演的活动能加深对讲述活动的印象，提高讲述的能力。教师在表演区中为幼儿提供表演的材料，如头饰、衣服、道具等，中大班幼儿也可以通过主题活动的形式，把道具等的制作融入各区域活动。幼儿在表演区中游戏后，教师可以鼓励幼儿在集体面前进行展示，这样既提高了讲述的水平，也锻炼了幼儿的勇气。

在表演区中我们可以看到，平时在讲述活动中不敢讲、不愿讲的幼儿，在表演区中借助道具和小伙伴一起游戏，没有老师的干预，心里的紧张会消除，能开心地和小伙伴进行游戏和讲述。在角色扮演中，我们也会看到，有些角色所有的幼儿都想演，但角色只有一个。因此，在解决角色分配的过程中，幼儿的社会性、协作能力等也得到同步的锻炼与发展。表演区给了幼儿另一个运用和提升讲述经验的空间，幼儿在表演过程中丰富了讲述活动中的人物对话、故事情节，让讲述活动变得更丰富、更有趣、更适合自己。

3. 利用一日生活过渡环节鼓励幼儿多讲

讲述活动结束后，教师要充分利用一日生活中可以利用的时间鼓励幼儿多讲，让还想讲的幼儿继续讲。过渡环节就拥有这样的时间，如入离园、餐前餐后、如厕前后的时间。餐前时间最好选择中餐、晚餐前,有利于让幼儿安静后转入进餐环节。利用这些时间开展一些简短的讲述,既解决了时间短不好组织较长活动的问题,也解决了幼儿因为等待无事可做容易出安全事故的问题。在小班幼儿的加餐环节,教师在准备加餐的这段时间,另一名教师可以把讲述活动中的图片、实物再次拿出来,师幼共同讲述。为了锻炼幼儿的胆量,也可以鼓励幼儿单独在集体面前讲述。离园前等待离园的时间可以开展“我是故事大王”的讲述。

4.家园共育搭建多种形式的讲述平台

幼儿讲述能力的提高不应忽视家长的参与,家里的氛围是让幼儿感觉最舒适的。教师经常会听到有家长反馈说,幼儿回家后在家里模仿教师在幼儿园的一言一行,包括模仿教师上课。幼儿让家长扮演小朋友,幼儿自己扮演教师,再现幼儿园中教师组织活动的情况。教师可以鼓励幼儿回家后把讲述活动的内容讲给家长听,家长可以通过文字、语音、视频等方式进行记录,在幼儿愿意的情况下与教师和其他小朋友进行交流和分享。记录的方式有如下两种。

(1)多媒体形式的记录

信息时代背景下,微信成为幼儿园与家长进行家园沟通的新方式。除建立班级交流沟通群以外,平时家长也可以把幼儿的讲述录下来,可以是语音也可以是视频,录完以后通过微信进行分享。分享的方式有三种:家长自己保存作为幼儿成长记忆的一部分,可以和幼儿随时回放分享;在幼儿愿意的情况下和班级教师分享,让教师更多地了解幼儿的情况;在幼儿愿意、所有家长也愿意的情况下分享到班级微信群。无论哪一种分享方式,都要以幼儿的自愿为前提。三种方式并没有固定只能用哪一种,教师可以根据班级的情况进行组合和调整。

第一种分享方式,范围最小,所有幼儿都适用。在家的状态是幼儿表现最自然的状态,讲述的状态肯定会比集中教学时好。对于性格内向的幼儿,教师可以先建议家长采用这种方式,录完后让幼儿观看视频,从中发现自己能讲会讲,自信心就会增加,久而久之会愿意讲给别人听。

第二种分享方式是一对一的。优点在于教师可以通过家长的分享了解到幼儿在集体讲述活动中没有的表现。教师也可以充分利用每一个幼儿的讲述来充实幼儿园里的活动素材,如午睡前的故事,过渡环节的活动。这也是幼儿喜欢的方式,它能极大地激发幼儿参与讲述的兴趣和愿望。幼儿回家讲述并记录成语音或视频,再到幼儿园中进行呈现,也是帮助一部分内向幼儿克服不敢讲的方法之一。如果幼儿不愿意讲述,家长也不要勉强,他们也许是担心自己讲得不好被小朋友笑话,也许是害羞怕自己讲到一半讲不下去。幼儿的内心是渴望讲述的,很多时候幼儿只要迈出最难的第一步,自信心会得到极大的提升,也会讲得越来越好。

第三种分享方式,范围大,面对全班家长及幼儿。这种分享方式不仅教师、幼儿可以看到,其他幼儿的家长也可以看到。缺点是运用不当就会引起家长的不满,也容易让家长有攀比的心理。对性格内向、语言能力较弱的幼儿及其家庭会是一种无形的伤害。因此,我们并不建议教师采取这样的方式,不建议家长分享到班级群。

(2)传统形式的记录

当微信等信息技术还不太普及的时候,有的教师是通过复述这一形式来了解幼儿的讲述情况和语言发展水平。《指南》中也有关于幼儿复述的要求:3~4岁的幼儿能复述简短的故事。家长用笔记本如实地记录幼儿的讲述再返回教师手中。通过这种形式,教师还能了解到幼儿在活动中是否专心,尤其是活动中不愿意讲述的幼儿,有助于教师在以后的活动中更有针对性地给予幼儿帮助和指导。

随着信息技术的发展,使用这一方式的教师越来越少。虽然它对提高幼儿的语言水平有很大的帮助,能让教师看到每一个幼儿真实的讲述水平,家长也喜欢使用这样的方式,尤其是上小学后明显感觉到复述故事对语文学习的好处,但也有教师认为这一方式有小学化的倾向,过于刻板。因此,不是每个幼儿园都会使用。

5.提供多种形式的表现机会让幼儿多讲

在幼儿园中有很多的活动和机会让幼儿进行讲述。如讲故事、诗歌朗诵比赛(小中大班均可)、国旗下讲话(中大班)、小小新闻播报员(大班)等。这些活动有的是班级的,有的是全园性的。这些活动既能提升幼儿的心理素质,也能提高幼儿的讲述水平。幼儿在这些活动中得到的锻炼无疑也会回归到讲述活动中,支持幼儿的心理氛围,让幼儿敢讲、愿意讲;支持幼儿的语言发展,让幼儿能讲、会讲。

综上所述,无论是心理环境还是物质环境的创设都是为了让幼儿在宽松、自由、和谐的氛围中有说的意愿,让幼儿能够消除紧张等不适心理,从想说、敢说到能说、会说。

第三节　学前儿童讲述活动的设计与组织

一、讲述活动的设计

讲述活动以预设为主，教师在活动前根据幼儿的兴趣、年龄特点等确定凭借物，对活动进行构思与设计并写出活动的教案。活动的流程基本上是确定的，不确定的是幼儿在活动中的表现。有时候幼儿在活动中的表现并没有往教师之前预估的方向发展。所以，我们在设计活动时要多思多想，心中有幼儿，做一个智慧型的幼儿教师。

（一）活动设计的注意事项

一个好的活动设计是有效活动的前提，要写出一份好的活动设计需要注意以下四个方面。

1. 观察与读懂幼儿，做到心中有幼儿

尊重幼儿、读懂幼儿是幼儿园一切活动的基础，讲述活动亦如此。教师只有了解幼儿，了解各年龄段幼儿的特点、已有经验、兴趣等并做到心中有数，才能在设计活动时贴近幼儿。这样的活动才是幼儿需要的，才能促进幼儿的发展。否则就是一次无效的、幼儿不感兴趣的，也不符合幼儿年龄特点的活动，更谈不上发展。

如何才能读懂幼儿呢？

首先，在职前阶段认真学习学校开设的有关理论知识课程，如“幼儿心理学”“学前儿童语言教育”“幼儿卫生学”等。这是日后成为一名专业幼儿教师的前提，也是实践的理论基础和指导思想。认真研读《指南》《幼儿园工作规程》《纲要》等有关文件。尤其是《指南》，其中给出了各年龄段幼儿的典型性表现。刚入职的新教师可以将典型性表现作为了解幼儿发展水平的参考，但不能作为标尺，因为每个幼儿都是独一无二的。见习和实习时，要主动融入幼儿的学习与生活，多与幼儿交谈和玩耍，多观察和学习老教师组织一日活动的方法和技巧，认真做好实习笔记和心得感悟，带着问题走进幼儿园。

在现实的实习中我们会看到这样的实习情景：去实习的学生从早到晚都是作为一个旁观者，没有参与幼儿的任何活动。自由活动时间、区域活动时间不知道怎样参与幼儿游戏，也不和教师进行交流，不清楚自己去幼儿园做什么、应该怎么做。这样的实

习没有意义，没有任何收获，更谈不上了解幼儿。

其次，对于新入职的教师，对幼儿的了解是在每天的工作中逐步积累起来的。通常工作3年，第一届学生毕业后就会对3~6岁幼儿的年龄特点、行为习惯有初步的了解。其间每一次活动都认真进行准备、开展和反思，多看、多思、多问、多学，在专业素养和技能上会有较大提高。

2. 寻找幼儿的兴趣点，基于兴趣设计活动

兴趣是一切活动的出发点，如果幼儿不感兴趣，再好的活动设计也只是徒劳。如何才能发现幼儿的兴趣点呢？还是观察。在一日生活中，做一个安静的有心人，观察幼儿感兴趣的人物和事物。

传统的讲述活动，基本都是按照学期计划开展。从整体上看，这符合本年龄段的幼儿特征，但没有兼顾班与班之间幼儿的兴趣差异。随着幼儿园课程改革的推进，主题活动、生成课程、园本课程、班本课程、STEAM课程等相继出现，教师也拥有了更多的课堂决策权。教师可以基于本班幼儿的兴趣来设计讲述活动，不再是以年级为单位整齐划一的活动。讲述活动的内容更贴近本班幼儿的兴趣与需要。

在小班班本课程"夏天的小青蛙"中，教师抓住幼儿对小蝌蚪的兴趣，引入了看图讲述小蝌蚪找妈妈。幼儿每天观察小蝌蚪的成长情况，印象深刻。幼儿讲述时很投入，在这个过程中也就能把小蝌蚪变青蛙的过程讲清楚。讲述活动后，教师建议家里有《小蝌蚪找妈妈》这本书的小朋友把书带到幼儿园和其他小朋友一起分享。幼儿把书放在阅读区，餐后大家都抢着看。在看的过程中，幼儿之间有分享、有讨论，也有讲述。看完后幼儿兴趣依然很浓，教师和小朋友商量后把这个活动延伸到了表演区。在表演区中，幼儿戴上教师准备好的头饰、穿上相应的服装进行表演。

了解幼儿的兴趣及现有发展水平不是一朝一夕能做到，它是一个长期的积累过程。在日常工作中，教师要做一个有心人，处处留心观察幼儿，这是教师专业素养和能力的体现。

3. 分析活动内容，明确重难点

在了解幼儿及其兴趣的基础上，教师要对活动内容进行分析：是否有教育价值？是否适合本班幼儿？是否适合设计成活动并实施？如果开展活动，活动的重点是什么？难点在哪里？

以看图讲述为例，如果幼儿感兴趣且符合本班幼儿的年龄特点、有教育价值，教师可以考虑进行活动设计。如果内容不适合、幼儿不感兴趣，则需重新确定活动内容。有时候幼儿感兴趣，但内容太难，教师要通过自己的智慧简化和提取部分内容来降低难度达成活动。有时候幼儿感兴趣，但内容真的不适合用来开展活动。

分析活动内容时，教师要从幼儿的视角与立场出发，思考哪些地方幼儿可能感知理解有困难，哪一句幼儿可能讲不出；哪些地方幼儿会忽略，哪些地方幼儿会讲不完整、会讲得没有逻辑。通过这样的方式教师大概可以明确活动的重难点。

在活动实施过程中，重难点真的就是重难点吗？不完全是。因为教师的设想是预设，是教师根据幼儿的已有发展水平做出的预判，结果会如何，还要看活动中幼儿的表现。有时候我们会发现，教师活动前认为的难点在活动中不是难点，难点在另一个地方；同一个活动，在A班是难点，在B班却不一定是。

讲述活动的重点一般是落在感知理解基础上的完整讲述。讲述活动的难点可以是幼儿对某一幅图的理解，对某些新词语或句式的学习，也可以是某些情感体验。新教师对重难点的把握通常会因为缺乏经验而相对弱一些，有的教师甚至不知道重难点在哪里。这一部分教师一定要做好活动后的反思，活动后回顾整个活动过程，能发现难点在哪里，重点应该是什么。通过一段时间的积累，重难点的确定会有所突破。

最后，教师要用幼儿的语言完整地讲述一遍，讲述过程中要结合幼儿在一般活动中会出现的各种状态，尽可能多地想出对策。

完成以上步骤后可转入活动设计的撰写阶段。

4.活动设计的结构

每个幼儿园都有自己的活动设计结构，总体上是相同的，主要包括以下六个部分。

(1)设计意图

此部分要写明活动的来源、对幼儿现有发展水平的分析、对活动内容适宜性的分析，还有活动的意义，但也不是一成不变的。此部分内容基于教师对幼儿兴趣、年龄特点、讲述对象的了解和掌握，以《指南》为指导来完成。

(2)活动目标

活动目标的确定和其他活动是一样的，这里不再复述。目标的制订要在幼儿的最近发展区，要基于对幼儿的观察理解以及对讲述对象的分析，需要注意以下四点。

第一，目标的表述要具体，不要太空。如“提高幼儿的语言表达能力”这一类的目标在一次活动中是无法达到的，需要长期培养。这类目标过大、过空不适合作为活动目标。

第二，目标的表述方式要统一，从幼儿的角度表述或从教师的角度表述。不要一条从幼儿角度表述，一条从教师角度表述。

第三，目标不宜过多，2~3条为宜。一般有认知目标和情感目标2条，有的也有3条，包括技能目标。

第四，目标的制订要基于幼儿的现有发展水平，贴近幼儿的最近发展区。太低没有教育价值，太高会挫伤幼儿学习的积极性。

(3)活动准备

主要是凭借物的准备，此外还有教师教具的准备、幼儿活动前的经验准备。图片可以借助多媒体设备以PPT的形式放大，如果是书籍一定要用大开本的书。实物不能太小，要便于全班幼儿进行感知和观察。小班幼儿材料的准备一定是人手一份，比如图书。分享和共享对小班幼儿来说超出了他们的接受范围，会出现争抢、告状、破坏、哭闹等行为，这些行为会扰乱活动的秩序。

在教具的准备上还要注意安全的要求，安全是所有活动的前提和保障。图片和书籍以外的实物更要注意安全，活动前教师要逐一排查安全隐患。

幼儿活动前的经验准备包括幼儿的已有经验和需要在活动前提前获得的经验。在有些讲述活动中，教师可以把部分内容前置，利用一些过渡环节的时间或一次活动的时间来为讲述活动的开展做铺垫。教师在设计活动时要充分掌握本班幼儿的年龄特点和发展水平，这样才能确定是否需要活动前的经验准备学习。

(4)活动重难点

活动重难点的确定基于对讲述活动对象的分析以及对本班幼儿发展水平的认识。在前面的环节中已经讲解过重难点的确定，此处不再复述。

(5)活动过程

活动过程是整个活动设计的主体部分，主要包括三个部分：导入环节、展开环节、结束环节。在活动设计时要充分考虑各环节的时间占比来进行相应的设计。导入环节和结束环节的时间占比最少，解决问题即可。展开环节时间较多，用于目标的达成和解决活动的重难点。每个环节间应有相应的过渡语进行衔接，如同写作文一样，自然过渡。时间占比的多少也同样反映在活动设计时篇幅占比的多少。时间少的占的篇幅少，时间多的占的篇幅多。

导入环节是整个活动的开始，在设计时应注意语言要简洁，直奔主题。新教师在进行导入环节的设计时通常会犯的错误是用很多问题来铺垫，绕来绕去最后才点出主题，或者是过于花哨，让幼儿的注意力偏离了活动的主题。这样的设计既浪费了时间，也会让幼儿不知道本次活动究竟要做什么。所以，设计时问题不需要多，1~2个即可，加上过渡语后转入展开环节。

导入活动的方式多种多样，可以是复习导入、谈话导入、音乐导入、手偶导入等，每个教师有不同的喜好，没有固定的要求。在中班讲述活动“感谢的味道”中，有的教师会选择用歌曲《听我说谢谢你》导入活动，有的教师会选择用手指游戏导入活动，有的教师会用讨论“感谢”来导入。只要符合简洁、直奔主题的原则，都可以使用。至于效果哪种更好，不同的班级情况不一样。

在展开环节，活动设计要围绕目标的达成以及重难点来写，主要包括幼儿的观察理解、幼儿自由讲述、讲述经验的提升3个阶段。无论哪个阶段，教师都要通过提问进行引导。因此，在设计时提哪些问题、怎么提就需要深入思考。

关键性的提问和语句要呈现在活动设计中，活动设计中不要笼统地写“教师引导幼儿进行观察和理解”。通过哪些提问来引导和观察呢？具体的话语要写出来。是不是每一句都要写出来呢？也不是。新入职的教师，建议把活动中要说的每一句话都写入自己的活动设计，让活动设计成为一份详案。在此基础上删减部分话语，留下重要的和必不可少的，成为一份简案。详案是给自己看的，简案是给他人看的。好记性不如烂笔头，新教师在入职的头几年缺乏实践经验的时候，这样的做法能保证活动的顺利实施，也是教学水平提升的有效路径。没有具体写出如何引导幼儿进行观察和理解的语句，在组织过程中就要临场发挥，新教师还不具备这样的能力。如此草率地开展活动是对幼儿的不尊重和活动的不负责。

提什么样的问题，怎么提，哪些提问要写在活动设计中呢？

第一，问题要善于启发幼儿的思考，因此要多提开放性的问题。设计时少出现“好不好”“能不能”“喜欢不喜欢”之类的二选一的封闭式问题。这类问题对于幼儿的语言发展和思考能力没有任何帮助。如在讲述“我喜爱的玩具”时，教师如果只是设计“这个玩具好玩吗？”“你喜不喜欢？”这样的提问，没有多大的意义。教师的提问应围绕“这个玩具的名字是什么？”“谁送给你的？”“给大家介绍一下这个玩具的玩法”等来设计引导。

第二，提问的语言要简练，没有方言和口语化。教师在进行设计时，要注意提问的表述方式，这也是在给幼儿规范讲述进行示范；一个提问要如何表达，需要进行反复的思考，要简练、让幼儿听得懂。

第三，根据幼儿可能出现的表现和理解水平设计提问。在设计展开环节时，教师要能预估到幼儿在这一环节可能会出现的表现和存在的问题。尤其是幼儿可能存在的问题，教师该用什么样的提问来进一步引导，需要写入活动设计。当然，我们不可能百分百预估到幼儿的表现，但尽量去做，这样会减少活动中的紧张和失误。

(6)延伸活动

延伸部分可以简短地设计讲述活动结束后有利于幼儿讲述经验提升的活动,写出一个即可,简短的一两句话就行。

二、讲述活动的组织

(一)组织前的准备工作

在完成活动设计后,活动开展之前,教师还需要备课。活动开展前要把活动设计的流程及活动中需要说的话记下来。新教师更需要认真备课,这是对活动设计的又一次检查与修改。没有备课直接开展活动,新教师通常会因为紧张或活动中出现的一些临时状况而打乱活动的节奏和流程。教师可以通过对着镜子练习的方式完成备课,活动时的教态、表情等也得到同步练习。备课时教师可以既扮演教师又扮演幼儿,也可以请其他老师帮忙扮演幼儿。

(二)活动中的组织策略

新教师在组织活动时会存在以下问题:

1.因为紧张,教态不自然,音调没有高低之分,语速过快,面无表情。

2.反复重复幼儿的话语,浪费时间。

3.总是邀请能讲的幼儿回答,而不能兼顾所有幼儿。

4.活动中容易被幼儿无关的话语把思路带走,忘记自己在开展什么活动,更不知道如何往下接(小班较普遍)。

5.因为紧张忘记活动的流程、跳过一部分或打乱原有的顺序,无法按活动设计继续开展活动。

6.活动中幼儿出现与活动预设不一致的行为表现时不知所措或处理不当,缺乏随机应变的能力。

出现以上问题均属正常,因为新教师缺乏教学经验。随着教学经验的不断积累和专业素养的提高,教师在活动中的教育机智会不断提高,以上问题会逐步解决,逐渐成长为一名学习型的教师。

新教师在开展讲述活动时的组织策略如下。

1.导入环节简洁明了,直奔主题

小班活动时间通常为15~20分钟,中班20~25分钟,大班25~30分钟。导入活动通

三、活动准备

1.活动前教师可在户外活动中带领幼儿模仿动物的动作,激发幼儿的经验。

2.讲述所需要的放大图片或PPT。

3.动物头饰若干。

四、活动重难点

1.活动重点:理解故事的主要内容。

2.活动难点:尝试用完整的单句进行回答。

五、活动过程

1.活动导入:出示小袋鼠的图片(第一幅图)。

师:今天老师要介绍一个小动物给大家认识,它和小白兔一样喜欢跳,我们一起来认识一下吧。

师:今天小袋鼠要去找一个小动物做它的好朋友,这个好朋友和它一样喜欢跳,猜猜它会找到谁做它的好朋友?

2.完整阅读所有大图,理解故事内容,进行简单讨论。

师:小袋鼠最后找到谁做它的好朋友?在遇到青蛙之前,它分别遇到了谁?这些小动物为什么不是小袋鼠的好朋友?小袋鼠每遇到一个小动物会说什么?小动物会怎么回答它?

3.逐图观察,尝试丰富人物对话。

师:小袋鼠遇到小鸟,它要找一个喜欢跳的好朋友,它会对小鸟说什么?小鸟会怎么回答?(其余图片的提问同小鸟)

师:如果你是小袋鼠,你喜欢谁做你的好朋友?为什么?你喜欢这个故事吗?

四、幼儿和教师一起完整讲述故事

教师承担旁白,邀请幼儿扮演小动物完整回答并完成讲述。

五、延伸活动

1.进行分角色的表演。

2.提供活动以外的小动物请幼儿进行创编和续编。

解读:这是一个幼儿很喜欢的故事。观察小鸟图片时,刚开始幼儿不能很好地连起来说,此时教师可以通过示范为幼儿后来的讲述做铺垫。多数幼儿会直接替小鸟回答“我喜欢飞”,此时教师要把否定句的使用示范给幼儿:“不,我不喜欢跳,我喜欢飞。”这样幼儿在之后几幅图的讲述中会逐渐学会这个句式并模仿教师用完整的单句进行回答。第二次完整讲述时，为了帮助幼儿更好地讲述，教师可以在幼儿讲述时用丰富的肢体动作引导幼儿完成“不”“飞”等词语的运用。活动结束后，水平高的幼儿能够不借助图片进行创编和续编。如：“小乌龟，小乌龟，你喜欢跳吗？”“不，我不喜欢跳，我喜欢爬。”

思考：以上教案为一份简案，请将其扩充为一份详案。其中要包括老师需要说的每一句话以及幼儿可能的回答。在此基础上，去小班组织实施此活动。

中班讲述活动：“植物的叶子”①

一、设计意图

秋天是五彩斑斓的季节，秋天是多姿多彩的季节。秋天有黄色的银杏，秋天还有火红的枫叶。秋天里，小朋友们可以到户外去欣赏各种形状和各种颜色的叶子，可以用叶子来做树叶画，可以用叶子来玩游戏。在此基础上，引入有关“叶子”的讲述活动，贴近中班幼儿的实际生活，同时又扩展了幼儿对叶子的知识。中班幼儿经过小班一年的学习，讲述水平要在单句上有所提升，因此，引入了“有的……有的……”这一句型的学习，提升幼儿的语言表达能力。

二、活动目标

1. 通过观察发现叶子的不同特征，了解从不同角度介绍叶子。

2. 学习用“有的……有的……”介绍叶子，感受叶子的多样性。

三、活动准备

1. 户外活动时可以留心带幼儿观察不同形状和颜色的叶子。

2. 周末家长带幼儿外出游玩时收集幼儿喜欢的叶子，周一带到幼儿园与小朋友分享。

3. 讲述所需要的放大图片或PPT。

4. 活动前利用零碎时间带幼儿认知“针”“剑”“羽毛”。

四、活动重难点

1. 活动重点：学习从不同角度介绍叶子。

2. 活动难点：尝试用“有的……，有的……”的句型讲述树叶的有关知识。

五、活动过程

（一）活动导入：谈话导入（出示活动前小朋友分享自己带来的叶子的照片）

师：上周小朋友分享了自己带来的各种各样的树叶，今天老师也带来了一

① 本案例系编者根据奕阳教育分享的阅读活动“植物的叶子”改编。

些与树叶有关的图片,我们一起来看看!

(二)观察理解图片,学习从不同角度介绍叶子

1.出示图一和图二(先看图一再看图二)。

师:图上这些叶子,哪些是圆形的?哪些是椭圆形的?(出示图二)这些叶子是什么形状的?(幼儿回答,教师小结,有的……有的……)

2.出示图三及针和剑的图片。

师:图上这些叶子,哪些像针?哪些像剑?(幼儿回答,教师小结,有的……有的……)

3.出示图四和羽毛的图片。

师:哪些叶子像羽毛呢?你们觉得枫叶的叶子像什么?(如果幼儿回答不出来,教师可以伸出手掌进行提示;如果幼儿回答得好,也可以采用幼儿的答案。)

小结:叶子的形状是多种多样的。(幼儿回答,教师小结,有的……有的……)

师:叶子除了形状不一样,还有没有其他特殊的地方呢?我们一起往下看。

4.出示图五(着重观察小动物及表情)。

师:(左图)小动物在干什么?植物的叶子会怎么样?你们认识这种植物吗?

(右图)小动物怎么了?它的表情是什么样的?你们认识这种植物吗?

小结:原来叶子除了形状不同,有的叶子还有神奇的本领。有的会害羞,有的会捉虫。(可以让幼儿一起说)

5.出示图六、图七进行对比观察。

师:这两幅图的叶子有什么不一样?什么季节叶子会变颜色呢?所有树叶都会变吗?

小结:大部分叶子是绿的,有的叶子到了秋天会变颜色。(出示图八)植物的叶子真奇妙!

(三)教师示范巩固新句型的学习

师:下面请小朋友和我一起来完整介绍今天老师带来的叶子。

第一遍:教师边讲边用动作在图上进行提示,幼儿可以参与部分讲述。

第二遍:以幼儿主讲为主,教师辅助完成。

(四)活动小结

师:今天我们学习了从叶子的形状、颜色、功能来介绍叶子,下次活动时请小朋友用今天学到的“有的……有的……”来介绍大家带来的叶子。

(五)延伸活动

1.将幼儿带来的树叶按形状、颜色等分类后请幼儿进行讲述。

2.介绍自己带来的叶子的形状、颜色、名称、功能或捡叶子的过程。

3.介绍一片叶子:随机挑选一片叶子进行介绍(颜色、形状、功能等),请其他小朋友猜猜是哪一片叶子。

解读:本次活动属于说明性讲述,是“多彩秋天”主题下的一次活动。活动内容适合在秋天开展,活动开展前和活动后都需要有丰富的其他活动进行支撑和迁移。从这次活动我们可以看出,儿童语言能力的发展并不是一次活动就能实现的,它需要一系列活动的支撑。活动中,幼儿对叶子形状的想象和讲述是一个难点,有的幼儿很难把叶子和“针”及“羽毛”联系在一起,只要幼儿说得合理,可以采纳幼儿的建议。本次活动着重学习“有的……有的……”句型,和叙事性讲述不同的是,幼儿的讲述需要教师给予提示,如“哪些叶子像针?哪些叶子像剑?”,这也是说明性讲述难的原因。

思考:对教师来讲,本次活动的难点是无法预估幼儿在活动中的回答。因此,请你根据以上教案写出活动开展过程中幼儿可能出现的各种状况及教师的应对策略,之后到中班去组织实施该活动,活动后参照教案进行对比,再次修改和完善本次活动的教案。此外,请你选择延伸活动中的其中一个完成活动的设计与组织。

大班讲述活动:“我们的感觉”[①]

一、设计意图

感知觉是我们认识世界的基本方式,幼儿每天都在运用感知觉探索周围的环境。本次讲述活动介绍了我们常用的几种感觉,让幼儿将感知觉和相应的器官联系起来,明白感知觉对人们生活的重要性。本次讲述活动所呈现的图片多且需要丰富的语言进行讲述,对于大班幼儿来说也是一次挑战。

二、活动目标

1.在教师的引导下通过观察和回答提问,将感知觉的相关内容联系起来。

2.在教师的辅助下完整讲述每一种感觉的功能。

① 本案例系编者根据奕阳教育分享的阅读活动“我们的感觉”改编。

三、活动准备

1. 大图片及PPT(遮挡文字)。

2. 提前带幼儿补充讲述图片中没有的经验,如感知酒精的味道等。

四、活动重难点

1. 活动重点:在教师的引导下理解图片的内容。

2. 活动难点:在教师的辅助下完整讲述每一种感觉的功能。

五、活动过程

(一)导入活动:出示图片谈话导入

师:图上有什么?(幼儿自由讲述后教师小结。)

过渡语:眼、耳、口、鼻、手,这些是我们身体的一部分,是我们的感觉器官。我们通过它们来看到各种各样的东西,听到各种各样的声音,尝到各种各样的味道,闻到各种各样的气味……

(二)分组讨论感觉器官的作用

师:下面我们来分组讲述每一个感觉器官的作用。5~6人一组,每组2张图片。先说说你们组选了哪种感觉器官,然后围绕图上的小图片说说这种感觉器官的作用是什么。

(三)在教师引导下规范幼儿的理解和讲述(每个感觉器官的具体过程都如下。)

1. 师:你们组选择的是哪个感觉器官? 它的作用是什么? 可以听到哪些声音?(如果幼儿能讲述则可以省略教师本次的提问。)

2. 教师用图片上的语言进行小结。

3.(出示第二幅图)还能听到哪些声音?(此处要注意丰富幼儿对每一幅图的讲述,如果幼儿的讲述与图片不一样,只要合理就采用幼儿的讲述。)

(四)教师完整小结

师:我们的口、鼻、眼睛、手、耳朵对应我们的味觉、嗅觉、视觉、触觉、听觉。通过它们我们能认识我们周围的世界,能听到好听的歌曲、吃到甜甜的糖果、摸到软软的枕头、闻到香喷喷的鸡翅、看到各种各样的玩具。如果某一个地方损坏了,我们就不会有相应的感觉,所以我们要保护好我们的感觉。

(五)师幼共同完整讲述

由刚开始教师提示逐步过渡到幼儿自己讲述,教师可以通过相应的肢体动作辅助幼儿讲述。

（六）延伸活动

1.第二次活动时在本次活动的基础上完成剩下所有图片的讲述。

2.请幼儿讲述自己喜欢或不喜欢的声音、味道、气味等并说明原因。

解读：本次活动图片所蕴含的信息量较大，教师通过分析，在第一次活动时只选用了部分图片。活动中也注意培养幼儿的合作意识，从自己思考过渡到小组的思考和讲述。本次活动属于较难讲述的一类，幼儿通过感知理解，用几句话来讲述第二幅图所呈现的每个感觉器官，很考验幼儿的语言组织和表达能力。在刚开始的时候，教师可以给出示范，幼儿会很快适应并能模仿教师进行讲述，从而逐渐增加讲述的语句的长度。

思考：本次活动在开展中会有很多需要教师临场发挥组织语言和提问的地方，请你尽可能地找出这些地方，想想幼儿会如何回答，教师又该如何应对。完成之后分别到两个班实施同样的活动，体验不同班级幼儿发展水平的差异。本次活动还可以选用其他的方式开展，请你根据自己的思考独立撰写一份教案并到相应的班级组织实施。

第八章

学前儿童文学活动

学习目标

● 了解幼儿园文学活动的教育价值,形成对幼儿园文学活动的正确认识。

● 能对幼儿园文学活动进行科学的选材分析,会自己设计和组织幼儿园文学活动,能对所观摩的幼儿园文学活动进行科学的点评。

● 感受文学作品的语言美,愿意给小朋友组织文学活动。

学习重难点

● 重点:学前儿童文学活动的设计与组织。

● 难点:学前儿童文学活动环境的创设。

案例破冰

学生的困惑

小涛是一位大二的学生,正在学习“学前儿童语言教育活动设计与指导”这门课程,在学习文学活动这部分的时候,他向老师提出了这样的问题:“老师,文学活动里有讲故事,看图讲述中也是让幼儿看图讲故事,早期阅读活动也是读绘本故事。语言活动的目的就是促进孩子语言能力的发展,为什么要分得这么细?这几种活动之间最根本的区别是什么呢?”

同学们,你们也有这样的困惑吗?那就认真来学习本章内容吧!

第一节 学前儿童文学活动概述

《纲要》第二部分“教育内容与要求”的语言部分明确指出：语言目标4：“喜欢听故事、看图书”；内容与要求4：教师要“引导幼儿接触优秀的儿童文学作品，使之感受语言的丰富和优美，并通过多种活动帮助幼儿加深对作品的理解和体验”。

有经验的老师和家长都知道，0~6岁的学前儿童似乎都非常热爱故事、诗歌，无论是朗朗上口的童谣，还是生动有趣的故事，对孩子都有很大的吸引力。学前儿童对文学作品的学习不是一个简单的听说的学习过程，他是成人通过引导儿童围绕文学作品而开展的一系列丰富多彩的活动，通过学前儿童视觉、听觉、触觉等多通道的参与，对学前儿童的语言产生潜移默化的促进作用。

一、学前儿童文学活动的概念

（一）学前儿童文学作品的概念

学前儿童文学是儿童文学的分支，是指以0~6岁儿童为对象，能促进他们健康成长，并适合他们欣赏的文学作品。学前儿童文学作品，是指适合0~6岁儿童的心理发展水平、知识经验和阅读能力的各类文学作品的总称。它包括童话、寓言、神话故事、儿歌、儿童诗、谜语、绕口令、儿童散文、儿童小说、儿童戏剧等多种文学体裁。

学前儿童文学是快乐的文学，这种快乐常常通过幽默、诙谐的形式来表现。学前儿童文学是稚拙、质朴的文学，有一种不加修饰的自然纯朴之美。

（二）学前儿童文学活动的概念

学前儿童文学活动，是以学前儿童文学作品为基本教育内容的一种语言教育活动类型，是语言教育非常重要的组成部分，也是发展学前儿童文学语言的重要活动类型。它是以0~6岁儿童为对象，围绕学前儿童文学作品而开展的适合学前儿童认知特点和接受能力的系列教育活动。这类活动通常从一个具体的文学作品入手，围绕这个作品开展一系列相关的活动，帮助儿童理解文学作品所展示的思想感情和优美的语言，引导儿童迁移文学作品中的经验，大胆想象和创造性地运用语言表现生活，从而促进学前儿童语言的发展。

二、学前儿童文学语言学习与运用的经验

文学语言是早期语言学习的一种特别的经验储备。我们都知道，学前阶段儿童喜欢聆听学习各种儿童诗歌、童话故事和散文，这种通过口头语言方式输入传递的语言信息，带有凝聚书面语言特质的高质量语言的价值，对儿童的语言发展具有非常重要的意义。学前儿童在儿童文学作品的学习过程中，主要获得哪些重要的文学语言经验呢？

（一）文学语汇

文学语汇是指文学作品中所运用的全部的语词总和，即包括词汇、语言句式以及修辞方式。语汇是儿童语言的内容，也是儿童语言的材料。借助语汇，儿童了解文学作品的内容、形式和主题，同时语汇还是儿童运用文学语言表达内心世界的重要材料。

学习文学作品是儿童扩展词汇量的重要途径。文学词汇的学习要求儿童理解、掌握作品中出现的新词汇以及描述人物或事件发展的关键性词汇的含义，并尝试在仿编和讲述中运用。

（二）文学形式

文学作品的形式指作品内容赖以显现的文学的体裁、结构和表现手段等。学前儿童在经常接触学习文学作品的过程中，感知并获得儿童诗歌、故事、散文文学作品的形式，理解儿童诗歌、散文和故事的结构与基本特征；感受儿童诗歌的不同节奏韵律；了解散文的语言形式；理解故事的情节发展过程；尝试用语言按照诗歌、散文和故事结构进行仿编。

（三）文学想象

文学想象是指在文学创作中所具有的想象力和创造力。文学作品是以想象为基础的作品，想象是文学作品的基础和灵魂。

三、学前儿童文学活动的特征

（一）围绕文学作品开展系列活动

学前儿童文学活动是围绕文学作品开展的，活动侧重于对儿童审美能力、文学理解能力、想象力方面的培养，是一个引导儿童理解美、欣赏美、表现美及表达自己对文学作品理解和想象的多层次的系列活动。任何一个文学作品中所承载的丰富有趣的

信息的传递,往往不是一次活动就可以完成的。因此,文学作品的学习活动并非通过一次或一个活动就能完成,而是需要围绕一个具体的文学作品开展系列活动,帮助学前儿童加深对文学作品的理解。

例如,《没有牙齿的大老虎》这个故事,情节丰富、形象鲜明、语言浅显易懂,富有童趣,适合幼儿欣赏。教师可以设计以下5个活动:活动一,欣赏故事《没有牙齿的大老虎》,通过教师声情并茂地讲故事,设计三层次提问等方式欣赏故事,引导儿童喜欢听故事,养成良好的倾听习惯;能用故事里的语言大胆表达自己的想法,知道大老虎变得没有牙齿的原因和爱护牙齿的重要性。活动二,组织儿童进行故事表演活动,让儿童理解体验作品中人物的心理。活动三,组织儿童进行故事续编活动。活动四,组织健康活动"我会刷牙",引导儿童形成保护牙齿的意识,并学会正确刷牙。活动五,画一画"我心中的老虎"。通过这一系列的活动,让学前儿童不仅积累了文学词汇,发展了文学想象力,同时还学会了保护牙齿,绘画能力也得到了提升。

(二)提供多种与文学作品相互作用的途径

学前儿童的发展是他们通过自身的操作活动与外界环境的相互作用而建构起来并逐步实现的。学前儿童语言的发展,也必须通过自身的操作活动,即个体与外界环境中各种语言和非语言信息交互作用,才可能逐步实现。因此,在学前儿童文学活动中,应当着重引导学前儿童与文学作品进行积极的互动,在这一过程中,通过操作途径让儿童获得亲身体验,即让儿童在玩中学、做中学、生活中学。所以需要调动儿童的视觉、听觉、触觉等多种感官参与到活动中,使他们在动口、动手、动脑、动眼、动耳等多种途径的学习中获得对作品的认识、感受与理解。

(三)整合、渗透于其他教育活动中

任何一个文学作品本身都是社会知识、认知知识和语言知识的结合物,而学前儿童的语言发展有赖于这3种知识的整合。受文学作品本身的特点、学前儿童身心发展的特点和语言发展的规律等因素的影响,光靠单一的语言知识、语言技能、语言运用等活动是不可能让学前儿童深入感知和理解文学作品的。学前儿童文学活动应与其他方面的教育密切结合,内容上与社会、健康、艺术、科学四领域整合,渗透在日常生活和游戏活动中,即与其他领域的教学活动整合,与生活环节有机结合,才可能达到活动的目的,这也是学前儿童文学活动与其他类型的语言教育活动不同的地方。

四、学前儿童文学活动的目标

学前儿童文学活动通过让幼儿感知大量优秀的儿童文学作品，培养幼儿对文学作品的兴趣，提高幼儿的审美能力；通过对故事、诗歌、散文等文学作品的感受，激发幼儿对文学创作的兴趣，使幼儿喜欢仿编和创编的活动；通过文学作品的熏陶，满足幼儿多方面的精神需求。学前儿童文学活动目标的制订，应该与本班幼儿的年龄特点和实际发展水平相适应，并且结合具体活动选材。

学前儿童文学活动的总目标

1.情感目标

（1）喜欢欣赏不同体裁、不同风格的文学作品；

（2）积极参与文学作品的表现性和创造性活动；

（3）感受文学作品中的情感脉络，体验文学作品中的人物情感，体验文学作品所蕴含的审美情趣。

2.技能目标

（1）学会分辨故事、诗歌和散文这3种不同体裁的文学作品；

（2）学会倾听、朗诵、讲述文学作品，初步掌握倾听和艺术发声的技能；

（3）能运用较恰当的语言、动作、音乐、美术等形式表达自己对文学作品的理解；

（4）在文学作品原有基础上扩充想象，仿编或改编诗歌、散文，续编或完整编构故事。

3.认知目标

（1）知道文学作品有诗歌、故事、散文、谜语、绕口令等体裁，懂得文学作品是规范而成熟的语言，了解语言的多样性和丰富性；

（2）认识文学作品的形象美、情感美、语言美、意境美，丰富与作品相关的社会、认知、语言等知识；

（3）理解文学作品的人物形象、情节内容，学习把握作品的主题倾向或情感脉络，明白其中蕴含的道理；

（4）初步感知文学作品语言的丰富性和多样性，逐步接触文学作品的艺术语言构成方式。

五、学前儿童文学活动的类型

学前儿童文学活动是一个笼统的概念，根据文学样式和题材的不同，幼儿园常用的文学活动主要有故事活动、诗歌和散文活动。

(一)学前儿童故事活动

学前儿童故事有广义、狭义之分，广义的故事一般包括童话故事、神话、寓言、历史故事、成语故事等体裁，学前儿童故事活动中使用的故事一般是指狭义的故事，即内容偏重写实，适合学前儿童阅读和听赏的童话故事、生活故事等。它的主题单一、情节生动、故事性强、层次清楚、结构完整、语言口语化，是儿童喜欢的一种文学形式。

婴幼儿童话是有着浓厚幻想色彩的虚构的故事，也是儿童文学最基本、最重要的题材之一，如《没有牙齿的大老虎》故事情节有趣、生动，贴近儿童的日常生活，易于儿童理解；再如《三只想生病的小狗》是一篇结构简单，生活气息浓厚的童话，整篇童话生动地描写了小狗的可爱、淘气、任性、无知，抒发了纯真美好的感情。

生活故事取材于学前儿童的现实生活，以叙事为主，向幼儿讲述经过提炼、概括和虚构的人物和事件，贴近幼儿的生活。如《珍珍唱歌》，让幼儿敢于表现自我，培养良好的心态；《圆圆和方方》可以让幼儿了解生活中圆形物体和方形物体的特征。

学前儿童故事活动是指围绕适合学前儿童聆听、欣赏、理解的故事，开展的系列教育活动。如中班故事活动“会动的房子”“没有牙齿的大老虎”等。

(二)学前儿童诗歌和散文活动

儿童诗歌是儿童文学作品中韵体作品的统称，包括儿歌、儿童诗、绕口令、谜语等。儿歌语言直白、朗朗上口，趣味性强，朗诵儿歌能增添儿童的生活情趣，陶冶儿童的性情，开启儿童的心智，促进其语言的发展。如《小刺猬去理发》，用诙谐的语言告诉儿童要养成勤理发、讲卫生的好习惯。再如儿歌《生日到》，用朗朗上口的语言，告诉儿童要与小朋友友好相处，不欺负小朋友；《小猪爱睡觉》取材于儿童的生活，用儿歌的形式描绘了一只赖床的小猪，让儿童知道要按时起床上幼儿园。

儿童诗语言凝练，形象生动，富含意境，是适合儿童欣赏朗诵的自由体短诗，它注重情感的抒发、意境的创造和表达的含蓄。如《摇篮》这首诗想象奇特，形象逼真，符合儿童的思维，有利于培养儿童的想象力。再如儿童诗《梳子》，从妈妈和孩子梳头的日常生活谈起，用奇特的想象写出了事物之间的关系。

绕口令是利用一些读音相近的字词形成的语音拗口的儿歌，结构巧妙，短小活泼，幽默风趣，深受幼儿的喜爱。绕口令能够提高幼儿的思维敏捷性，训练幼儿的发音能力，如《高高山上一条藤》主要训练幼儿发准“藤”“铜铃”“停”等几个字的语音；《打醋买布》主要训练幼儿发准“顾”“醋”“布”“兔”等几个字的语音。

谜语是以儿歌的形式作为谜面，它通常运用比拟的手法，综合描述某种物体或现象的形状、颜色、声响、动态、性质、用途等特征，隐藏名称，让猜谜者根据描绘的情况（谜面）综合思考概括出是什么物体或现象（谜底）。猜谜语是富有游戏趣味的文化活动，有助于幼儿认识事物，提高分辨能力及联想能力。

儿童散文是以儿童生活为题材或以适合儿童阅读的材料为内容的散文。儿童散文语言优美、富有韵律，符合儿童的认知水平和心理特点，对发展儿童语言、陶冶情操起着重要的作用。如楼飞甫的散文《春雨的色彩》。散文活动主要适合在幼儿园中、大班进行。

诗歌、散文不仅可以丰富学前儿童的知识，发展学前儿童的语言，启迪学前儿童的智力，还可以使学前儿童的心灵受到良好的熏陶，培养学前儿童对文学作品的兴趣，更重要的是，可以发展学前儿童的想象力和创造力。学前儿童诗歌和散文活动是指围绕适合学前儿童聆听、朗诵的诗歌、散文，开展的系列教育活动。如中班诗歌活动“如果我能飞”，大班散文活动“蒲公英”。

第二节　学前儿童文学活动环境的创设

学习是儿童成长中不可或缺的需要，因此，支持儿童的学习，应当是幼儿园教育最重要的一项使命。《指南》明确指出：“幼儿的语言能力是在交流和运用的过程中发展起来的。应为幼儿创设自由、宽松的语言交往环境，鼓励和支持幼儿与成人、同伴交流，让幼儿想说、敢说、喜欢说并能得到积极回应。”《纲要》指出：“发展幼儿语言的关键是创设一个能使他们想说、敢说、喜欢说、有机会说并能得到积极应答的环境。”

幼儿的学习，更多的是通过与人、物互动的环境来实现的。因此，教师通过创设适宜的环境，选择和投放适宜的材料与资源来引发、支持和引导幼儿的学习，就显得十分重要。近年来的研究和经验表明，符合儿童的年龄特点和兴趣需求，具有选择性、多种组合的可能性、蕴含活动目标与领域的关键经验，具有层次性和渐进性是环境创设和材料提供的基本要求。

物质环境的创设具体包括创设适宜的主题墙和有利于开展文学活动的区角环境。

一、创设适宜的主题墙

使环境与材料具有安全性、趣味性、美感，是我国幼儿园教育的优良传统，应该继续保持和发扬。随着幼儿学习方式的变革，应该使环境和材料具有新的性质，以便能够引发和促进幼儿的主动学习。

（一）使墙饰具有发展和延伸的空间

主题墙饰是教师普遍关注的环境内容之一，让主题墙饰与幼儿互动，反映、支持和促进幼儿的学习是幼儿教师的目标追求。

主题墙饰与文学活动的关系如何，二者如何相辅相成、相互促进，是所有幼儿教师需要思考的问题。

图8-1　成语故事主题墙

要让主题墙饰随着文学活动的发展而发展，墙饰与活动要浑然一体、相互呼应。墙饰是在幼儿充分参与文学活动的基础上产生的，是他们参与文学活动的阶段性成果，能够展示幼儿的想法。

（二）让墙饰反映幼儿的学习过程和结果

墙饰不仅要对幼儿活动的领域目标和经验有支持，还要能反映幼儿的学习过程和结果。教师要能够随时根据幼儿在活动中的反应推进学习过程，使主题墙饰真正成为记录幼儿活动、表现幼儿想法、总结活动结果、展示幼儿成长的平台。

如在组织幼儿玩诗歌活动“伞”后，幼儿都进行了仿编，根据幼儿仿编的诗歌，教师让他们回家后和爸爸妈妈一起画下来，最后装订成册挂在墙上。

二、创设有利于开展文学活动的区角环境

著名教育学家杜威认为，儿童有调查和探究的本能。陈鹤琴先生认为，每位幼儿都有自主探究的学习潜力，教育的目的不是将一些经过选择的知识强塞给幼儿，而是培养其自发的学习欲望。区域活动能为幼儿提供更多的时间与空间，让幼儿依靠自身的能力通过对各种材料的摆弄、操作去感知、思考、寻找问题的答案，充分发挥幼儿的自主性、生动性，促进幼儿在不同的水平上获得相应的发展。因此，区域活动的开展、区域活动材料的投放，为提高幼儿的自主性提供了一个重要的实践平台。

语言区环境是幼儿园语言区角活动的重要组成部分。良好的语言学习环境既是幼儿语言探索活动正常开展的保证，也是培养幼儿良好学习品质的保证。教师应根据

文学活动的特点，科学、合理地创设语言区探索环境，优化并提升语言区的环境功能，努力使有限的活动空间发挥最大的作用。适合开展文学活动的区角有阅读区和表演区。

（一）阅读区环境创设

首先，教师需要在活动室找出一个光线明亮又安静的地方，用书柜、小桌椅、地毯围成独立的区域，保证幼儿能够在属于自己的自由空间里选书阅读。这样既能够保护幼儿的视力，有利于幼儿的身体健康，又能给人以温馨舒适的感觉。其次，利用地毯、靠枕、抱枕等物品制造出温馨、静谧的阅读氛围。幼儿置身于这样的环境中，会产生亲切感和安全感，有利于增强阅读、书写的愿望。再次，投放与幼儿身高相匹配的、极具童趣的小桌椅，有助于激发幼儿尝试进行文学活动的兴趣。

在环境创设中，教师需要为幼儿提供一个自主选择图书的场所，幼儿可以用自己喜欢的方式自己阅读，或与同伴共同阅读。此外，图书架上，教师要为幼儿提供大量形象生动的、有意义的故事、诗歌、散文等文学作品，还要定期更换。

图8-2　幼儿园阅读区环创

典型案例

小班语言区材料投放

成品材料：各种图书、挂图、写字板、录音机、磁带、头饰、图片、手偶、指偶等。

收集材料：幼儿影集、抱枕、各种阅读材料等。

自制材料：自制大开本图书、图文匹配的讲述材料等。

中班语言区材料投放

成品材料:各种图书、挂图、写字板、录音机、磁带、头饰、图片、海报、手偶、指偶等。

收集材料:幼儿影集、幼儿日记、抱枕、各种阅读材料等。

自制材料:自制大开本图书、图文匹配的讲述材料、记录用的笔和纸等。

大班语言区材料投放

成品材料:各种图书、挂图、写字板、录音机、磁带、头饰、图片、手偶、指偶、小舞台、点读机、学生电脑、电子图书等。

收集材料:幼儿影集、幼儿日记、抱枕、各种阅读材料等。

自制材料:自制大开本图书、识字卡片、文字拼图、图文匹配的讲述材料、控笔练习材料等。

(二)表演区环境创设

表演区是儿童用动作、表情、语言等表现自己对文学作品的理解和再现作品内容的表演活动的区域。设计和布置表演区,可以满足儿童表现文学作品的需要,儿童能在表演活动中主动积极地与语言和非语言材料相互作用,提高儿童的语言表达能力。

图8-3　幼儿园表演区环创

根据幼儿园和本班实际,教师可以设计固定式的表演区、小舞台,也可以根据活动室的门厅、过道、走廊灯等设计活动的表演区或可移动的小舞台。教师还可以投放服装道具、头饰、面具、人偶等表演材料,儿童可以自由地进行表演活动。

教师应支持儿童积极参与表演区环境的设计和布置,和儿童一起搭建小舞台,布置墙饰和背景;根据文学活动和视听活动的内容制作道具、头饰、人偶;提供符合作品角色的服装或者用废旧物品制作的服装道具。

幼儿园表演区应为儿童提供良好的物质条件和心理环境。教师可以通过适时投放玩偶、表演道具、头饰、胸饰、面具、指偶、服装等，积极鼓励儿童在区域活动中开展自发的表演游戏；也可以为儿童准备听故事用的收音机、光盘等，让儿童在游戏和自由活动时间，从“听故事”“讲故事”转变为与同伴共同“演故事”，主动积极地练习听说，学习文学作品，理解文学作品。

第三节　学前儿童文学活动的设计与组织

一、学前儿童文学作品的选材

要有成效地开展学前儿童文学活动，首要环节就是选择文学作品。教师必须站在学前儿童的角度，选择他们能够接受的、喜闻乐见的文学作品。具体来说应该满足以下几个方面的要求：题材贴近幼儿生活，符合幼儿审美情趣；形象鲜明生动；结构简单，情节有趣；语言生动形象。

在此基础上，要对幼儿园文学活动的选材进行分析，可以从以下三个方面进行。

（一）分析作品的主题

如童话《梨子小提琴》的主题分析：梨子小提琴流淌出的动人音乐，诱发了动物之间的友爱，令他们忘记了追逐捕杀，从此相依相伴，一起欣赏美，一起享受爱。教师在活动中通过播放悠扬的小提琴乐曲营造快乐和美好的意境，帮助幼儿体会到作品中的美好与感动，分析与领会作品纯洁、温馨的爱。

（二）分析作品的情节，抓住作品的主要内容

要分析哪些情节需要幼儿重点理解，哪些作品情节适合幼儿表演，哪些情节可以引导幼儿想象。如故事《三只蝴蝶》的情节分析：三只蝴蝶三次向不同颜色的花请求帮助。 教师通过提问或表演让幼儿重点感知故事情节，帮助幼儿抓住作品的主要内容。

（三）分析作品的语言

要分析作品中新的词汇、句式，还有文学语言的韵律与节奏。如在诗歌《家》中，值得学习的有AAB式的词汇和“××的××是××的家”句式。再如儿歌《懒惰虫和勤快人》中可以引导幼儿学习作品的节奏。

二、学前儿童文学活动的设计与组织

学前儿童文学活动的主旨是以学前儿童为主体，将其置身于教学活动中，引导学前儿童积极主动地学习文学作品，感知体验文学作品并创造性地运用语言。教师要结合文学作品本身的丰富性，贯彻文学活动的基本观念，组织好教育过程，这就需要某种

规范性的活动结构形态。一般而言,学前儿童文学活动可以分为如下四个层面。

(一)学习文学作品

以文学作品作为学习内容的文学活动,首先要让幼儿感知作品,这是任何一类或任何一个文学作品学习不可缺少的首要环节。教师可采取比较直观的幻灯片、挂图或者配以桌面教具、木偶、头饰等辅助教具进行形式多样的作品教学。如果作品内容比较浅显易懂,如儿歌,也可直接给幼儿朗诵作品。

在作品教学时,应注意将重点放在幼儿对作品的主要情节、人物性格、主题和语言等的理解上。这一层次是文学活动的第一步,幼儿能否很好地感受理解作品,决定了他们是否能够排除学习认知、语言和社会知识的障碍,也决定了他们能否更好地进入后面的学习活动。在这一层次,有四个值得教师注意的问题。

第一,不要在第一次教文学作品时过多地重复讲述作品,以免幼儿失去对文学作品的兴趣。故事类作品应以两遍为宜,诗歌散文篇幅相对短小,可以适当增加次数。

第二,不要强调让幼儿机械记忆文学作品,应减轻幼儿在学习时的记忆负担,以便他们将注意力投向对作品的理解和思考。

第三,尽量教师讲述,不用录音。教师的讲述可以让幼儿直观地感受到教师沉浸在文学作品中的样子,让幼儿在富有感染力的讲述与朗诵中,感受文学语言的魅力。

第四,通过三层次提问的方式帮助幼儿感知、欣赏作品。教师可以通过描述性提问帮助幼儿掌握作品的名称、人物、情节、对话和主题等,使幼儿对作品内容有大致的了解;通过思考性提问和假设性提问,让幼儿在基于个人经验的基础上进行深入的思考和想象。如中班故事活动“青蛙上月球”的提问设计,教师可以问:“故事的名字叫什么?”“故事里有谁?”“故事里的青蛙想干什么?”“它找了谁来帮忙?”“它们之间说了些什么?”教师还可以用提问的方式引导幼儿进行思考,如“青蛙怎样才能上月球呢?”“如果你是故事里的青蛙,你还会请谁帮助你上月球呢?”等,这些问题都有助于加深幼儿对文学作品的理解。

(二)理解、体验作品

在幼儿初步感知、欣赏文学作品的基础上,教师还有必要进一步组织与认识作品内容有关的活动,帮助幼儿逐步深入理解和体验作品的主要内容、情节、人物特点,进而引导幼儿体验作品中人物形象的心理特点,以及作品的情感基调和作品的语言美、意境美。这是文学作品学习的第二大环节。

在这一层次的活动中,有以下三点值得注意。

第一，这一层次的所有活动都必须与作品内容有关，让幼儿围绕着文学作品去看、去听、去思考。只有这样，这一层次的活动才不是跑题的，也才是必要的。

第二，将指导的重点放在理解、体验文学作品上，不要草草地提出几个问题后，就让幼儿朗读、背诵或复述作品。

第三，在这个层次，表演法、游戏法等方法的使用要符合文学作品本身的特点。

为了帮助幼儿理解和体验作品，教师可以根据每一个具体的作品内容来设计相关活动。例如：《会唱歌的生日蛋糕》作品教学之后，教师组织幼儿学唱生日歌，又在生日歌曲的伴随声中开展故事表演游戏活动。这些活动是围绕生日开展的，因为《会唱歌的生日蛋糕》的主要情节、人物角色均与生日有关。通过学唱生日歌和故事表演游戏活动，幼儿进一步设身处地地感受了生日的气氛，体验了童话故事中小动物们准备过生日的情绪。特别是故事表演游戏，教师用玩具材料和游戏活动创造出一个假想的天地，允许幼儿在玩的时候再现作品的情节，经历小熊和其他动物的活动过程，能较好地帮助幼儿体验作品中欢乐的情绪，加深对作品的理解。①

（三）迁移作品经验

在帮助幼儿深入理解、体验作品的基础上，可以进一步引导幼儿迁移作品的经验。因为文学作品向幼儿展示的是建立在幼儿生活经验基础上的间接经验，这种间接经验既使幼儿感到熟悉，又让他们觉得新奇有趣。但是，仅仅让幼儿的学习停留在理解这些间接经验的基础上是不够的，这些间接经验还不能充分地与幼儿的直接经验联系起来。因此，需要进一步组织与作品重点内容有关的活动，帮助幼儿将文学作品内容整合地纳入自己的经验范畴，使得他们的直接经验与文学作品的间接经验实现双向的迁移。

迁移作品经验的活动往往是围绕作品重点内容开展的，具有可操作性或游戏性质的活动。例如，在文学活动“会唱歌的生日蛋糕”中，教师可以让幼儿做一做生日礼物，再给本班小朋友开个生日会，像童话中的小动物那样为别人的生日做点儿使他高兴的事。再如，在文学活动“梳子”中，教师在指导幼儿用诗歌的眼睛去观察理解之后，可以让他们画一画周围环境中“还有什么像梳子”来迁移作品体验。幼儿在这样的活动中不仅进一步加深了对作品的理解，而且还为下一步拓展想象和提高语言表述能力打下了基础。

---

① 周兢，余珍有．幼儿园语言教育[M]．北京：人民教育出版社，2004：179.

(四)创造性想象和语言表述

通过前面3个层次的活动,幼儿对文学作品本身的学习、理解和体验已经达到了较好的程度。这时候,教师可以进一步创设机会,让幼儿拓展自己的想象,并创造性地运用语言去表达自己的认识和想象。

创造性想象和语言表述活动立足于幼儿已学的文学作品内容。在这一层次的活动中,教师可以让幼儿续编童话故事、表演故事,可以让幼儿仿编诗歌、散文,也可以让幼儿围绕所学文学作品内容进行想象表述。例如,在“会唱歌的生日蛋糕”活动过程中,教师在最后一个层次可以以“你想怎样给爸爸妈妈过生日”为题,组织幼儿讨论、讲述。这样,每位幼儿都可能愿意像故事中的小熊那样,为了让自己的爸爸妈妈过个快乐的生日而充分地开动脑筋、大胆表达,想出许多很有趣,也很有教育意义的祝福方式,使活动在幼儿欢快、热烈的交流中结束。

再如学习诗歌《如果我能飞》,在此环节,教师可以组织幼儿讨论:如果你能飞,你想飞到哪里去?变成什么?做什么事情?引导幼儿充分想象并表达。

三、几种特殊形式的文学活动的设计与组织

(一)诗歌、散文仿编活动的设计与组织

仿编活动是幼儿在欣赏、理解文学作品内容及结构的基础上的一种创造性的学习活动。幼儿在欣赏文学作品的基础上,感知、理解作品中一句话或一段话的结构特点,调动自己的生活经验,想象构思出新的内容,借用原作品的结构,通过替代一个词或几个词甚至是几个句子的方式完成仿编活动。例如,在学习和理解了诗歌《家》后,幼儿根据自己的生活经验大胆想象“还有哪些地方是谁的家”,编出“深深的地下是石油的家,宽宽的马路是汽车的家,蓝色的大海是船儿的家”等。幼儿在仿编的过程中体会到创造性地运用语言的快乐,并从自己仿编的句子中获得成就感,大大地增强了学习语言的信心。

幼儿园诗歌、散文仿编活动的组织,具体步骤如下。

1. 做好仿编活动前的准备工作

幼儿要熟悉和理解自己所仿编的作品,认识仿编作品的内容和形式,还要有一定的知识经验,具有一定的想象力和语言表达能力。

2.组织幼儿进行讨论和示范

教师要引导幼儿讨论仿编中比较关键的问题。例如,在仿编《家》(蓝蓝的天空是白云的家,绿绿的大树是小鸟的家,宽宽的小河是鱼儿的家,红红的花朵是蝴蝶的家)时,教师可引导幼儿讨论:为什么大树是小鸟的家呢?大树除了是小鸟的家,还可以是谁的家呢?在引导幼儿讨论完后,教师可以进行仿编示范,例如,教师可以编出“绿绿的大树是毛毛虫的家”。

3.启发幼儿想象仿编

幼儿想象仿编需要借助一些形象直观的教具,如图片、幻灯片或者实物等。例如,仿编《家》时,教师运用幻灯片分别向幼儿展示大海、草地、田野等图片,引导幼儿观察想象:这些地方可能是谁的家呢?当幼儿熟悉了仿编的格式后,教师应鼓励幼儿脱离图片,自由联想仿编。

4.教师对幼儿仿编的内容进行串联和总结

教师在幼儿仿编时,应认真记下幼儿仿编的内容,以便在仿编结束时进行串联和总结。教师可以引导幼儿朗读自己仿编的诗歌,也可以将幼儿仿编的内容加在原诗歌的后面。

需要教师注意的是,不同年龄班诗歌、散文仿编的重点会有所不同。小班仿编活动的重点是要求幼儿在原有画面的基础上更换某一个词语,通过更换词汇来体现文学作品画面的变化;中班仿编活动的重点是要求幼儿通过更换一个词语从而构成句子的变化;大班仿编活动的重点是要求幼儿对原来的文学作品的结构进行部分变动。教师也可以根据幼儿已有的知识经验仅向幼儿提供一个开头作为仿编的线索,引导幼儿独立完成文学作品的仿编活动。大班幼儿的仿编在结构上的限制相对少一些,允许幼儿大胆想象进行再创造。仿编完成后,教师与幼儿进行整理,理解新的作品。

(二)故事创编活动的设计与组织

故事创编是在理解故事、积累相关知识经验的基础上,尝试运用语言编出符合结构规则的故事的一种活动。故事创编是一种创造性的语言活动,有利于训练幼儿的创新思维能力,拓展幼儿的想象空间。幼儿进行故事创编活动需要具备两个必要条件:一是经验和语言准备;二是创编动机。教师可根据幼儿感兴趣的事确立题目或主题,引导幼儿进行创编,并及时把握幼儿的构思和灵感,因势利导,进行故事创编活动。在故事创编活动中,教师要注意创设宽松愉悦的氛围,启发幼儿大胆想象,鼓励幼儿积极讲述。幼儿创编故事需要具有一定的生活经验并且有较强的语言表达能力，因此，不同年龄班的故事创编有不同的要求。小班可创编故事结局，中班可创编高潮或结局部分，大班可进行完整故事的创编。在创编故事活动中，教师要把握以下四个要点。

1.教师应帮助幼儿理解故事作品的构成要素包括故事的时间、地点、人物、情节等。

2.丰富幼儿的知识与经验。教师要鼓励幼儿多观察周围的事物，了解一些粗浅的自然科学现象，如人与自然的关系、动植物与自然的关系。通过这些直接经验和间接经验的积累，为幼儿创编故事提供内容上的准备。

3.丰富幼儿的词汇，提高其语言表达能力。教师应创设一些情境让幼儿运用词汇说一句话或一段话；另外，引导幼儿学习一些故事、童话中优美的词汇、句式，并感受、理解故事作品的语言表达方式。采用替代的方式，增强幼儿对句式的理解和认知。

4.在创编活动中应该注重故事的教育性和启发性。

（三）猜谜、编谜活动的设计与组织

猜谜和编谜是启迪幼儿智慧的趣味游戏，通过猜谜、编谜活动可以巩固幼儿的社会认知，提高幼儿的思维敏捷性及概括能力。因此，此类教学活动应在幼儿具有一定生活经验及分析事物能力的基础上进行。由于小班幼儿的认知能力有限，所以猜谜、编谜活动较适合在中、大班进行。幼儿猜谜活动的谜面应浅显易懂，谜底多为幼儿生活中常见的事物。如谜面：上边毛，下边毛，中间一粒黑葡萄；谜底：眼睛。再如，谜面：耳朵大大像扇子，鼻子弯弯像钩子，腿儿粗粗像柱子，尾巴细细像绳子；谜底：大象。

1.猜谜活动的设计与组织

（1）教师应创设情境，引发幼儿的兴趣。教师可以利用实物、动作、语言游戏等，引发幼儿参与的兴趣。

（2）教师介绍谜语的构成并示范讲解猜谜的方法。教师通过讲解，使幼儿知道谜语由谜面、谜目和谜底三部分构成，幼儿需将谜面的每一句进行分析、理解，找出其特征并进行综合判断。教师可结合图片、幻灯片等，引导幼儿观察谜面事物的特征。比如，教师出示大象的图片，让幼儿观察其耳朵、鼻子、腿、尾巴等部分，描述其特征。

（3）教师引导幼儿猜谜。首先，教师朗读谜面，幼儿倾听；其次，教师引导幼儿逐字逐句进行分析，引发幼儿思考、判断和讨论；最后，出示谜底，师幼进行核对。教师可利用实物或图片、模型进行对照，分析谜面。

（4）幼儿识记谜语儿歌，理解、记忆并朗诵谜语儿歌。

2. 编谜活动的设计与组织

编谜语需要幼儿具有猜谜的生活知识经验，因此，编谜语一般在猜谜活动的基础上进行。中、大班幼儿思维十分活跃，已具备初步的抽象思维能力，有十分强烈的探索欲望和表现欲，进行编谜活动能够促进幼儿语言概括能力和逻辑思维能力的发展。编谜活动的设计与组织一般包括以下环节。

（1）教师通过剖析谜语，引导幼儿认识谜语的特点和基本结构，即谜语由谜面、谜目和谜底构成，谜面中不能说出谜底，但谜面中的每一句话描述的都是和谜底有关的内容。

（2）教师示范编谜语。教师向幼儿说明编谜的要求，让幼儿明确编谜的规则，通过示范，让幼儿明白编谜可从事物的本质特征入手，如形状、颜色、用途、生活习性等，要求编出的谜面语言工整，短小精练。

（3）教师引导幼儿仿编谜语。教师通过启发提问，引导幼儿仿编谜语，并进行指导，帮助幼儿修改。

（4）整理谜面，幼儿背诵自编谜语。

（四）绕口令活动的设计与组织

绕口令结构巧妙，短小活泼，语言直白，生动有趣，深受幼儿喜爱。进行绕口令的语言游戏，可以让幼儿口齿清晰、辨音咬字准确，提高幼儿的口语表达能力，使幼儿说话敏捷，发音准确。在进行绕口令教学时，教师应根据各年龄班幼儿发音特点和本班幼儿的实际发音水平，来选择难易不同的绕口令，进行不同内容的练习。小班重点练习正确发音；中、大班可进行相似音、绕口音的绕口令练习，加强语速训练，训练快速反应能力。

1. 绕口令活动的具体步骤

（1）创设情境，激发幼儿朗诵绕口令的兴趣。

（2）教师示范朗诵绕口令，让幼儿对绕口令有一个完整的认知。教师应注意发准相似音，吐字咬字清晰。

（3）教师结合直观教具引导幼儿发准相似音、绕口音。

（4）教师引导幼儿学习朗诵绕口令。教师可通过讲解、分析、归纳等多种手段帮助幼儿理解绕口令；也可以采用多种形式的朗诵，如分句朗诵、小组朗诵、幼儿跟读等，加深幼儿的记忆。教师应及时纠正幼儿不正确的发音，使幼儿掌握正确的发音方法。

（5）教师示范快速朗诵绕口令并引导幼儿快速朗诵绕口令，训练幼儿快速发音的能力。

2.绕口令活动的指导要点

(1)教师应熟练掌握绕口令的内容。

(2)教师示范朗诵时应用正常的语速,发准相似音;注重纠正幼儿的发音,帮助幼儿纠正唇、舌、喉等发音部位和口型,掌握发音的技巧。

(3)教师可以通过形象生动的情境帮助幼儿感知、理解绕口令的内容,加深幼儿对绕口令的理解和记忆。[①]

典型案例

中班语言教案:如果我能飞[②]

一、设计意图

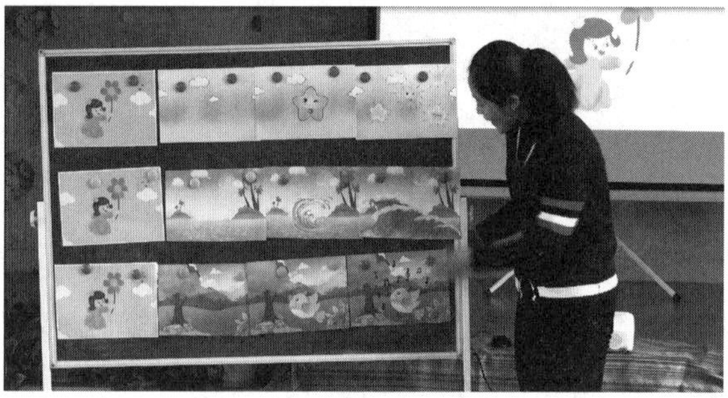

图8-4　诗歌创编教学

《纲要》中语言教育目标内容要求教师引导幼儿接触优秀的儿童文学作品,使之感受语言的丰富和优美,并通过多种活动帮助幼儿加深对作品的体验和理解。中班是幼儿口语表达快速发展的阶段,简短而又朗朗上口的儿歌正是促进幼儿语言发展的最好载体,优美的诗歌又能从美育方面达到更好的效果。《如果我能飞》这首诗歌的动作表现性很强,符合中班幼儿好动的特点,并且其内容具有很强的情景感,可以利用游戏化的活动设计把幼儿带到诗歌所描绘的特定情境中,使他们身临其境地感受、学习诗歌,从而带动幼儿创造性思维的发展。因此,我选择了这篇能反映学前儿童纯真好奇的情感世界和丰富想象力的诗歌作品并制定了以下活动。

二、活动目标

1.情感目标:

感受诗歌优美的意境,激发幼儿对儿童诗歌的兴趣。

① 姜晓燕,郭咏梅.学前儿童语言教育[M].3版.北京:高等教育出版社,2019:105-107.

② 本案例由云南省丽江市古城区含若含蜜幼儿园梁芳老师提供。

2.认知目标：

理解诗歌《如果我能飞》中“闪闪发光”“随波舞蹈”“快乐歌唱”的内涵。

3.技能目标：

能用“如果我能飞，我要飞到哪里，变成了什么，去做什么”的诗歌句式进行仿编。

三、活动重难点

1.活动重点：

在体验互动的过程中，理解诗歌并学会朗诵诗歌。

2.活动难点：

活动中幼儿能善于思考、大胆互动，用自己的语言正确表达并根据诗歌仿编。

四、活动准备

1.物质准备：

图谱、背景音乐、白板、画纸、画笔、PPT 图片。

2.经验准备：

幼儿提前学习并掌握音乐《飞呀飞》的律动。

五、活动过程

1.谈话导入，激发幼儿兴趣。

教师带领幼儿跟随音乐《飞呀飞》的律动从外面入座，然后提问引出今天活动的内容。

2.初步感知，欣赏诗歌。

(1)播放轻音乐，教师有感情地朗诵诗歌。

问题 1：诗歌的名字叫什么？

问题 2：小朋友听到诗歌里都说了些什么吗？

(2)播放轻音乐，教师加上肢体动作再次朗诵诗歌。

问题 1：听了这首诗歌你们有什么感受？

问题 2：在诗歌里，我都飞到了哪里？(分别根据幼儿答案总结出不同地方。飞到了：蓝天上、大海上、森林里。幼儿回答的内容以图卡的方式进行展示。)

3.深入体验诗歌的内涵。

(1)教师借助图卡第三遍朗诵诗歌。

①诗歌朗诵结束后 PPT 上展示出三句诗歌的对应图卡。

②借助 PPT 展示的图卡让幼儿对诗歌中“飞到哪里，变成了什么，去做什

么”的句式进行学习与理解。(教师引导幼儿完整说出句式。)

(2)集体朗诵,引导幼儿大胆表现。

教师再次结合图谱,带领幼儿一起完整连贯、有感情地朗诵诗歌。

(3)幼儿分组朗诵练习,并用动作、表情、眼神加以表现。

①小女生有感情地朗诵。

②小男生再次朗诵。

4.拓展想象,幼儿仿编。

(1)教师示范仿编:如果我能飞,我要飞到草原上,变成一匹骏马,自由奔跑(教师结合PPT展示自己的仿编,帮助幼儿理解。)

(2)幼儿仿编。

教师提出句式要求。

①教师出示PPT图片,幼儿练习仿编。

②幼儿自由仿编。(教师在白纸上画出幼儿表达的诗句内容。)

5.活动结束

幼儿伴随着《飞呀飞》的律动有序离场。

六、活动延伸

幼儿回家后把自己仿编的诗歌《如果我能飞》与爸爸妈妈一起画出来,教师把幼儿仿编绘画出的诗句装订成册投放到阅读区。

附:诗歌《如果我能飞》

如果我能飞,我要飞到蓝天上,变成一颗小星星,闪闪发光。

如果我能飞,我要飞到大海上,变成一朵小浪花,随风舞蹈。

如果我能飞,我要飞到森林里,变成一只小鸟儿,快乐歌唱。

典型案例

大班故事欣赏活动:“野猫的城市”[①]

【活动目标】

1.感知理解故事中富有童趣的内容、情节,感受野猫的性格,知道野猫眼中的城市和现实生活中的城市的差异。

---

① 康素洁,李欢欢,陈梦明.学前儿童语言教育与活动指导[M].长沙:湖南师范大学出版社,2020:126-129.

2.能够用语言归纳及清楚地表达自己对城市的观点。

3.增进对我们的城市的认识和喜爱。

【活动准备】

1.经验准备：

(1)幼儿对城市有一定的认识(可事先由教师组织幼儿参观我们的城市，也可由家长配合完成)。

(2)幼儿已了解了写信的基本格式，掌握了打电话的基本方法。

2.物质准备：

(1)野猫手偶一只；多媒体课件(《野猫的城市》动画课件及PPT、城市的相关PPT)。

(2)大小积木、插塑、油泥等各种可供幼儿拼搭的建筑及表现城市的材料。

(3)野猫、斑马、花奶牛、小鹿、大河马、小鼯鼠等动物胸饰若干。

【活动过程】

活动一：故事欣赏活动“野猫的城市”

1.创设情境，为引出故事做铺垫

(1)导入语：小朋友，你们见过猫吗？老师这里有一只特殊的猫，我们用掌声把它请出来好吗？

(2)出示野猫手偶：大家好！我是一只生活在城市里的野猫，是一只会说话的野猫。前几天，我去了一趟森林，给森林里从没见过城市的动物们介绍了咱们的城市。小朋友们想知道我是怎样给动物们介绍城市的吗？

2.初步感知，欣赏故事

教师用生动形象的语言，绘声绘色地完整讲述一遍故事，然后通过提问的方式，引导幼儿初步感知，欣赏故事。提问：

(1)故事的名称是什么？

(2)森林里的动物们见过城市吗？动物们有什么样的想法？

(3)野猫是通过什么样的方式来介绍城市的呢？

(4)故事中出现了哪些动物？

3.理解、体验故事

播放《野猫的城市》动画课件，引导幼儿进一步理解故事内容，熟悉故事的角色、情节、人物性格特征。提问：

(1)野猫是怎么描述城市斑马线的，又是通过什么方式来帮助动物们理解城市斑马线的？这时，动物们觉得城市是个什么样的地方？（要求幼儿复述故事中斑马的原话："看来城市是一个很疼的地方。"）

（2）野猫是通过什么方式来描述城市很大很大的？野猫是在谁的帮助下站到了花奶牛的身旁？野猫在花奶牛身上画城市地图时，动物们觉得城市是个什么样的地方？（要求幼儿复述故事中花奶牛的原话："看来城市是一个很痒的地方。"）

（3）在野猫眼中，城市还有一个很特别的地方是什么？城市里的爸爸是不是都喜欢在抽水马桶上看报纸呢？野猫拉着哪两种动物进行了示范呢？在野猫的示范下，动物们觉得城市是个什么样的地方？（要求幼儿复述故事中小鼯鼠的原话："看来城市是一个没羞的地方。"）

（4）森林里的动物们喜欢野猫的城市吗？为什么？

（5）野猫有没有帮助动物们正确地认识我们的城市呢？

（6）你喜欢故事里的野猫吗？你喜欢野猫的城市吗？

老师引导幼儿共同小结：故事中的野猫有点儿自以为是，扬扬得意，用了自己以为很正确的比喻来介绍城市。但因为它描述得不清楚，让森林里的动物觉得城市是一个很疼、很痒、没羞的地方，所以动物们都不喜欢野猫所讲的城市了。

4.复述与表演故事

结合《野猫的城市》PPT课件，教师带领幼儿复述一遍故事，引导幼儿更深入地理解故事内容、熟悉角色，要求幼儿尝试用不同的声音、语调、动作和表情来表现故事中的不同角色。

教师运用胸饰引导幼儿集体表演故事，感受故事富有童趣的内容、情节，体验集体表演故事的乐趣。

5.教师以开放性提问结束活动

师：小朋友们，如果你到森林里去，你想告诉动物们我们的城市是什么样的？

活动二：建构活动"我们的城市"

教师可将全班幼儿带到建构游戏室，或将各种建构材料置于活动室的不同区域。可预设下列几组建构活动：

（1）城市里的马路与车站；（2）城市里的公园、儿童乐园；（3）城市里的商店;(4)城市里的医院;(5)城市里的幼儿园;(6)城市里的家庭。

"建构城市"的活动不同于一般意义的结构游戏。它应是在现有场景的基础上,融入幼儿自己的知识经验,进行再创造的活动。为了实现这个目标,活动开始时可以围绕"市里的马路和车站"等几个预设主题进行讨论,并鼓励幼儿创造新的建构主题;让幼儿按照自己的意愿自由结伴、自由选择区域、自主建构,引导每位幼儿都积极主动地参与活动。教师巡回观察指导。

"城市"建构好以后,教师通过和幼儿一起评价自己建构的"城市",激发幼儿做城市小主人的自豪感,愿意去森林里给动物们介绍我们的城市。

活动三:讲述活动"我们的城市是这样的"

(1)教师和幼儿一起把建构游戏室或活动室布置成森林里的场景,邀请其他班的教师或小朋友戴上胸饰扮演森林里的动物们。

要求幼儿想一想应当告诉动物们"我们的城市是什么样的",然后每一组推选出一位讲述的代表,带领动物们看大家建构好的"城市",分别讲述"我们的城市是这样的"。

(2)引导幼儿写信或打电话给森林里的动物们,向它们介绍我们的城市,帮助森林里的动物们真正地认识我们的城市。

活动四:创编故事《野猫的城市》

(1)播放《野猫的城市》动画课件,引导幼儿重温故事。

(2)演示《野猫的城市》PPT课件,教师带领幼儿再次复述故事。

(3)以提问的方式激发幼儿想象,引导幼儿创编故事情节。

【活动延伸】

1.区角活动:

(1)语言区:将野猫、斑马、花奶牛、小鹿、大河马、小鼯鼠等动物胸饰投放到语言区,让幼儿在自由活动时间按自己的意愿表演故事及创编故事。

(2)阅读区:将绘本《野猫的城市》投放到阅读区,让幼儿在自由活动时间或阅读时间阅读绘本。

2.亲子活动:

建议家长与幼儿一起讲述故事、表演故事或创编故事。

附童话故事：

野猫的城市

森林里住着许多动物，它们都没见过城市，很想知道城市是什么样的。

有一天，从城里来了一只野猫，动物们见了，一起围着它问长问短，想请它说说城市的事情。

野猫可得意啦。它摇晃着脑袋，东瞧瞧、西看看，然后皱着眉头说："城市太大了。我怎么能用嘴巴讲得清楚呢？"忽然，它拍拍脑门，"有了，让我来比画给你们看吧！"

野猫先让斑马躺在地上。它告诉动物们，城市有许多马路，人们过马路要踩着斑马线走。接着，它就带领所有的动物从斑马的身上走了过去。斑马躺在地上觉得受不了，站起来踢踢脚，说："看来城市是一个很疼的地方。"

野猫又叫小鹿驮着它，站到了花奶牛的身旁。它对动物们讲，城市很大很大，有一种地图像花奶牛身上的图案，这一块那一块表示不同的地方。野猫边说边用手指在花奶牛身上画来画去。花奶牛忍不住呵呵地笑着躲开它，说："看来城市是一个很痒的地方。"

野猫想了一想，又拍拍脑门说："对了，城市还有一个很特别的地方，城市里的爸爸都喜欢坐在抽水马桶上看报纸。"为了说明这一点，它让大河马张开嘴巴当抽水马桶，自己坐在上面，又拉开小鼯鼠的两手装出读报纸的样子。森林里的动物们看得目瞪口呆，谁也说不出话来。正在这时，大河马闻到了一点儿不好闻的味儿，它打了个喷嚏，把野猫给扔了出来。哎哟，野猫刚落地，就听见小鼯鼠轻轻地咕哝："看来城市是一个没羞的地方。"

野猫讲的城市没人要听了，森林里的动物都不喜欢野猫的城市。

有一天，一辆城里来的汽车开进了森林，车上下来了许多小朋友。动物们远远望着他们都在想一件事：城市真的像野猫讲的那样吗？

小朋友，如果你也从那辆汽车里走下来，你想对森林里的动物说些什么？你说我们城市是什么样的呢？

本章小结

本章作为专门的语言教育活动中一种重要的类型，核心内容如下：

1. 学前儿童文学活动是以0~6岁儿童为对象，围绕学前儿童文学作品而开展的适合学前儿童认知特点和接受能力的系列教育活动。这类活动通常从一个具体的文学作品入手，围绕这个作品开展一系列相关的活动，帮助儿童理解文学作品所展示的思想感情和优美的语言，引导儿童迁移文学作品中的经验，大胆想象和创造性地运用语言表现生活，从而促进学前儿童语言的发展。

2. 幼儿园常用的文学活动主要有故事活动、诗歌和散文活动。

3. 学前儿童文学活动环境的创设包括创设适宜的主题墙和有利于开展文学活动的区角环境。

4. 学前儿童文学活动的设计与组织包括学习文学作品，理解、体验作品，迁移作品经验，创造性想象和语言表述四个方面。

思考与实训

1. 结合篇首案例破冰中的实际问题，运用本章所学知识，尝试回答学前儿童文学活动的特点是什么。

2. 以小组为单位，分别设计一篇幼儿故事、诗歌和散文活动的方案。要求制作活动所需要的课件、教具，开展模拟试教，并进行评价。

专题探讨

背景资料："生活不只眼前的苟且，还有诗和远方。"这句话近年来成为网络热点，也成为"鸡汤文"中的高频句子。人们对于诗和远方的向往也延伸到了对于为什么读诗、学诗的话题上。国内知名网络平台知乎上曾有这样一个热门问答："你为什么要让自己的孩子读诗学诗?""我不想我的孩子将来在看到美景的时候只会说'哇塞''我靠'，而是能缓缓吟诵出'落霞与孤鹜齐飞，秋水共长天一色'。"此回答获得了过万的点赞。

探讨：请结合本章学习内容，分析背景资料中的观点，并谈谈你对学前儿童诗歌学习的看法。

第九章

学前儿童早期阅读活动

学习目标

- 了解早期阅读的基本概念及其对学前儿童发展的意义；
- 掌握早期阅读的内容、特点及教育目标(核心经验)；
- 能够在幼儿园开展早期阅读教育活动。

学习重难点

- 重点：早期阅读的内容、特点及教育目标；
- 难点：运用早期阅读的理论知识在幼儿园开展早期阅读教育活动。

案例破冰

早期阅读：读什么？

在早期阅读的问题上，早期识字历来是不可回避的敏感问题。在学前期开展早期阅读是否有可行性和必要性？它与早期识字的关系如何？历来是幼教同人持有争议的一个话题。不乏反对者，也有赞成者。反对者认为：所谓早期阅读实际上就是早期识字，把小学读写任务提前至托儿所、幼儿园，它加重了儿童的负担与压力，甚至助长了婴幼儿的厌学情绪。也有人认为：早期阅读主要是提高婴幼儿看图说话的能力，换言之也就是训练婴幼儿视觉识别和口头语言表达的能力，应该避免出现文字识别现象。因为汉字是一种象形文字，并被认为是世界上最难的文字，孩子是很难学习与掌握的。孩子应先学说话，大了以后再教他认字读书。若孩子尚不会几句话，父母或成人是断然不会教他识字的。赞成者认为:早期识字势在必行,因为婴幼儿已经具备识字的生理、心理机制。心理学家的实验也证明,婴儿在开口说话之前,成人已经能够教会他们认识和分辨约200个汉字。另外,早期阅读应该从何时开始?应该"读"什么呢?本章内容会给我们带来一定的启示,来帮助我们解答上述问题。

第一节　学前儿童早期阅读概述

一、早期阅读的概念

知识是人类进步的阶梯，阅读是传承人类文明必不可少的活动，也是获取知识和了解世界的重要途径。《纲要》和《指南》的颁布，引发了广大幼教工作者们对早期阅读这一理念的讨论与重视。

学习研究

这些行为属于早期阅读吗？

情景一：上小班的明明十分喜欢看图画书，每天晚上回家后都要在自己的小书架旁待上好久好久，有时候，明明不认识书中的字，还要追着上小学的姐姐问，让姐姐讲故事给他听。

情景二：佳佳假装看得懂报纸，经常学着爸爸的样子翻来翻去，煞有介事地阅读，有时候口中还念念有词。当她发现其中有好多个“王”字出现时，立刻问妈妈：“这里怎么都是我的名字？”

情景三：豆豆妈妈十分重视豆豆的学习，从小班起就让豆豆上阅读课、学习识字卡片、玩识字游戏，现在豆豆5岁了，还让豆豆学写生字、背古诗。

近年来，家长与幼儿教师们也越来越重视如何提升幼儿的阅读能力这一问题，但在开展阅读活动的过程中不免存在着些许问题。例如，周兢就曾指出“早期阅读”并不等同于“早期识字”，这是完全不同的两个概念，但在许多幼儿园中，多种多样的阅读教学材料打着“早期阅读”之名来推行“早期识字”，由于家长与教师并没有理解“早期阅读”真正的概念，使得这些对幼儿百害而无一利的教学材料在幼儿园泛滥。[①]因此，我们在探讨早期阅读的意义与价值的同时，必须深入思考“早期阅读”的真正含义，在理解其内涵的基础上探究如何开展有价值的早期阅读活动。

① 周兢.早期阅读发展与教育研究[M].北京：教育科学出版社，2007：3.

在国外的相关研究中，对于“早期阅读”的定义最早可追溯到玛丽·克莱(Marie Clay)提出的“萌发读写”这一概念，“萌发读写”指的是儿童在进入学校前获得的关于语言、阅读和书写方面的知识。此外，美国国家研究院早期阅读委员会在《预防阅读困难——早期阅读教育策略》的报告中指出，适当的早期阅读指的是从印刷品中获得意义，有足够的频繁且深入的阅读机会，定期、经常面对拼写—语音关系，了解字母书写机制的本质以及理解口语单词的结构等。

《纲要》对语言教育的基本要求是“培养幼儿对生活中常见的简单标记和文字符号的兴趣。利用图书、绘画和其他多种方式，引发幼儿对书籍、阅读和书写的兴趣，培养前阅读和前书写技能”。同时《指南》在“阅读与书写准备”这一项提出了3个目标：喜欢听故事，看图书；具有初步的阅读理解能力；具有书面表达的愿望和初步技能。由此可见，在国家颁布的有关幼儿教育的指导文件中，对早期阅读的关注点多在培养幼儿的阅读兴趣、语言意识与读写能力的初步发展等方面。

随着对早期阅读的深入研究与探讨，国内相关学者对早期阅读的概念也有了丰富与拓展。周兢认为，早期阅读是儿童接触书面语言的形式和运用的机会，是儿童发展语言和元语言能力的机会，是儿童掌握词汇构成和文字表征的机会，同时也是儿童学习读写的机会。“早期阅读”与“早期识字”的根本区别就在于，早期阅读注重培养幼儿的自主阅读能力，而早期识字仅致力于让孩子们在幼儿阶段会识字写字。①还有学者指出，早期阅读是指0~6岁学前儿童凭借变化着的色彩、图像、文字和成人形象的讲读，来理解以图为主的低幼儿童读物内容的活动过程，是一个集观察、思维、表达等多种认知于一体的综合过程。②

综上所述，在此对早期阅读的概念可以定义为：早期阅读是以学前期儿童为主体，以发展幼儿认知、书面语言表达、读写等方面能力为目标，运用听、说、读、看，甚至身体动作等多种方式，凭借图画、色彩、文字以及成人的语言讲解来理解以图画书为主的阅读材料的活动，而不仅仅局限于传统的识字学习、图书阅读，它具有更为广泛和深刻的内涵与价值。

二、早期阅读对学前儿童发展的意义

早期阅读对学前儿童身心和谐发展具有重要的意义。随着人们教育理念的更新，早期阅读也越来越受到家长与教师的重视，其对学前儿童发展的意义主要包括以下6个方面。

① 周兢.早期阅读发展与教育研究[M].北京：教育科学出版社，2007：6-7.
② 张明红.关于早期阅读的几点思索[J].学前教育研究，2000(4)：17-18.

（一）促进学前儿童大脑及智力的发展

《春秋穀梁传》中有这样一句话："人之所以为人者，言也。人而不能言，何以为人。"人区别于动物的一个重要标志就是语言。已有研究证实，语言在人脑的进化中起到重要的作用，且幼儿时期是大脑发育的高峰时期，6~7岁幼儿大脑的重量已经接近成人。阅读中枢位于大脑皮层中央回后部，因此开展早期阅读活动有助于刺激幼儿大脑的发育。此外，加德纳提出的多元智能理论认为，人至少具有8种智能，而言语语言智能就是其中之一，也是人类智力的重要组成部分。早期阅读能够促进幼儿言语语言智能的发展，从而促进幼儿智力的发展。

（二）预防学前儿童阅读困难与阅读障碍问题的发生

"阅读困难"最早是由美国凯瑟琳·斯诺（Catherine Snow）领衔组成的早期阅读委员会，就美国早期阅读教育问题提交的《在早期预防儿童阅读困难》研究报告中提出，他们从预防阅读困难的角度提倡早期阅读。研究发现，早期阅读对儿童未来的阅读能力和学业成就具有预测作用：儿童早期口语词汇的丰富性与复杂程度，阅读的动机、兴趣、方法等，是预测他们未来阅读能力以及检测他们是否存在阅读困难的指标。经过学者们的多年研究证实，引起儿童阅读困难的因素有遗传、环境与教学3个，其中环境和教学这2个因素需要引起人们的重视。因此，阅读困难三级预防也同样受到人们的关注：①初级预防——降低阅读困难的发生率；②二级预防——降低阅读困难现有儿童的流行率，推行补偿技巧和补偿行为；③三级预防——降低已有阅读困难问题或情况的复杂程度。[①]

"阅读障碍"是一个特殊的学习障碍，泛指阅读、书写或者拼写方面的障碍。2002年国际阅读障碍协会对阅读障碍的定义为：一种基于神经生物学的特定的学习障碍。其特点是不能准确流畅地识别单词、拼写和解码能力差。阅读障碍包括获得性阅读障碍和发展性阅读障碍两类，前者是后天脑损伤形成，后者是遗传和环境共同作用的结果。[②]但无论是阅读困难还是阅读障碍，科学的早期阅读能够有效地预防以上问题的发生。

（三）丰富学前儿童的词汇，发展学前儿童的语言表达能力

学前期是语言发展的关键期，2~4岁是表达语言发展的关键期，幼儿通过早期阅读能够接触大量丰富的语言和词汇，不论是幼儿在自主阅读中借助图片直观具体形象

---

① 周兢.早期阅读发展与教育研究[M].北京：教育科学出版社，2007：2-3.

② 彭聃龄.汉语儿童语言发展与促进[M].北京：人民教育出版社，2008：448.

地理解和学习新的词汇，还是借助成人的语言讲解，在倾听与互动中发展自己的表达能力，都能够有效促进幼儿口头语言的发展。此外，幼儿在阅读过程中，能够接受更为规范的语言与词句训练，让幼儿在无形中进行模仿学习，在潜移默化中规范自己的语言表达方式。

（四）激发学前儿童的阅读兴趣，培养良好的阅读习惯

兴趣是最好的老师，高质量的早期阅读材料多是色彩丰富有趣、图文并茂的，符合幼儿的年龄与兴趣特征，科学的早期阅读活动能够激发幼儿阅读的兴趣。心理学相关研究表明，学前期是培养幼儿形成良好习惯的最佳时期，且一旦形成，持续的时间也会更持久。阅读应是伴随幼儿一生的好习惯，因此早期阅读能促进幼儿良好阅读习惯的养成，为幼儿的终身学习打下坚实基础。

（五）促进学前儿童的认知、情绪情感的发展

早期阅读能够促进幼儿感知觉、记忆、思维、想象等方面的发展，学前期幼儿正处于具体形象思维阶段，他们通过具体的事物和形象来理解世界，多种多样的早期阅读材料通过色彩丰富的图画、易于理解的短句，让幼儿在阅读过程中不断地观察，在对人物、背景等的认知过程中促进感知觉的发展。依靠自己的想象、形象思维对材料进行加工，在阅读过程中对情节进行假设、猜想，都是幼儿思维能力发展的重要表现，以及阅读后对内容的回忆，都能极大地促进幼儿记忆能力的发展。此外，幼儿在阅读过程中，能够切身感受书中人物角色的形象，能够根据情景和自身经验再现角色情绪，并产生移情反应。①综上，丰富的早期阅读材料能够极大地促进幼儿认知能力的发展，丰富幼儿的情绪情感体验。

（六）促进学前儿童人格和社会性的发展

学前儿童的人格发展包括自我意识的形成以及性格、个性的初步发展。学前儿童在阅读过程中，能够对书中人物的个性特征形成一定的认知，并结合自身体验，调控自身行为，不断形成自己独特而又稳定的人格特征。此外，阅读材料中有许多促进儿童社会性发展的内容，且早期阅读活动经常需要与同伴、家长或者老师之间的互动来进行，因此，儿童在阅读过程中可以不断丰富社会性意识，掌握交往技能。

---

① 周兢.幼儿语言教育与活动指导[M].北京：高等教育出版社，2015：146.

三、早期阅读的内容及其特点

（一）早期阅读的内容

《纲要》中明确地把幼儿早期阅读方面的要求纳入语言教育的目标体系，提出要“培养幼儿对生活中常见的简单标记和文字符号的兴趣；利用图书、绘画和其他多种方式，引发幼儿对书籍、阅读和书写的兴趣，培养前阅读和前书写技能”。而早期阅读活动主要就是为学前儿童提供3种经验，即前阅读经验、前识字经验和前书写经验。

1.前阅读经验

（1）前阅读的基本概念

《纲要》中明确指出要培养幼儿喜欢听故事、看图书的习惯和能力。在阅读材料上，幼儿主要以阅读图画书为主；在阅读对象上，成人的阅读主要以文字为主，而幼儿的阅读遵循着“从图画到文字”的过程。因此，幼儿的阅读是“前阅读”，有其自身的特点和需要。

“前阅读”主要是指以图画书为主要阅读材料，以图画为主要对象，从而获得图画书内容，产生意义的过程，即指幼儿凭借色彩、图像、文字、符号或通过成人形象地读、讲来理解读物的过程，可以是视觉、听觉、口语，也可以是触觉活动。

（2）前阅读经验的主要内容

“前阅读”主要培养儿童翻阅图书的经验，引导儿童学会翻书，知道图书内容代表一定意义，发现图书中角色的表情动作，能够串联起来理解一个故事。前阅读经验主要包括以下4个部分的内容。

①翻阅图书的经验：掌握一般的翻阅图书的规则方式。

②读懂图书内容的经验：学会看画面，能从中发现人物的动作、表情、背景，将其串联起来理解故事内容。

③理解图书、画面与口语有对应关系的经验：会用口语讲出画面内容。

④图书制作的经验：知道图书上的故事是作家用文字写出来的、画家用画表现出来的，最后装订成书。

2.前识字经验

（1）前识字经验的基本概念

幼儿认字，主要是对字形的再认，我们将儿童在正式学习识字之前，一些在生活环境中自然萌发的、对文字的习得和文字概念的获得称为“前识字”或“识字经验”。[①]因而我们可以说“前识字”是指在接受正式识字教育之前，儿童所获得的有关符号和文字在功能、形式和规则上的意识，并在有目的、有意义的情境中初步习得的符号和文字。

“前识字”与“识字”只有一字之差，在幼儿园的活动中，“前识字”的“前”主要体现在以下三个方面。

①活动目的的“前”：“前识字”活动不是以幼儿识字、认字为目的，而是以激发幼儿对符号和文字的兴趣，发展幼儿文字意识的核心经验为目的。幼儿在活动中获得文字再认是幼儿自然习得的结果。

②活动内容的“前”：“前识字”活动在内容上关注的主要是生活中的符号和文字，这些符号和文字是幼儿日常生活中经常接触，能直接感受甚至运用的，来源于幼儿的生活，并且在生活中有被幼儿使用的需要。

③活动方法的“前”：“前识字”活动注意在有意义的、生活化的情景中激发幼儿对符号和文字的兴趣，引导幼儿对符号和文字进行讨论，重视日常生活中的随机教育，采用游戏化的方式来进行。[②]

(2)前识字经验的主要内容

“前识字”不是机械地学习汉字、写汉字，而是要让儿童明白汉字是有意义的，了解汉字的功能和作用，知道汉字是如何演变并且简单了解书写规则。前识字经验主要包括以下六个部分的内容。

①知道文字有具体的意义：儿童可以把文字、口语与概念对应起来，可以对文字念出声音。

②理解文字功能作用的经验：例如让儿童知道我们可以将想说的话用文字写成信寄到别人手中，再转换为口头语言，别人就明白写信人的具体感受。

③粗晓文字来源的经验：初步了解文字是怎样产生的，文字是如何演变成今天这个样子的。

④知道文字是一种符号并可与其他符号系统转换的经验：例如认识各种交通与公共场所的图形标志，知道这些标志代表一定意思，可以用语言文字表现出来。

⑤了解识字规律的经验：让儿童明白文字有一定的构成规律，掌握这些规律就可以更好地识字。

⑥认识一些常见的汉字。

---

① 曹思敏.汉语儿童前识字发展研究[D].上海：华东师范大学，2010：47.

② 周兢.幼儿语言教育与活动指导[M].北京：高等教育出版社，2015：3.

3.前书写经验

(1)前书写经验的基本概念

“前书写”是幼儿进行的一种非正式的书写活动,或者说是一种口头语言的伴随物,和口头语言一起用来与周围人交流思想和感情。它经常掺杂着潦草的笔迹、奇怪的线条和随意安排的可识别的字形,很多儿童书写的东西常常与特定的场景紧密地联系在一起,只有在这些场景之下才可以被阅读和理解。

我们可以把“前书写”活动理解为:幼儿用笔或者其他书写替代物,通过感知、涂画、涂写、模拟运用文字或符号等形式,用图形和文字向周围的人传递信息、表达感情及构建“前书写”经验的游戏和学习活动。它可以是幼儿自发产生、自主进行的游戏活动,也可以是在成人的引导下进行的以游戏为主的学习活动。

幼儿“前书写”活动的形式是游戏;途径是感知、涂画、涂写、模拟运用文字或符号等;目的是培养幼儿“前书写”的能力以及与书写有关的态度、期望、情感、行为技能等,丰富幼儿的“前书写”经验,为进入小学做书写准备。所以“前书写”教育活动强调的是活动的过程,是幼儿对书写的一种体验或经验的获得,是对幼儿好奇心的满足和激发幼儿对书面语言的兴趣。

(2)前书写经验的主要内容

“前书写”不是写字,是为幼儿将来写字、写作而做的准备工作,通过书写形式(绘画样式)的练习,帮助幼儿感受汉字的特点,了解汉字的结构,知道汉字可以用什么工具书写,掌握前书写技能。前书写经验主要包括以下四个部分的内容。

①尽管学前阶段不要求学习写字,但是获得一些有关汉字书写的信息仍然很有必要,主要在幼儿园中大班进行,这有助于幼儿为进入小学后正式书写做好准备。

②知道汉字的基本间架结构,如汉字的上下、左右结构等。

③知道书写汉字的工具。

④学会用正确的书写姿势写字,包括坐姿、握笔姿势等。

(二)早期阅读的特点

1.早期阅读环境的丰富性

早期阅读旨在为儿童提供阅读经验,因此为幼儿创造良好的阅读环境在幼儿阅读活动中至关重要。向幼儿提供有较多阅读信息的环境不仅能激发幼儿的阅读兴趣,还能让幼儿在阅读活动中潜移默化地接受语言知识,主动探索、创新,以获得成功的喜悦。早期阅读环境主要包括以下两个方面。

(1)精神环境

阅读的精神环境主要指阅读的氛围。家长和教师要有意识地为幼儿营造宽松、自由的阅读氛围,多用引导性、鼓励性的语言,帮助儿童全身心投入阅读。此外,教师和家长要起到榜样示范作用,0~6岁儿童的言行主要来源于模仿,如果身边的家长、老师喜欢看书,有良好的阅读习惯,这就可以使儿童在浓厚的阅读氛围中耳濡目染、潜移默化地养成良好的阅读习惯和阅读能力。

(2)物质环境

在物质环境方面,家长和教师要给儿童创造一个相对独立、安静而又舒适的环境,提供一个光线充足、有文化氛围的活动空间,阅读场所的颜色不宜过于鲜艳或黯淡,需要和谐、淡雅的环境稳定儿童情绪,使儿童专注在阅读上。此外,教师还应为儿童提供足够多的阅读场所,而且这些阅读场所应含有较为丰富的阅读信息。

2.早期阅读目标的启蒙性

学前儿童的年龄特点决定了早期阅读是一种启蒙性、养成性的学习。美国心理学家推孟在天才发生学的研究成果中指出:有42%的天才男童和46%的天才女童,是在5岁前开始阅读的。可见,早期阅读对儿童阅读兴趣、习惯的形成有直接的影响,能帮助儿童启蒙阅读意识,养成良好、持久的阅读兴趣和习惯。儿童生来就有一种好奇心、探求欲。早期阅读不仅在于单纯发展儿童的阅读能力,更在于启蒙阅读意识,让儿童通过各种途径,接受各种信息,形成图书、印刷品和阅读的概念,即要看、要听、要读,通过养成性教育,为今后的学习做准备。

此外,早期阅读活动为学前儿童提供了众多有具体意义、形象生动的阅读内容,儿童在阅读过程中不仅要理解图书的主要内容,还要将图书的主要意思以口头表达的形式表现出来,这是阅读活动的一个主要目标。但同时要引起注意的是,早期阅读活动不是看图讲述活动,教师应将早期阅读活动的目标与看图讲述活动的目标区分开。①

3.早期阅读方式的综合性

学前儿童早期阅读的目标、内容决定了早期阅读是一种综合性的学习活动。儿童早期阅读的途径和方式是很宽泛的。他们可以凭借色彩、图像和成人语言及文字来理解以图为主的低幼儿童读物。儿童阅读的重点不在于阅读材料本身,而在于他们的心理需求和阅读时的多感官感悟过程。早期阅读这种综合性教育,贯穿于各种活动中,应与语言教育活动、其他领域教育活动紧密结合起来。同时,早期阅读是书面语言与

---

① 张明红.学前儿童语言教育(修订版)[M].上海:华东师范大学出版社,2006:59.

口头语言的结合,阅读活动必定会促进儿童口头表达能力的发展。

4. 早期阅读活动的游戏性

学前儿童游戏和早期阅读有共同的特点,游戏是早期阅读教育的基本策略。这一教育理念告诉我们,要组织具有儿童游戏特点的阅读活动,培养儿童对阅读的兴趣,让他们热爱阅读。一方面,我们可以设法把阅读当作游戏,借助儿童对游戏的热爱来激发儿童对阅读的兴趣,让儿童在游戏中自发地阅读并获得阅读的快乐;另一方面,我们需要积极探索让儿童在游戏中阅读的具体策略。教育者要更多地把指导行为转变为支持性行为,为儿童的游戏环境提供丰富的语言文字资料,让儿童在游戏中学习阅读。

四、早期阅读的教育目标

幼儿在日常生活中的确有阅读、识字、书写的需求,那么教师应该如何把握引导幼儿前阅读、前识字、前书写的“度”?应该以什么为目标?下文将具体探讨前阅读、前识字、前书写的教育目标。

典型案例

案例1[①]

角色扮演时,幼儿们想一起开一个医院。其中几个幼儿用图文的方式画好了“医院规划书”,包括看病流程图、医生工作须知等等,然后小医生们按照规划书中的步骤将医院顺利运转起来。

案例2

在母亲节前夕,每位幼儿都用自己的方式给妈妈“写”了一封信,在母亲节时当面读给妈妈听。

案例3

建构活动区内,幼儿们围着新购置的一幅建构玩具图展开阅读,并根据图纸进行拼搭与设计。

① 以下3个案例均为编者自编。

学前阶段培养幼儿早期阅读能力的意义巨大。国际早期阅读改革运动的口号就是“开端正确:培养成功的阅读者”。早期阅读目标作为靶向,对早期阅读的教育内容、教育环境的创设、教育措施的选择等都产生了影响。我们认为学前儿童早期阅读的目标可以总括为以下四个方面。

①促进学前儿童的语言发展。

②培养学前儿童终身阅读的习惯。

③拓宽学前儿童的认知经验。

④奠定学前儿童前阅读综合能力。

《纲要》提出:“培养幼儿对生活中常见的简单标记和文字符号的兴趣;利用图书、绘画和其他多种方式……培养前阅读和前书写技能。”《指南》在语言领域单独列出阅读与书写的板块,具体目标包括:喜欢听故事,看图书;具有初步的阅读理解能力;具有书面表达的愿望和初步技能。

卢伟将早期阅读活动的目标分为态度、技能、认知、情感四个维度,并就每一维度提出了具体可操作的早期阅读教育目标。[①]周兢在《早期阅读发展与教育研究》中指出,早期自主阅读能力的核心构成应包括:口头语言与书面语言对应的能力、书面语言的视觉感知辨别能力、成为流畅阅读者的策略预备能力。[②]赵寄石、楼必生对小班、中班、大班幼儿早期阅读的目标都做了详细的说明,整体可以概括为听、说、读、写四个方面的内容。[③]

幼儿园早期阅读的核心经验可以划分为前阅读、前识字和前书写三类。前阅读的核心经验:良好阅读习惯和行为的养成,阅读内容的理解和阅读策略的形成,阅读内容的表达与评判。前识字的核心经验:获得符号和文字功能的意识,发展符号和文字形式的意识,形成符号和文字规则的意识。前书写的核心经验:建立书写行为习惯的经验,感知理解汉字结构的经验,学习创意书写表达的经验。

根据周兢对幼儿园早期阅读活动的划分,前阅读、前识字和前书写三个方面的具体目标表现如下。

(一)前阅读的教育目标

苏霍姆林斯基认为,幼儿的智力发展取决于良好的阅读能力。但良好的阅读能力不是与生俱来的,需要特定的方法进行引导培养。那么,前阅读的教育目标就是培养

---

① 卢伟.学前儿童语言教育活动指导[M].3版.上海:复旦大学出版社,2013:110-112.

② 周兢.早期阅读发展与教育研究[M].北京:教育科学出版社,2007:66-71.

③ 赵寄石,楼必生.学前儿童语言教育[M].2版.北京:人民教育出版社,2003:78.

良好阅读能力的靶向。在情感态度方面，产生对阅读的兴趣并培养良好的阅读习惯；在认知方面，理解并表述阅读内容；在技能方面，初步形成阅读策略与方法。

1.情感态度

在前阅读阶段形成对阅读的积极态度和良好习惯对未来更高级的阅读会产生深刻的影响。在一项预示未来阅读成功和失败的因素的调查研究中发现，儿童乐于参与有关阅读的各种活动并愿意从早期的读写活动和随后的正规学校指导中获益，是众多影响阅读成功因素中比较重要的因素。良好的阅读习惯包括对书本的爱护、对书架的整理、定期阅读等。

2.认知

通过前阅读，幼儿会对阅读材料进行初步的感知，知道“是什么”“有什么”等表层的内容；其次，幼儿会根据自己已有的经验加工内容，从而建构更丰富形象的知识体系，挖掘出“为什么”“如果这样”等深层的内容，并形成自己独特的理解。

3.技能

幼儿在最初进行阅读活动的时候由于缺乏阅读的策略和方法，往往只会漫无目的地翻阅，但在成人的引导下，幼儿逐渐掌握了阅读的策略和方法，通过类比、联想、预判等，联系时间的先后顺序，抓住事件的发展脉络。幼儿越早掌握阅读的策略和方法，就能越早进行独立的自主阅读。

（二）前识字的教育目标

前识字教育活动并不是要求幼儿在枯燥、机械的活动中被动地认识大量的生字词，但也不是部分教师担心出现“小学化”倾向而完全不让幼儿接触字词。《纲要》指出要“培养幼儿对生活中常见的简单标记和文字符号的兴趣”。《指南》进一步指出，“应在生活情境和阅读活动中引导幼儿自然而然地产生对文字的兴趣，用机械记忆和强化训练的方式让幼儿过早识字不符合其学习特点和接受能力”；“能理解图画书上的文字是和画面对应的，是用来表达画面意义的”；“对图书和生活情境中的文字符号感兴趣”。因此，前识字活动的教育目标在情感态度方面，愿意主动认识新字词；在认知方面，形成对字形的初步印象；在技能方面，了解书面语与口头语的对应关系。

1.情感态度

从文字的功能而言，文字可以传递信息，认识的字越多就越能获取更多的信息。幼儿在阅读精彩的绘本故事时，为了知道故事的发展结果，就会产生主动认识新字的强烈愿望。激发利用这种主动学习的动力，能让幼儿自然而然地内化新内容，并且能有源源不断的学习的内在需求。

2. 认知

从文字的发展来看，中国的汉字发展史既悠久又丰富，生动的象形文字十分符合幼儿的具体形象思维。用符合幼儿发展规律的教学方法来初步形成对字形的印象，既避免了“小学化”倾向，又使幼儿掌握了认识字词的方法。此外，应该让幼儿在前识字阶段初步将文字与其他符号进行一定的辨别与区分。

3. 技能

让幼儿在前识字阶段认识到书面语与口头语存在着一一对应的关系，而不是彼此割裂的关系；知道文字符号可以代表一定的意义，能够将口头语言或信息记录下来，反之，口头语言也能将文字符号叙述出来，增加对字音的敏感性，以及语音的准确性和口语的丰富性。

（三）前书写的教育目标

幼儿在学会“写字”之前，就有了用纸笔表达的意愿，但限于汉字的读写知识有限，往往用画图和自创的符号来代替汉字表达的意思。当成人询问这些图和符号的意思时，幼儿能说明这些替代的意义。在情感态度方面，增强对书面语言表达的兴趣；在认知方面，感知汉字的结构与功能；在技能方面，能进行创意的书面表达。

1. 情感态度

从文字的功能而言，幼儿通过前书写将自己的想法传达给他人，可以抒发自身的情感需求。与此同时，幼儿会尽力地理解他人的字符，也会尽量画出能令他人明白的字符，满足了幼儿的社会交往的需求，从而再次强化对书面语言表达的兴趣。

2. 认知

前书写活动的学习要逐步让幼儿了解“一字一音”、一个符号代表一个特定的意思，这些逐渐发展的能力都是儿童书面语言学习的基础。通过与纸笔的互动，幼儿逐步开始了解汉字的构成，能从左到右、从上到下进行书写，认识一些简单的字词，如“日、月、口、一”等等，形成对字、词、句、篇的印象，增强对口语和书面语之间的联结关系的认识。

3. 技能

前书写不严格要求幼儿能书写“准确规范”的方块字，重在鼓励幼儿勇敢地表达自己的想法，甚至可以发挥想象力，用各种自己已有的知识经验，“写”出自己想说的话。幼儿可以利用汉字多音、多形的特点，用一些新颖独特的标识代表某些字词，甚至可以用图画、符号来表达自己的意思。

幼儿早期阅读的教育目标应在把握住核心经验的同时，根据幼儿的身心发展阶段和幼儿的个体差异，以及结合各个活动的特点做出具体细分的区别，而不能采用“一刀切”的做法，以促进幼儿未来可持续发展为目的，在早期阅读阶段奠定阅读能力发展的基础。

第二节 学前儿童早期阅读教育环境的创设

一、社区阅读环境的创设

一个国家或者社会越是重视基础教育,越是认为孩子需要拥有独立的人格,就越会产生大量优秀的儿童书籍,也就是我们所说的图画书。随着世界一体化的发展,如今我们可以轻松地获得来自世界各地优秀的图画书,但图画书的发展并不仅限于图画书的出版水平,它与整个社会的阅读大环境息息相关。我们来看看目前世界上几个比较典型的国家在整体社会阅读环境的创设上所做的一些努力和成效。

芬兰是世界上教育最发达的国家之一,也是一个非常重视和热爱阅读的国家。芬兰的法律规定,每个城镇都必须有自己的图书馆,所以芬兰当地最好的建筑和设计都运用在学校和图书馆的建设中。据统计,芬兰人均年阅读量400多本,同时芬兰的图书馆使用率在全球最高,约有超过80%的公民使用图书馆的相关服务,所以在芬兰的图书馆有着极其舒适而美观的设计以及强大的借阅和阅读功能,因此芬兰学生的阅读能力在PISA(国际学生能力评估项目)和PIRLS(国际阅读素养进展研究项目)的阅读评估中都位居世界前茅。

英国人认为,阅读是人的基本技能,必须从小培养。在这个有着深厚的历史文化底蕴的国度,一直以来都有着优秀图画书出版和创新的社会环境。同时,英国也是世界上图书馆文化发展最早的国家之一,早在1850年就颁布了世界第一部全国性的公共图书馆法。发源于英国的"阅读起跑线"计划,是全世界第一个面向学前儿童的免费赠书活动。它从地方性阅读活动的推广,到英国政府主动参与并拨款支持的全国性运动,再进而成为引起广泛影响的世界性幼儿阅读运动。"阅读起跑线"运动是一种投资,不仅是投资在每一个孩子身上,更是对英国未来的发展的投资。

日本在建设现代化国家的进程中,受到欧美发达国家的影响并引进了印刷技术,从而迎来了日本本国图画书发展的第一个黄金时代。二战后,公共图书馆成为日本社会进行民主改造的基础。日本政府以及社会各界开始在推进儿童早期阅读的活动上做了很大的努力,并且实施了很多独具特色的有效措施。例如开展"儿童读书周""儿童阅读年"等大型阅读活动。同时,日本的图书馆携手社区机构实施"阅读起跑线"活动，针对学前儿童开展了一系列的阅读活动，如亲子故事会、纸戏剧、连环话剧表演活动、读书交流会、主题故事会等，很大程度上提升了全民的阅读素质。

二、家庭阅读环境创设

学前儿童早期阅读的发展离不开良好的家庭阅读环境，我们在此重点分享在家庭中如何打造良好的阅读环境和氛围去支持学前儿童的阅读发展。

（一）空间因素

家庭阅读环境的打造，第一步就是创设一个安静舒适的阅读空间，购买一定数量的图画书，分批分次地摆放在儿童触手可及的地方。不管是一两个平方米的阅读角还是书房，成人需要把图书放置在儿童随处可拿的地方，并且与玩具分开摆放。

图9-1　家庭阅读角的创设

（二）人为因素

家庭中父母是儿童早期阅读的主要引导者，所以父母需要建立正确的早期阅读的观念，有计划、有意识地陪伴儿童进行亲子阅读。研究显示，在高质量的亲子共读环境中成长的儿童在成年后更容易取得事业上的成功，同时也更容易拥有良好的家庭关系。

（三）灯光因素

科学调查研究显示，适用于学前儿童阅读的灯光色温应该控制在3500K~4000K之间，并且连续阅读时间最好不要超过30分钟。

二、幼儿园区域阅读环境创设

《纲要》提出："培养幼儿对生活中常见的简单标记和文字符号的兴趣；利用图书、绘画和其他多种方式，引发幼儿对书籍、阅读和书写的兴趣，培养前阅读和前书写技能。"同时，《纲要》还指明："发展幼儿语言的关键是创设一个能使他们想说、敢说、喜欢说、有机会说并能得到积极应答的环境。"所以，需要在幼儿园为幼儿创设一个良好的区域阅读环境。

(一)阅读区环境创设

1. 宁静、和谐的阅读环境

根据幼儿的阅读需求,阅读区的位置选择应把握“明亮”“安静”两个基本原则,也就是说阅读区应选择自然采光好、安静的角落,营造一种温馨、安静、安全的氛围,同时能吸引区域外的幼儿前来参与阅读活动。此外,阅读区的位置应尽量避免与建构区等竞赛合作类的区域相邻,减少其他活动对幼儿阅读的影响和干扰,一般两旁可设置科学区、美工区等相对安静的区域便于幼儿专注地阅读,也能让幼儿在阅读的过程中通过绘画、书写等方式进行表达,积累早期读写经验。

阅读区要提供一些软硬适中的软垫、靠垫,供幼儿坐、靠;挂上可爱的布制图书袋、简易书架,用于摆放书籍,让幼儿养成按序收放的良好习惯。在地板上贴小脚印标志,表示入区的人数,幼儿脱鞋入区,把鞋放在脚印上,当脚印上都放满鞋子就表示该阅读区已满员。幼儿在阅读时感受到了区域内宽松、舒适、和谐的氛围,更加能激发其主动阅读学习的兴趣。

2. 主题背景下的阅读环境

活泼明亮的色彩和富有故事性的阅读环境能够给幼儿带来积极的刺激,激发幼儿的阅读兴趣,提升幼儿的阅读水平。因此,在创设幼儿园早期阅读教育环境时,要根据幼儿的发展需要和开展的主题教学活动,创设与主题相关联、相融合的,具有较强情境性的,图文并茂的阅读环境。

(二)阅读材料的选择

1. 高质量的幼儿读物

知识拓展

绘本“简史”

0~6岁阶段的阅读材料主要是图画书。图画书又称绘本,源自英文翻译Picture Book,主要类型有插画书、漫画、立体书、活动书、地板书等。关于图画书的研究一直没有一个完全统一的标准,它的起源也尚未得到明确的界定。1658年,夸美纽斯的《世界图解》被图画书界认为是世界上最早的儿童启蒙读物,也被人称为西方教育史上第一本有插画的儿童百科全书,它开创了“由图画传授知识和语言”的先例。不过,真正意义上的图画书的诞生,却要归功于

19世纪彩色印刷术的发明。图画书在17世纪起源于欧洲，1930年代传入美国，并进入了发展的黄金时代。1950年，图画书在日本兴起，1960年进入台湾地区，并在1990年代大量引进欧美的优秀作品，也顺势掀起师生共读、亲子共读的风潮，直到2000年，图画书才正式进入中国内地市场。近年来，中国内地市场如火如荼地引进大量优秀图画书，同时随着世界各国对早期阅读和全民阅读的推动与重视，中国本土原创的图画书也开始涌现相当多优秀的作品，这对我们学前儿童传承传统文化和提升艺术审美都有着十分重要的意义。

图画书的教育价值主要有：

（1）艺术教育价值

图画书，可以是一种独立的图书形式，也可以是文字与图画的结合；图画书可以没有文字，就是我们广义上说的“无字书”，但图画书离不开图画，绝大部分的图画书是由作者和画家用简单的故事、精练的文字和精美的图画，提供给读者一个广阔的思考和想象空间。所以，一本经典的图画书本身就是一件艺术品，值得我们和孩子一读再读，一看再看。图片在一本图画书中是主导，因为以图片为主的图画书，符合学前儿童的认知与心理特点，长期读图能够培养儿童的阅读兴趣，对儿童的语言、理解、逻辑推理、审美、想象和创造力等都有着很大的提升和帮助。以下是3本在画风以及艺术审美方面都非常优秀的图画书（图9–2）。

图9–2　图画书《艺术大魔法》《梦想家威利》《梁山伯与祝英台》

（2）文学教育价值

优秀的图画书从艺术层面上看不仅仅是一件艺术品，从文学层面讲更是文字的艺术。通常我们所看到的图画书中文字不是很多，所以每一个文字都是经过文学家精雕细琢的，字里行间蕴藏着更为深远并引人思考的寓意。同时，图画书的文学性还体现在规范化地使用优美的书面语言。学龄前期，是儿童从口头语言过渡到书面语言发展的关键时期，在儿童的日常生活中成人更习惯用口头语言与孩子进行交流。所以图画书作为学前儿童的最佳读物，除了让孩子享受故事之余，还能潜移默化地将文本里更为优美和高级的词汇输出给孩子，促进学前儿童对复杂的文字以及语境的理解。下面是3本文学价值各异的优秀的图画书(图9-3)。

图9-3 图画书《月下看猫头鹰》《一园青菜成了精》《狼，狼，你来了吗?》

(3)故事里的教育观

早期阅读里一个比较普遍的误区，就是一部分教师和家长认识到图画书通过生动形象的画面和风趣幽默的故事情节深深地影响孩子，于是试图通过图画书去教育孩子，代替自己“说教”。可事实上，图画书本身就是为孩子而写。一本优秀的图画书，它自然而然地会引发孩子的思考，成人不需要加入自己对图画书的理解去强加给孩子。早期阅读的本质是希望儿童通过阅读形成自己的思考和对这个世界的认知。下面给大家分享几本经典的图画书，我们一起看看故事本身是如何影响孩子的(图9-4)。

图9-4 图画书《一只小鸡去天国》《三只小猪的真实故事》《打架的艺术》

(4)故事里的多彩文化

图画书不仅包含了精美的画面、精练的文字，同时还向读者传递着多元文化。儿童通过阅读来自世界各国的优秀图画书，在书中了解本民族和其他民族的文化习俗与生活方式，建立起最初的世界观与人生观，从而更好地适应这个多元复杂的社会形态。例如，《环游世界做苹果派》这本图画书，书中的小女孩为了做苹果派，千里迢迢去意大利收割麦子，去法国抓鸡，去斯里兰卡找肉桂树皮，去英国找母牛……这个故事看似夸张离奇，在孩子们眼里却意趣非凡。与此同时，多元文化也在阅读的过程中不知不觉地融入了孩子们的认知。

图9-5　图画书《环游世界做苹果派》《在肯尼亚种树》《西雅图酋长的宣言》

“书籍是人类知识的宝库”，对于幼儿来说，书籍更是学习语言的重要载体。早期阅读当然离不开阅读材料，这就需要教师根据幼儿的年龄特点和认知水平，有的放矢地为幼儿提供高质量的幼儿读物，并摆放在幼儿容易取放的位置，让幼儿自由地选择，进行自主阅读活动。那什么样的幼儿读物才是高质量的呢？

周兢提出了选择高质量读物的四个基本准则：[①]

①高质量的读物有着优秀的文字内容；

②高质量的读物有着优美的图画；

③高质量的读物有着相辅相成的图文合奏；

④高质量的读物有着用心的版面设计。

我们认为，好的儿童图画书的标准也可以表述为：

①富有想象力空间的画面；

②优美又具有文学价值的文字；

③精彩起伏具有悬念的故事情节；

④符合儿童的心理发展以及感情需求；

⑤丰富的内涵以及教育意义。

①周兢.幼儿语言教育与活动指导[M].北京：高等教育出版社，2015：5.

知识拓展

最受学前儿童欢迎的114本图画书①

1	《梦想家威利》	39	《牙齿大街的新鲜事》	77	《小乔逃跑了》
2	《我爸爸》	40	《肚子里有个火车站》	78	《蚂蚁洞里的旅行》
3	《我妈妈》	41	《躲猫猫大王》	79	《小黑鱼》
4	《好饿的毛毛虫》	42	《挖地球》	80	《不会写字的狮子》
5	《爸爸,我要月亮》	43	《嘘！我们有个计划》	81	《吃掉你的豌豆》
6	《你看起来好像很好吃》	44	《轻敲魔法树》	82	《彩虹色的花》
7	霸王龙系列科普绘本	45	《七只瞎老鼠》	83	《迟到大王》
8	《神奇牙膏》	46	《母鸡萝丝去散步》	84	《一起来传话》
9	《神奇蜡笔》	47	《好脏的哈利》	85	《汉堡男孩》
10	《野兽国》	48	《哈利的花毛衣》	86	《啪嗒啪嗒蜗牛》
11	《莎莉,离水远一点》	49	《哈利海边历险记》	87	《鳄鱼怕怕　牙医怕怕》
12	《和甘伯伯去兜风》	50	《小蓝和小黄》	88	《毛喳喳的小药丸》
13	《和甘伯伯去游河》	51	《飞啊！蚂蚱》	89	《猫太噼哩噗噜在海里》
14	《好消息,坏消息》	52	《会飞的抱抱》	90	《好饿的小蛇》
15	《这本书吃了我的狗狗》	53	大卫系列绘本	91	《狮子漱漱口》
16	《千万不要打开这本书》	54	《我是最帅的大野狼》	92	《克里克塔》
17	《千万不要关上这本书》	55	《如果我是一只狮子》	93	《卡利咔嚓吃吃吃》
18	《今天运气怎么这么好》	56	《神探狗汪汪》	94	《搬过来,搬过去》
19	《公主怎么挖鼻屎》	57	《天啊！错啦!》	95	鲁拉鲁先生系列
20	《好想吃榴莲》	58	《神奇魔法床》	96	《你见过我的怪兽吗?》
21	《谁吃了我的苹果》	59	小人儿帮手系列	97	《我不相信有龙》
22	《挠挠大怪物》	60	《眼镜兔子》	98	《拼拼凑凑的变色龙》
23	《走开,绿色大怪物!》	61	《我只想要一只小狗》	99	《乒乒和乓乓钓大鱼》

① 编者基于刘霞老师多年亲子共读和早期阅读推广的经验,总结出114本学前儿童最喜爱的优秀图画书。作为幼儿教育的专业从业人员,我们首先需要有一定的优秀图画书的阅读量,并结合专业的理论知识去从中体会一本好书的"标准"和"特质"是什么,如何更好地与儿童分享和交流,并引发儿童进一步的思考和喜爱。

续表

24	《妖怪油炸饼》	62	《子儿吐吐》	100	《噗~噗~噗》
25	《小狗哪会跳芭蕾》	63	《这样的尾巴可以做什么?》	101	《玛德琳卡》
26	《是谁嗯嗯在我的头上》	64	《糟糕,身上长条纹了!》	102	《玛德琳》
27	《月亮的味道》	65	《勇敢布布的奇妙世界》	103	《妈妈买绿豆》
28	《你千万别上当啊》	66	《勇敢布布的奇妙旅行》	104	《你愿意做我的朋友吗?》
29	《不是那样,是这样的!》	67	《如果常常这样的话……》	105	《你是谁的老鼠?》
30	《来,闻闻大自然的味道》	68	《妖怪山》	106	《绿眼睛》
31	《点亮自然》	69	《老鼠娶新娘》	107	《门外没有大坏狼》
32	《迷路的森林》	70	《十兄弟》	108	《没事,你掉下来我会接住你》
33	《有个老婆婆吞了一只苍蝇》	71	《了不起的测量师》	109	《这不是我的帽子》
34	《不要再笑了,裘裘!》	72	《乌鸦面包店》	110	《去月亮上取牛奶的猫》
35	《勇敢的克兰西》	73	《乌鸦糕点店》	111	《月亮,生日快乐》
36	《蚂蚁和西瓜》	74	《山猫服饰店》	112	法兰克·艾许月亮小熊系列
37	《动物绝对不应该穿衣服》	75	《都是放屁惹的祸》	113	《耗子大爷在家吗》
38	《要是动物能换衣服……》	76	《喝洗澡水的大怪物》	114	《石头汤》

2.结合主题教学内容,定期更换阅读内容

幼儿学习更多的是在情境中进行的,他们的思维是具体的、形象的。因此,阅读区阅读材料的投放应尽量结合主题教学内容,选择那些与教学主题有关的阅读内容,使幼儿能够利用已有的知识和经验辅助阅读理解,同时通过阅读来巩固他们学到的内容。主题教学一旦发生变化,相应的图书、墙饰、字卡、幼儿的画及自制物品等都应该发生变化,这有利于形成主题活动强大的资源网,丰富幼儿的经验,强化主题,拓展知识。①

(三)区域阅读环境的系统性创设

幼儿园教师要破除"阅读只是发生在阅读区(语言角)"的认识误区,要破除"阅读只是语言领域的活动"的错误观念,要用"全语言"的观念营造班级中的阅读环境,让阅

① 柯恒波.早期阅读活动的环境创设浅析[J].云南社会主义学院学报,2014(2):415.

读无处不在、无时不有。在创设早期阅读教育环境时，除了阅读区，还可以对其他活动区域（如美工区、自然角、生活区等）进行系统的布局，例如，在建构区放置《各种各样的房子》等图画书；在美工区放置讲解折纸步骤的书籍等。这样能更有效地发挥环境资源的作用，同时，可以让阅读活动融入幼儿的生活当中，调动起幼儿的阅读兴趣，让幼儿在无形之中学会借助书籍来解决问题，养成阅读的好习惯。

典型案例

让阅读区域成为儿童的“创客空间”①

江苏省常熟东南幼儿园的教师在不同的阅读区和孩子们一起布置了很多个有趣的“创客空间”。种植区里，教师和孩子一起制作了图文植物阅读，孩子们根据自己对植物的观察和理解用不同的形状来表达，用笔画个茄子，尽管不太像，但孩子们自己懂；用笔画个番茄，有大的圆圆的，有小的长长的，孩子们说，他们种的是不同的番茄……再来到班级阅读区看看，孩子们在书海里拿着画笔、小剪刀、彩纸，正大力创造呢，原来他们是在创作《春雨的色彩》绘本，刚结束散文欣赏活动“春雨的色彩”，他们创兴大发，游戏时便迫不及待地开始了制作，当然，教师提前安排了各色彩纸和订书机等材料，正期待他们的大作呢！孩子们一会儿便完成了他们的大作，于是带着书本来到了小班，和弟弟妹妹们一起阅读他们的书籍。虽然小班宝宝有点儿疑惑，因为看不太懂，但他们对大哥哥大姐姐的讲解还是很感兴趣，他们认真地听，认真地辨别着书本上的内容，还煞有其事地点头，好一番大带小阅读美景。

表演，是孩子们非常喜欢的游戏。他们喜欢模仿成人的活动，他们喜欢表达自己的想法。因此，教师在阅读区中提供了手偶、指偶、头饰、各种角色挂卡、可创作的各种材料……

三、建立资源丰富的幼儿园图书馆

有条件的幼儿园要利用环境优势，建立资源丰富的幼儿园图书馆。首先，要从图书馆的图书选择、色彩搭配、家具购置、阅读的舒适度上进行考虑，为幼儿配置类型多样的图书，同时提供舒适的软垫、靠垫、小书桌等。

① 任莉，喻小琴. 儿童自主学习视野下的早期阅读环境创设的思考与实践[J]. 华夏教师，2016(8)：63-64.

其次，为了满足幼儿的不同需求，可以把图书馆分隔成几个区域：动态区（表演区、自由阅读区、好书分享区）、静态区（阅读区、新书推介区）、修补区、自制图书区等。有条件的幼儿园可以增添电子阅览区（在网页上浏览经过教师筛选的丰富多彩的游戏图书等）、视听区（电视机、收录音机等，听配乐文学作品或自己尝试讲述录音）、亲子阅读区（在一定的时间段提供亲子阅读机会，让幼儿感受亲人陪伴阅读的惬意和幸福）。

最后，为了培养幼儿良好的阅读习惯，最大限度地发挥图书馆的作用，图书馆要制订相应的管理制度、借阅制度及幼儿阅览制度，认真做好环境的创设、书目的建设及完善工作。在图书馆里，由教师和幼儿一起制作如“静”“请小声说话”等标志，提醒幼儿轻轻走路，轻拿图书，不要在书上涂画等；各班级轮流到图书馆开展阅读活动。

第三节 学前儿童早期阅读活动的设计与组织

一、早期阅读活动设计遵循的基本原则

早期阅读活动是综合性的语言教育活动,依据早期阅读活动的不同类型,其设计的具体思路和组织的策略也有所不同,但是不同类型的早期阅读活动在设计过程中,应当遵循以下原则。

(一)联系学前儿童的生活知识经验

好的图画书和有趣的活动一定是从学前儿童的生活与认知经验出发,才得以获得孩子们的共鸣。例如小班的阅读活动设计,我们可以以主题阅读的形式设计活动。“有趣的交通工具”“家庭”“森林王国”“好吃的蔬菜”等主题,都是深受孩子们喜爱的,在熟悉的主题之下,小班儿童更容易获得一定的安全感从而全身心地投入阅读活动中。这个年龄的孩子,还分不清真实和虚构,所以我们在设计阅读活动中尽可能地避免一些虚幻类的主题图画书和阅读材料(视频)。

(二)满足学前儿童全面发展的需求

学前儿童的阅读活动与学前儿童的教育一样,需要满足儿童方方面面的发展和需求,所以我们教育工作者在教学活动设计中需要基于丰富的阅读材料延伸到学前儿童发展的各个领域,例如语言、科学、健康、运动和艺术等。而图画书最大的特点和优势就是种类繁多、主题丰富,所以我们在选择图画书进行阅读活动设计时需要考虑综合参考两大类的阅读主题,即人文主题和科普主题的阅读书目。

(三)从学前儿童的兴趣出发

早期阅读活动的设计和开展,出发点一定是基于学前儿童的兴趣和爱好。这需要我们教育工作者在教学中敏锐地发掘儿童的兴趣点,捕捉到儿童心里的一些变化和想法,以此为基础去设计相关的阅读活动。特别需要强调的是,我们家长和教育者一定要放下个人的喜好与厌恶,从儿童真实的兴趣和感觉出发选择图画书和设计阅读活动。

（四）配合学前儿童心理发展的敏感期

学前儿童心理发展的敏感期，是儿童成长过程中必须经历的一个阶段。“敏感期”之说，对我们教育者的启示是非常重要，所以我们一定要关注学前儿童各个阶段的成长冲突和心理发展。例如2~4岁儿童执拗的敏感期、秩序的敏感期；4~5岁儿童数概念发展的敏感期、性教育与生命教育的敏感期。基于儿童敏感期设计的阅读活动，能在一定程度上满足儿童内心成长发展的需求，解决成长中的各项冲突和矛盾，让儿童顺利度过各个敏感期，从而健康自信地成长。这也是早期阅读对儿童成长的一大贡献。

二、早期阅读活动设计与组织的基本结构

在我国幼儿园教育中，早期阅读活动主要通过阅读角活动和专门的早期阅读活动两类形式展开，阅读角的活动多以小组合作的方式进行，专门的早期阅读活动则是以集体教学的方式进行。赵丽等人根据早期阅读活动中培养幼儿核心经验的侧重点不同，将幼儿园的早期阅读活动划分为以培养前阅读经验为主的活动和以培养前阅读、前书写经验为主的活动，并概括了两种早期阅读活动的基本模式，特引用如下（表9-1、表9-2）[①]。

表9-1　以培养前阅读经验为主的活动模式

活动模式	活动组织过程
感知—欣赏模式	激发阅读兴趣—师幼共读—重点阅读主要情节—归纳阅读内容—儿童学习自主阅读
感知—探索模式	激发阅读兴趣—幼儿自主阅读前半部分—师幼共读前半部分—幼儿预测讲述结尾—幼儿画出或编出结尾
感知—排序—讲述模式	教师讲述故事—幼儿排图—幼儿理解故事—师幼共同讲述—幼儿互相讲述
排序—感知—探索模式	观察打乱顺序的故事—师幼分析共读—幼儿依据已有经验排图讲述—幼儿互相讲述

① 赵丽，徐学强，王静.学前儿童语言教育[M].北京：九州出版社，2017：219-220.

表9-2　以培养前识字、前书写经验为主的活动模式

活动模式	活动组织过程
操作性认知模式	直接向幼儿展示文字符号—认识理解文字符号—讨论分析符号特征和用处—围绕仿写活动开展操作性游戏
游戏性认知模式	认识书写方位和材料—围绕书写材料进行游戏—根据书写材料进行方位标记练习—感受分享书写乐趣
匹配性认知模式	教师展示图片或文字—幼儿通过猜一猜、排一排对图文进行初步匹配—教师帮助幼儿认读、分析文字特点—迁移寻找更多的文字
理解性认知模式	幼儿自主阅读—师幼共同讨论书中的文字符号—教师讲读图书，分析理解书中重点字句—幼儿归纳总结

在这些不同的早期阅读模式当中，我们将共性的活动组织的要素抽取出来，简要分析如下。

（一）幼儿自主阅读

在早期阅读活动中，幼儿自主阅读是必要的环节，幼儿自主阅读的经验是必要的，这也是体现早期阅读活动以幼儿为中心、以个性化活动为主的体现。教师应当在简单介绍阅读材料之后就给幼儿自由阅读的机会，保证幼儿自由阅读的时间充足，允许幼儿小声阅读和提出问题。但在幼儿自主阅读的过程中，教师应当时刻关注他们的状态，适时对幼儿进行指导和帮助。教师可以通过提问法引导幼儿的阅读思路，以问题引导幼儿边阅读边思考，这些问题应当是具有启发性的，应当指向图书中的重点或者难点内容。教师通过小声的个别指导对不同阅读进度的幼儿提供有针对性的指导，如对阅读基础较好、阅读速度快的幼儿，应当鼓励他们关注细节、注重归纳；对阅读基础弱、阅读速度慢的幼儿应当指导其关注关键图文、学会分析联想。因此，我们认为幼儿自主阅读步骤中的关键词是“思考”。

（二）师幼共读

这是早期阅读活动的关键步骤，是通过师幼的合作性活动来实现阅读目标的。在这个环节，教师先是阅读示范者，为幼儿提供具备完整、成熟的阅读技巧的模仿范本，教师讲述或者示范的次数要跟幼儿的年龄、故事难度等相关，要讲述几遍没有统一规定。然后教师要化身为幼儿阅读的合作者，教师需要放下身份，以一种分享的态度和幼儿一起讨论阅读内容，给幼儿提问题、建议，让幼儿自己反复阅读去分析解决，而不是向幼儿讲解阅读内容并告诉他们答案。在师幼共读这一步骤中的关键词是“讨论”。

（三）重点阅读

在幼儿自主阅读和师幼共读中都有一个关键步骤就是要“围绕阅读重点展开活动”。这也是早期阅读活动成效保障的关键。帮助幼儿在阅读重点内容的过程中有所提升是教师必须做的事情。教师经常使用抓关键情节、关键图片的办法来帮助幼儿进行重点阅读，这是很有效的。除此之外，大班幼儿我们可以通过“找线索”和“设悬念”的方式帮助他们建立对阅读内容中的前因后果的理解；可以通过角色扮演的方式帮助小班幼儿理解阅读内容。

（四）归纳迁移

在早期阅读活动中，不论是哪种类型的活动，我们都希望帮助孩子获得阅读的关键经验，并能将获得的经验迁移到新的阅读和学习情境中。归纳总结能力是早期阅读中比较注重的一大经验，教师可以结合幼儿的思维训练和讲述能力来进行阅读内容归纳练习。比如，教师可以通过“找关键词—扩词成句—组句成段”的形式帮助幼儿进行归纳练习。在找关键词阶段可以采用命名法来帮助幼儿，在扩词成句阶段注意给幼儿提供新的句式帮助其归纳，在组句成段环节注意给幼儿充分表达自我观点的机会。

三、早期阅读活动设计与组织的案例

早期阅读活动主要有故事大赛、主题阅读活动、图书漂流、读书分享、绘本剧场等，以下提供大班主题阅读活动、中班绘本戏剧游戏的案例供大家参考。

典型案例

大班主题阅读活动“野兽国”

一、设计意图

《野兽国》以简单诗意的语言讲述了调皮男孩迈克斯的故事：他与妈妈大闹了一场，没吃晚饭就被关进了自己的房间。就像孤身一人的奥德修斯，迈克斯旋即开始了远航：一波波的海浪为迈克斯带来一艘小船，他驾着小船出发，过了晚上，到了白天，过了一周又一周，过了几乎一整年，他终于来到了野兽国。在那里，迈克斯统领了那些暴躁狂乱的野兽，在疯过闹过之后，他开始想念那些爱他的人，之后他放弃了野兽国国王的王位，回到了爱他的亲人那里，他的怒气已散，发现晚饭就摆在那儿。这个故事情节丰富、语言优美，将主人公内在的、隐性的情绪情感通过图画故事的形式呈现出来，让幼儿在阅读故事的过程中不仅能感受成熟语言的魅力，还能认识自己的情绪情感，学习借助语言表达自己的内在感受。

二、活动目标

1. 能够通过观察图画了解故事的画面元素，根据自己对画面的解读进行故事排序。

2. 能够制作相应的道具辅助表演。

3. 了解缓解情绪的方法。

三、活动重难点

1. 活动重点：幼儿能抓住故事的关键情节理解主人公在进入野兽国之前、之中、之后的情感变化。

2. 活动难点：幼儿通过故事阅读和故事表演掌握调节情绪的方法。

图9-6 绘本《野兽国》

四、活动准备

1. 绘本《野兽国》原本以及打乱顺序的复印本若干份（和幼儿人数一致）；

2. 高兴、生气、悲伤3类情绪3个级别的卡片共9张；

3. 野兽面具、野兽指甲、服饰等，以及游戏配乐。

五、活动流程

（一）导入环节

1. 今天进入新的主题“奇幻森林”。

2. 森林里有什么？你觉得奇幻森林和一般的森林有什么不一样？你觉得奇幻森林里会有什么？

3. 介绍主题相关书籍，告诉孩子们阅读完这些书之后，就会知道奇幻森林和我们现实中的森林有什么不一样。4节课后会请大家来分享，看谁有最多的新发现。

4. 今天，我们要进入奇幻森林里的野兽国。我们怎样才能去到野兽国呢？（去野兽国之前，我们先来一个热身小游戏。）

（二）热身游戏：情绪表演

1.老师准备有高兴、生气、悲伤的词卡。每个情绪的词卡有3张，分别是3种程度级别：高兴、很高兴、非常高兴；生气、很生气、非常生气；悲伤、很悲伤、非常悲伤。

2.每两个孩子为一组进行表演比赛。

3.都表演完之后，老师还可以提出更高的要求：如用嘴巴和眼睛表现生气，用手和脚表现高兴，用头和肩膀表现悲伤等。

（三）绘本精读

1.拿出书（这个是事先打印好的书籍，假装和孩子们说我们的书籍没有页码，而且装订线断了，所以不知道哪页在前哪页在后，请孩子们一起来进行排序整理。）

2.人多分两组，然后让幼儿根据自己对绘本的解读，进行整本书的排序。一个老师带一组，老师在辅助孩子们排序时的关键要点是请孩子们看清楚图片里的人物、时间、地点、发生的事件状态。（应该怎么排列呢？找到谁是主角，然后判断这个人是不是野兽国里的人。）

3.请孩子们上台来说说自己组的排列结果。

4.老师假装从外面拿来一本新书，然后再讲故事内容。

5.提问点：迈克斯为什么会离开家，来到野兽国？你有过愤怒的感觉吗？什么时候会感到愤怒？迈克斯来到野兽国之后，和野兽们相处得怎么样？他在野兽国开心吗？迈克斯命令野兽们睡觉之后，他在想什么？

（四）延伸活动：故事表演

1.我们班里也要变成一个野兽国，一起来制作野兽面具、野兽指甲和丛林。（野兽面具可以用纸盘和彩色卡纸拼贴；指甲就是将彩色卡纸剪成尖尖的形状，然后贴在指甲上；丛林可以用彩色绳子，然后剪一些树叶贴在上面，最后将做好的丛林贴在黑板上。）

2.大家都装扮成野兽之后，坐下来，然后讨论角色分配、台词和如何表现一些关键情节：撒野、我要吃掉你、房间里长出树、漂洋过海去流浪、野兽们可怕的吼声、露出可怕的牙齿，伸出利爪；迈克斯瞪着野兽，施魔法；野兽请迈克斯做野兽之王；一起闹腾、月下跳舞（大家围圈跳非洲土著舞。）、林中攀爬（像大猩猩一样从一棵树吊到另一棵树上去，大喊我是泰山。）、大游行（大家排成一队，做出最可怕的姿势走路乱吼。）；野兽们乖乖去睡觉；再见。

3.围圈分享:如果你很愤怒,你会怎么办?

中班绘本戏剧游戏“狼,狼,你来了吗?”

一、设计意图

在《狼,狼,你来了吗?》中,大野狼其实没有在森林中出现,森林中却流传着大野狼的逸闻……这本书层层推进的故事情节,简单明了的节奏,朗朗上口的歌谣式文字,勾起人无限亲切温馨的回忆,因为它像极了爸爸妈妈儿时玩的集体游戏:“老狼老狼几点啦?”每当念起这本图画书,孩子们的紧张和专注总会随着情节的推进不断累积,在“大野狼”兀然出现的高潮又惊又喜,却在故事的结局坦然释放,乐不可支。结合此绘本故事的戏剧性特征与幼儿对“大灰狼”的经验和记忆,以戏剧游戏的形式展开活动不仅能使幼儿在轻松愉快中理解阅读内容,还能以巧妙的形式帮助幼儿初步感知比较阅读法。

二、活动目标

1.通过唱读童谣,锻炼幼儿的节奏感和语感。

2.通过观察绘本故事画面,培养幼儿的观察能力与推理能力。

3.通过故事讲读融合角色扮演的形式,促进幼儿对绘本内容的参与和理解。

4.改变狼在幼儿心中凶狠狡诈的传统印象,进行比较阅读,加深对故事人物多元化的认知。

三、活动重难点

1.活动重点:以戏剧游戏活动的形式理解绘本内容,总结故事主人公大野狼的特点。

2.活动难点:改变狼在幼儿心中凶狠狡诈的传统印象,进行比较阅读,加深对故事人物多元化的认知。

四、活动准备

1.绘本《狼,狼,你来了吗?》以及绘本中的各个角色的布偶。

2.睡觉、起床、洗澡、刷牙、穿衣服等生活场景的图片。

3.适宜的游戏音乐、服装和道具等。

五、活动流程

(一)热身环节

在这一环节中,语言游戏锻炼幼儿的反应能力以及倾听能力。自我介绍让幼儿有仪式感,感觉正式加入活动,成为活动当中的一员,消除对彼此的陌生感。

师：各位小朋友们好，我是今天要和大家一起分享绘本的李老师，今天来了这么多的新朋友，我要赶快认识一下大家。（询问幼儿的名字，与他互动。）大家都表现得特别棒，所以现在我要和大家玩一个打招呼的游戏，当我大声说“大家好”的时候，大家就要大声地回答我“老师好”；当我小声地说“大家好”的时候，你们就要小声地回答我“老师好”；当我用小老鼠的声音说话时，你们也要用小老鼠的声音回答我哦。请问大家清楚了吗？大家的理解能力都非常棒，那我们现在开始了……

（二）导入环节

1.大家喜欢玩游戏吗？你们喜欢玩什么游戏呢？

2.今天我的两位小猪朋友说要带我们一起玩游戏，是什么游戏呢？（老师手上戴着两个小猪的指偶，然后与小猪互动。）

3.出示绘本《狼，狼，你来了吗？》。这个游戏叫作“狼，狼，你来了吗？”。

（三）绘本精读

1.游戏怎么玩呢，我们一起来看一看。（阅读绘本名称，出示书本《狼，狼，你来了吗？》）

2.“立正，出发”的部分：谁来了呀？小猪！让我们一起加入小猪的队伍吧，请你伸出两只小手指，我们要开始整队了！（情境参与式阅读。）

3.第三遍的时候，请幼儿们一起跟着念。（儿歌唱读，培养节奏与语感。）

4.重音词汇：屁股、腋窝、耳朵、脚趾缝、牙齿（身体部位词汇）。

5.请问大野狼穿的是什么颜色的短裤？（考查观察能力、倾听能力。）

6.重音词汇：袜子、长裤、衬衫、领带、靴子。

7.小猪被吃掉了吗？（引导幼儿发现大野狼是假扮的。）

词汇输入：针对低龄段幼儿语言发展，加深幼儿对名词词汇的感知，让幼儿能从文本中学习正确使用词汇。

儿歌唱读：培养语感和节奏。

情境参与式阅读：通过情境创设激发幼儿的阅读兴趣，感受阅读发现的乐趣。

图片观察：读图能力和推理能力。

（四）绘本回顾

1.大野狼在我们散步的时候做了哪些事情？

睡觉、起床、洗澡、刷牙、穿衣服（出示相应的图卡）。

2. 动作传递游戏。

请小朋友们站成一排，然后老师表演一个动作，请第一个小朋友模仿表演后传递给下一个小朋友。请最后一个小朋友猜猜大家表演的是哪一张图卡上的场景。

绘本回顾：总结能力。

动作传递：加深幼儿对词汇的感知以及提升肢体的表现能力。

语言：强调完整句子的表达、正确的语序。

（五）戏剧游戏

1. 一个老师带一组，一组扮演小猪，另一组扮演大野狼。

2. 扮演小猪组，一起练习歌谣；扮演大野狼组，要练习各种动作。每组各有3~5分钟练习时间，然后开始表演。最好准备一个打板，表示表演要开演了。

3. 角色互换。

团队活动：选小队长（领导力）、培养团队协作能力。

表演游戏：培养自信心、表达能力。

（六）分享总结

活动结束后，教师先谈谈自己读完本书的感想，然后引导幼儿分享自己的感受，最后对本次活动进行总结。

本章小结

1. 关于早期阅读概念的界定，早期阅读并不等于早期识字，它是学前期儿童运用听、说、读、看甚至身体动作等多种方式，凭借图画、色彩、文字以及成人的语言讲解来理解以图画书为主的阅读材料的活动。

2. 早期阅读能够促进学前儿童大脑及智力的发展、预防阅读困难与阅读障碍、促进学前儿童语言表达能力的发展、激发阅读兴趣、培养良好的阅读习惯、促进学前儿童认知、情感、个性与社会性的发展。

3. 早期阅读教育环境的创设重点在于：首先是营造生活中书香浓郁的阅读环境，包含社区阅读环境和家庭阅读环境；其次是创设良好的幼儿园区域阅读环境；最后是建立资源丰富的幼儿园图书馆。

4. 早期阅读活动设计过程中应当联系学前儿童的生活知识经验、满足学前儿童全面发展的需求、从学前儿童的兴趣出发、配合学前儿童心理发展的敏感期。早期阅读活动的设计与组织有丰富的实践模式，教师在设计组织过程中应当抓住幼儿自主阅读、师幼共读、重点阅读和归纳迁移这几个关键环节的特点来对幼儿进行引导。

思考与实训

1.结合实际谈一谈，早期阅读对学前儿童发展的意义是通过哪些方面表现出来的？

2.简述：为创设一个良好的早期阅读教育环境，教师和家长应该怎么做？

3.假如你是一位幼儿园教师，你如何指导家长在家庭中展开亲子共读？请谈谈你的设想。

专题探讨

背景资料：在幼儿园里，常常有很多孩子会对阅读学习产生浓厚的兴趣，因此近几年来，我园各年龄班一直在各项活动中努力开展早期阅读探索活动。幼儿不知道如何阅读，更不懂得爱惜图书，教师和家长对如何指导幼儿阅读也感到很茫然。心理学研究表明，从幼儿生理、心理发展的过程和特点来看，在幼儿能力发展中，某些能力的获得存在着关键期，错过这一关键期再想获得这一能力就非常困难，甚至是不可能的。而3~8岁是儿童口头语言发展、书面语言发展的关键期。在这个阶段，他们的口头语言发展速度惊人，同时开始认识符号、声音与意义的关联性，他们尝试用自己所学的语言解释周围生活中的所见所闻。通过早期阅读，幼儿的语言表达能力将会迅速发展。

探讨：你如何看待此现象？你认为幼儿园为什么要开展早期阅读活动？如何指导教师和家长正确地开展早期阅读活动？

第十章

学前儿童语言教育评价

学习目标

- 了解学前儿童语言教育评价的含义、意义；
- 理解学前儿童语言教育评价的原则、内容；
- 掌握学前儿童语言教育评价的方法。

学习重难点

- 重点：学前儿童语言教育评价的内容；
- 难点：学前儿童语言教育评价的方法。

案例破冰

一位教师的听评课

王宁是一名刚刚结束实习期的幼儿园教师，这一天，园长带领王宁与其他教师一起观摩幼儿园中(一)班的语言教育活动，并要求教师们在活动结束后对此教育活动进行评价。

活动以“感恩”为主题，旨在培养幼儿从小学会感恩的优秀品质。活动中，教师讲述了感恩节的来历，并邀请家长与幼儿进行互动，结束时，教师模仿了关于“感恩”的真实故事。

在整个活动过程中，王宁都听得非常认真。活动结束后，大家都纷纷写下了对此活动的评价，王宁却不知如何下笔，想了半天才写了两点。而园长与其他教师对此活动有很多看法，写了很多，有些是王宁想到却没有写下来，有些是王宁没有注意到的。

王宁发现自己并不知道如何对语言教育进行总结和评价,评价时毫无头绪和方法,即使自己在活动中听得很认真,也没有太大的帮助。

以上的案例说明了什么？如何判定儿童语言发展的好坏？如何判断幼儿园语言教育的好坏？本章将带大家一起讨论这些问题。

第一节　学前儿童语言教育评价概述

什么是学前儿童语言教育评价？要不要开展学前儿童语言教育评价工作？谁来评价？评价什么？怎么评价？这些问题需要学前儿童语言教育工作者进一步明晰和重视。

一、学前儿童语言教育评价的内涵

什么是学前儿童语言教育评价

不同的学者对学前儿童语言教育评价的界定是不同的。在年龄段上，有的定义在0~6岁，有的定义在3~6岁。在评价主体上，有的定义在教师，有的定义在教育工作者，有的没有直接定义。在评价内容上，有的侧重在教学活动上，把学前儿童语言发展状况作为教学活动的起点，有的直接包含学前儿童语言发展状况（水平）和语言教育活动，有的不仅包含了学前儿童语言发展状况、语言教育活动，而且包含教师语言教育专业能力。广义的学前儿童语言教育评价是收集学前儿童语言教育系统各方面的信息，依据一定的客观标准，对学前儿童语言发展状况和学前儿童语言教育过程、内容、方法、效果等做出客观衡量和科学判定的过程。[①]狭义的学前儿童语言教育评价是指幼儿园语言教育活动评价。幼儿园语言教育活动评价（evaluation of kindergarten's language education）指收集语言教育活动的设计、组织和实施过程中各方面的信息，依据一定的客观标准对教育活动及其效果做出客观的衡量和科学的判定。

从广义的定义中可以知道，首先需要收集各方面的信息，既包括幼儿语言发展表现和水平的信息，还包括教师开展语言教育活动的信息等。其次，教育工作者要依据一定客观标准进行评价。再次，评价的对象是幼儿和教师，评价的内容是学前儿童语言发展状况和学前儿童语言教育状况。最后，评价的终极目标是促进学前儿童语言的发展，教育工作要紧紧围绕学前儿童语言发展展开。

在理解广义的学前儿童语言教育评价的定义上，需要理解以下几个方面的内容：1.要明确评价主体，评价主体不一样，所收集的信息、依据的标准和所起的作用不一

① 康素洁，李欢欢，陈梦明.学前儿童语言教育与活动指导[M].长沙：湖南师范大学出版社，2020：54.

样。2.学前儿童语言教育评价是一个价值判断的过程,所以无论评价者是谁,都需要正确的语言教育观、儿童观和评价观。3.学前儿童语言评价信息的收集需要科学、系统、全面,而非随意、片面、偶然。4.学前儿童语言评价需要一个客观的标准,而非“我觉得”。5.对学前儿童语言发展水平的评价和对学前儿童语言教育活动的评价是相辅相成的,学前儿童语言发展水平是学前儿童语言教育的前提和依据,学前儿童语言发展水平一定程度上由学前儿童语言教育的效果决定。6.学前儿童语言评价应该从不同的层面来理解。宏观层面是评估专家、研究者或者幼儿园管理者对一个很大群体的语言发展水平和语言教育状况的评价;微观层面是教研组或者教师本身对班级(或者个体)学前儿童语言发展水平的评价和语言教学活动开展的评价。

所以理解学前儿童语言教育评价要从评价目的、评价主体、评价方法、评价内容、评价依据、评价过程、评价类型等各方面进行。

二、学前儿童语言教育评价的意义

(一)为什么要进行学前儿童语言教育评价

幼儿园教育工作者要不要开展学前儿童语言教育评价工作?《纲要》第四部分第一条指出:教育评价是幼儿园教育工作的重要组成部分,是了解教育的适宜性、有效性,调整和改进工作,促进每一个幼儿发展,提高教育质量的必要手段。所以,学前儿童语言教育评价是学前儿童语言教育整体中不可缺少的组成部分,是学前儿童语言教育系统整体运行中链接和转换的环节,直接影响着整个教育活动的过程和结果,具有监测、鉴别、导向、诊断、调节和激励6种功能。只有经过科学的、有效的教育评价,才能保持学前儿童语言教育影响的目的性、一致性和连续性。[①]所以说,学前儿童语言教育评价不是可有可无的,它本身就是语言教育目标、语言教育内容、语言教育过程、语言教育评价中的一个要素。学前儿童语言教育评价的意义体现在其功能作用上。

学前儿童语言教育评价具有诊断作用。诊断作用是语言教育评价的一个基本作用。通过学前儿童语言教育评价活动,可以诊断学前儿童在语言教育活动中的语言发展状况,也可以诊断学前儿童在学习语言时知识经验和能力的准备程度,由此来决定学前儿童语言教育的目标和内容。通过评价,可以诊断学前儿童语言教育活动的实际效果,还可以诊断本班儿童在语言方面的兴趣、个性、语言能力等方面的差异,以便教师因材施教和有的放矢地进行个别指导。总之,通过语言教育评价来诊断语言教育内

① 姜晓燕,郭咏梅.学前儿童语言教育[M].3版.北京:高等教育出版社,2019:42.

容和目标的适合程度，内容与儿童语言发展水平的适合程度，内容和方法与儿童兴趣点的适合程度，然后根据评价所得到的结果，及时调整语言教育内容，改进语言教育方法。①

学前儿童语言教育评价具有反馈作用。无论哪种层面上的评价，首先体现出的作用就是反馈。幼儿园语言教育评价的反馈作用是通过语言教育评价，将语言教育成果信息反馈给教师。一方面，教师、教育管理层、教育评价者对幼儿园语言教育的评价可以及时而敏锐地反映出教育过程中的新问题、新情况，反馈的结果可以用来调整和改进教育过程，提高教育质量。教育评价可以激发教师优化语言教育的动机，巩固成功经验，改进教学，进而提高教师自我教育评价和改进教育工作的能力。另一方面，教师对进行语言学习的幼儿进行评价，可以更好地了解幼儿接受知识的情况。通过师幼之间带有评价目的的问答，教师能及时得到幼儿学习状态、目标达成度的反馈。例如：评价者可以在幼儿园语言教育中，验证幼儿园确定的教育目标、选择的教育内容与方法、创设的环境等是否与幼儿的年龄特点、认知特点以及经验水平相适应。另外，教师作为评价者时也可以及时给幼儿提出问题，并根据幼儿的回答及时优化课程计划。②

学前儿童语言教育评价具有增效作用。教育评价在语言教育整体运行中具有增效作用。若能做到在语言教育过程中对每一步都做出评价，并以此为基础再走下一步，就可能避免许多“无效劳动”，使教师和幼儿的时间和精力都花在能取得实效的活动上。经常性的评价还可以为学期或学年总评价积累素材，进行客观的归纳和总结。虽然这些环节增加了教师暂时的负担，但换取了长远的效应，教师付出的劳动量能随着评价体系及工具的建立和完善而逐渐减少。③

（二）谁来评价

评价者可能是评估者、研究者、家长、幼儿园管理者、专家、教师本身、幼儿、同伴等。这些评价有的重在发现重要的问题，看整体水平；有的重在收集数据以备研究用；有的只是凭感觉，就看到的具体问题进行评价。可以说，“谁来评价”所带来的作用是不一样的，一个学前教育机构应该请不同的评价者进行多层次的评价，以便既能全面掌握学前儿童语言教育情况，也能较具体地掌握语言教育活动。但是无论谁来评价，最终都要通过教师自身来消化、吸收，从而更好地在教育实践过程中改善自己的教育行为，提高教育活动效果，促进每一个幼儿的语言及其他能力的发展。因此，《纲要》也

---

① 张明红. 学前儿童语言教育与活动指导[M]. 4版. 上海：华东师范大学出版社，2021：262.

② 王萍. 幼儿园语言教育活动及设计[M]. 2版. 长春：东北师范大学出版社，2019：179.

③ 张明红. 学前儿童语言教育与活动指导[M]. 4版. 上海：华东师范大学出版社，2021：26.

指出:幼儿园教育工作者评价实行以教师自评为主,园长以及有关管理人员、其他教师和家长等参与评价的制度。

在我们教育教学工作中应经常开展教研活动和教师的自我评价活动,只有教研组不断研讨和教师自身不断地反思才能更有效地促进幼儿的语言发展,教育活动才能更有效,教师的专业水平才能获得真正的提升。因为幼儿园语言教育评价涉及的内容广泛,所以教师在评价时需要根据评价的目的选择不同的评价标准和相应的评价类型。根据评价主体的不同,可以分为自我评价和他人评价;根据评价对象的不同,可以分为个体评价和整体评价;根据评价目的与评价内容的不同,可以分为诊断性评价、形成性评价和终结性评价。

三、学前儿童语言教育评价的原则

无论谁来评价,无论哪个层面的评价,学前儿童语言教育评价必须遵循一定的原则。评价者需要遵循正确的评价观、客观性原则、全面性原则、发展性原则、可行性原则、方向性原则、实效性原则、参照性原则、定量评价与定性评价相结合原则、评价与指导相结合的原则等进行评价。下面介绍5个原则。

(一)正确的评价观

教师要树立正确的评价观,对评价要有正确、完整的认识,充分发挥评价的鉴定功能、诊断功能、改进功能、激励功能和导向功能。评价不仅仅是为了甄别、检查儿童学习和发展的状况,同时也是为了提供真实的信息,使教师、家长了解孩子语言发展的现状,以便实施针对性的策略,提高学习效率,促进学前儿童语言的发展。

(二)客观性原则

客观性原则是一切教育评价者都遵循的基本原则。幼儿园语言教育评价中的客观性原则要求幼儿园教师、教育管理层、教育评价者在语言教育评价中采取客观、公正、实事求是的态度,科学地设定评价标准,客观地实施评价。评价者不能单凭主观经验来判定语言教育活动的质量或判断儿童的语言发展能力与水平,必须科学地确定评价标准,采用科学的评价方法、手段和工具来进行评价。比如,一个研究者到一所少数民族地区的幼儿园,只是转了一圈就跟老师们说,幼儿们的语言太差了,连一句普通话都不会说。这样的评价就是不客观的。

（三）全面性原则

全面性原则是指应该对语言教育活动的各个组成部分和各个构成要素进行全面的评价。语言教育是一个综合的活动过程，在实施语言教育评价时，既要对学前儿童的语言发展情况进行评价，又要对教师的教育教学进行评价；既要对语言教育目标进行评价，又要对语言教育内容和方法进行评价；既要对教具、学具的选择和利用进行评价，又要对教师与儿童之间的互动情况进行评价；既要对静态的活动要素进行评价，又要对动态的活动要素进行评价。

（四）发展性原则

发展性原则强调，评价的根本目的在于促进儿童语言的发展以及语言运用能力的提高。语言能力是在运用的过程中不断发展起来的，是一个连续不断的过程，在实施语言教育评价时，不能仅仅着眼于当前一个时期儿童语言的状况，更要看到儿童语言发展的潜力和今后的发展方向。

（五）参照性原则

参照性原则是指制订的语言教育评价标准要有一定的客观依据。在语言领域，《指南》分别对3~4岁、4~5岁、5~6岁3个年龄段末期的幼儿应该知道什么、能做什么、大致可以达到什么发展水平提出了合理期望。教师一定要参照《指南》制订语言教育评价体系，做出合理、科学的评价。第一，要依据学前儿童语言发展的基本规律，根据儿童在每一个年龄阶段应有的语言发展水平做出恰当的规定，不可任意提高或降低评价的标准。第二，要根据语言教育活动的目标进行评价。目标不但是教育活动组织和实施的指南，也是教育活动评价的指南和参照的依据。在评价过程中，那种脱离目标另定标准的做法是不可以取得，也是缺乏科学性的典型表现。

拓展阅读

教育部办公厅关于实施学前儿童普通话教育"童语同音"计划的通知（摘录）

为深入学习贯彻习近平总书记关于国家通用语言文字教育"要从娃娃抓起"的指示精神，全面落实全国语言文字会议精神，聚焦民族地区、农村地区，进一步加大国家通用语言文字推广力度，抓住幼儿时期的语言学习关键期，着力加强学前儿童普通话教育，为夯实终身发展基础、帮助个人成长成才、助力乡村振兴、服务铸牢中华民族共同体意识发挥基础性作用，经研究，我部决定在“十四五”时期实施学前儿童普通话教育“童语同音”计划。现就有关实施工作通知如下：

一、工作目标

2021年秋季学期起，未使用国家通用语言文字开展保教活动的民族地区、农村地区幼儿园全部使用国家通用语言文字开展保教活动，为幼儿营造良好的普通话教育环境。“十四五”期间，分期分批开展民族地区、农村地区幼儿园教师国家通用语言文字应用能力培训，基本解决幼儿园教师国家通用语言文字教育教学能力不足的问题。使民族地区、农村地区学前儿童逐步具备基本的普通话交流能力，为进入义务教育阶段学习奠定良好语言基础。

…………

三、重点任务

（一）加强师资培训。遴选民族地区、农村地区幼儿园骨干教师开展普通话“种子”教师示范培训，组织对普通话不达标及基础较差的幼儿园教师通过集中培训、送培送教、个性化辅导、同步异步在线培训等多种方式开展培训。支持民族地区加强幼儿园教师培养培训工作，鼓励、支持地方将普通话培训纳入“国培计划”“省培计划”等与民族地区幼儿园教师有关的培训项目。

（二）健全师资队伍。严格落实幼儿园教师持教师资格和普通话等级证书上岗制度，幼儿园教师资格申请人和新录用的幼儿园教师，普通话水平应达到国家统一的二级乙等及以上标准。在包含学前教育专业或方向的师范院校和师范专业中，加大面向民族地区的学前教育专业地方公费师范生培养补充力度，鼓励引导毕业生回到所在民族地区履约就业。向民族地区倾斜选派国家通用语言文字教育教学能力强的支教教师。

（三）丰富资源建设。鼓励研发适合民族地区以及各方言区教师使用的普通话教育教学资源。充分利用国家数字教育资源公共服务体系，提供精品在线开放课程。促进学前优质教育资源共享。推动“互联网+学前儿童普通话教育”建设，完善幼儿园普通话教学设施设备，开展联校联网、数字幼儿园建设与应用。

（四）建立帮扶机制。开展东西部结对帮扶，动员有条件的东部省份统筹多方力量，与民族地区、农村地区幼儿园开展园对园、师对师、幼对幼结对帮扶。鼓励民族地区城市中的示范园、优质园通过跟岗实习、轮岗培训、资源共享等方式辐射帮扶周边农村地区幼儿园、幼教点。发挥国家语言文字推广基地作用，尤其是指导高校基地组织相关专业在校师生在资源研发、实习支教、师资培训等方面对民族地区、农村地区幼儿园开展定点帮扶。

（五）鼓励示范引领。支持青海在全省范围内开展学前儿童普通话能力提升行动，鼓励其按照“先行试点、扩展范围、全面推广、巩固提高”的实施步骤，探索农村牧区幼儿园（点）师生普通话能力提升的新路径、新方法。继续总结四川省依托“一村一幼”推进“学前学会普通话”行动试点工作的成效经验，探索可借鉴可推广的经验模式和实践案例。

（六）创设良好环境。继续推进幼儿园语言文字工作达标建设，强化督促检查，整体提升幼儿园语言文字工作水平。引导基层教师转变教育观念，遵循学前儿童语言学习规律。指导幼儿园创设丰富的普通话教育环境，重点发展学前儿童学习普通话的口头语言表达能力；利用日常生活和游戏中交往的机会，鼓励幼儿用普通话与成人和同伴进行交流，促进幼儿在自然地应用过程中理解普通话的语言意义；组织丰富多彩的活动，让幼儿多听、多说、想说、敢说、有机会说普通话。

…………

教育部办公厅

2021年7月21日

第二节 学前儿童语言教育评价的内容

学前儿童语言教育的评价涉及许多方面，但概括起来主要是三个方面：一是对学前儿童语言发展状况的评价，二是对学前儿童语言教育活动的评价，三是对学前儿童教师专业能力的评价。这3个方面的评价都应该引起重视，不应该有偏差，否则会导致学前儿童语言教育的适宜性和有效性受限。其实这三者根本无法独立分割。

拓展阅读

学前儿童语言教育评价指标图①

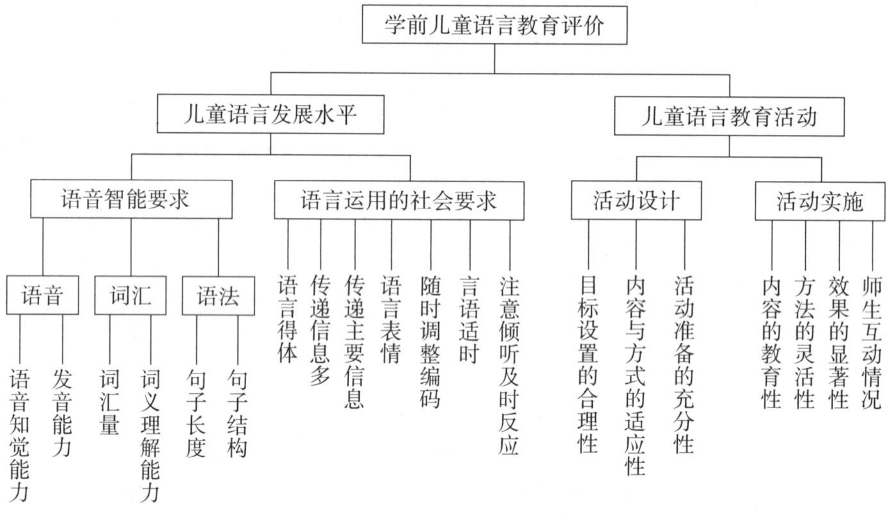

学前儿童语言教育评价指标体系框架图

一、对学前儿童语言发展状况的评价

幼儿语言发展的评价内容包括倾听、语音、口语表达、阅读等方面，其内容正在不断拓展，从单纯评价幼儿发音、掌握词汇的数量等知识能力指标逐步扩展到评价幼儿是否学会倾听、说话是否主动自信、能否自然地与人交谈等语言发展中表现出的心理

① 蔡淑兰.学前儿童语言教育评价指标体系的构建[J].内蒙古师大学报(哲学社会科学版)，1999，28(4)：73.

发展、社会性发展等层面。我们可以从《指南》中语言的“倾听与表达”“阅读与书写准备”两个子领域来进行评价，也可以从语音、词汇、语法、倾听与理解、口语表达、对文学作品及早期阅读的兴趣和理解能力等方面进行评价。

（一）对语音、词汇和语法的评价

语音是语言的物质外壳，是语言的基本要素之一。只有清晰正确的发音，才有助于儿童对词汇的理解和掌握。词汇是语言的基本单位，是儿童语言发展的重要目标之一。对词汇的评价有语音、语义、语用3个方面。在幼儿掌握大量词汇的同时，只有将这些词汇按一定的语法规则组织起来，形成句子，才能明确地表达出语言的意义，语言才能起到交际作用。

对儿童语音的评价可以与词汇结合在一起进行测量，将《汉语拼音方案》中包含的所有声母、韵母和声调的常用词配上简图，让儿童看图说词，由教师记录，同时留下音频资料，将儿童正确的和错误的语音、词汇分别记录下来。如果是发错的语音，要分析是声母、韵母还是声调方面的问题，可以结合游戏进行练习以改正错误；如果是错误的词汇，则要分析是发音问题、理解含义问题，还是使用语境的问题，通过示范、讲解、练习和运用等方法加以改正。

语法可以通过看图说句的方式进行测量，将日常用语、生活场景、学习场景、游戏场景或童话故事场景等用图画表现出来，让儿童看图说句，如“小猴子吃桃子”“老师教小朋友跳舞”“妈妈哄宝宝睡觉”等，由教师记录。如果条件允许，要同时留下视频和音频资料。教师将儿童正确表达和错误表达的句子，分别做好记录，对于错误表达的句子，可以从句子的完整性、准确性、丰富性、逻辑性等方面进行分析，并根据情况设计有针对性、适应性的教育活动或游戏进行练习。

（二）对倾听与理解的评价

倾听是指接收他人发出的信息，在大脑中储存和记忆信息，进而对信息进行分析，产生理解。倾听与理解可以从准确度、深度和广度等方面进行评价。

评价可以用回答问题的方式来进行。回答问题是指儿童能够针对他人所提出的问题准确地表达自己的看法，需要多种心理活动的参与。回答问题的能力是儿童理解和表达两方面发展的结果。回答问题可以分为一问一答式、一问多答式和多问多答式等。

用于评价的问题应多设计为开放式的，尽量避免那些只需要让儿童机械地回答是与否的封闭式问题。设计的问题应随儿童年龄的增长由易到难。如小班的问题可以从姓名、性别、年龄、家庭人口、兴趣等方面进行设计，也可以从下雨时天气发生的变化、春天到来时自然界发生的变化等常识方面进行设计。大班可以从交通工具的特点、节日的街道等社会生活方面进行设计。小班的问题设计尽量是一问一答式，其回答常常是一个词语或一个词组。如果要了解儿童理解的深度和广度，还可以采用追问的多问多答式。

（三）对口语表达的评价

表达是用便于他人理解的方式发出信息，目的是与他人交流。口语表达包括对话和独白两种方式。学前儿童常见的口语表达方式有回答问题式、看图说话式和独立讲述式三种。其中独立讲述式是指儿童能够独立地、清楚地、连贯地向他人表达自己的愿望和请求。

讲述能力是在儿童的认知能力，特别是思维能力发展的基础上产生并发展起来的，是儿童口语表达能力发展的重要标志之一。口语表达可以从语句和语段表达的准确性、完整性、清晰性、丰富性、逻辑性、流畅性及表达意愿和表达水平来评价。

（四）对文学作品的评价

在评价儿童对文学作品的理解时，可以通过回答问题或图片排序等方式进行，一般更多采用回答问题的方式来评价，通过让儿童回答与作品相关的问题，来了解他们对作品理解的准确性、深刻性、广阔性和概括性。小班儿童能确保准确性即可，对于中、大班儿童可以要求其理解具有一定的深刻性。

（五）对早期阅读的评价

在评价儿童早期阅读能力时，可以通过翻书游戏、听名称找笔画的游戏以及为图画排序的游戏等进行评价，但评价重点应放在兴趣的激发、注意的稳定性及理解能力等方面，而不应以认读多少汉字，会写或会画多少笔画为硬性指标。教师在评价中应以定性为主，重点评价儿童早期阅读的兴趣及前阅读、前书写能力，防止走入将早期阅读变成早期识字的误区。①

下面是5~6岁幼儿语言能力评价的指标：

倾听：

1. 能安静、认真地倾听他人讲故事、说话；

2. 听不懂或有疑问时主动提问；

3. 别人讲话时能积极主动地回应；

---

① 姜晓燕，郭咏梅. 学前儿童语言教育［M］.3版. 北京：高等教育出版社，2019：43-48.

4. 当教师或他人在另一个地方呼唤时，会循声找到呼唤自己的人；

5. 当字词重复出现时能正确地辨认，能进行简单的听声辨物。

语音：

1. 会说普通话，口齿清晰，咬字准确；

2. 会说本民族或本地区的语言；

3. 其他人(幼儿或成人)能听懂他的说话。

口语表达：

1. 在大多数情景下，能自在地说话，表情自然、大方；

2. 说话音量适中；

3. 能主动与伙伴、熟悉的成人说话；

4. 愿意与他人讨论问题，能在众人面前表达自己的想法和感受；

5. 会用简单的名词、动词、形容词、代词、拟声词；

6. 会用完整的句子回答问题，表达清晰；

7. 能有序、连贯、清楚地讲述一件事情；

8. 能结合情境理解一些表示因果、假设等相对复杂的句子；

9. 懂得按次序轮流讲话，不随意打断别人；

10. 能依据所处情境使用恰当的语言、调整说话的语气，如在别人难过时会用恰当的语言表示安慰。

前阅读与前书写：

1. 能专注地阅读图书；

2. 喜欢和他人一起谈论图书和故事的有关内容；

3. 对图书和生活情境中的文字符号感兴趣，知道文字表示一定的意义；

4. 能说出所阅读的幼儿文学作品的主要内容；

5. 能根据故事的部分情节或图书画面的线索猜想故事情节的发展，或续编、创编故事；

6. 对看过的图书、听过的故事能说出自己的看法；

7. 能初步感受文学语言的美；

8. 愿意用图画和符号表现事物或故事；

9. 会正确书写自己的名字；

10. 写画时姿势正确。

二、对学前儿童语言教育活动的评价

《纲要》指出，教育工作评价宜重点考察以下方面：(1)教育计划和教育活动的目标是否建立在了解本班幼儿现状的基础上。(2)教育的内容、方式、策略、环境条件是否能调动幼儿学习的积极性。(3)教育过程是否能为幼儿提供有益的学习经验，并符合其发展需要。(4)教育内容、要求能否兼顾群体需要和个体差异，使每个幼儿都能得到发展，都有成功感。(5)教师的指导是否有利于幼儿主动、有效地学习。

总结起来，教育活动评价的内容主要包括对活动目标的评价、活动内容的评价、教学策略的评价、师幼互动的评价，它们也构成了当前我国学前儿童语言教育评价中通用的评价内容。

（一）对语言教育活动目标的评价

在对语言教育活动目标进行评价的时候，通常会从3个方面进行评价。一是活动目标的适应性，即所涉及的活动目标是否符合幼儿的年龄发展阶段特点，是否符合教育对象已有的生活经验，在目标内容上是否指向了幼儿语言学习与发展的各个核心经验。二是活动目标的达成情况，即在活动之后，幼儿是否掌握了教师所希望幼儿学习的知识、掌握的能力、表现出来的技能，从幼儿在活动中的表现能够直接观察和分析活动目标的达成情况。三是活动目标的表达规范程度，比如活动目标在表述时主语是否是幼儿，活动目标是否涵盖了知识、能力、情感态度三大范畴，活动目标是否具体可观察等。

（二）对语言教育活动内容的评价

语言教育活动的内容包含两个方面的含义：一是语言教育活动中所使用的语言材料，二是语言教育活动的各个环节及其内容。在对语言教育活动内容进行评价时，教师首先会分析所使用的语言材料，如讲述的凭借物、儿歌、散文(诗)、故事、图画书等的特点，谈谈自己对这个语言材料的看法，然后对学习活动进行环节的归纳，分析环节内容之间的逻辑性，是否突出重点，各个环节是否围绕活动目标来展开。

（三）对语言教育活动中教学策略的评价

对语言教育活动中教学策略的评价，应根据活动内容或环节，分别从活动导入的策略、语言材料的出示策略、教师的提问策略、教师使用的图谱等支架策略、教师的教态和表情等进行评价。

在对教师教学策略进行评价的时候，最重要的标准有两个：一是是否能调动幼儿学习的主动性和参与性;二是是否指向活动目标的实现。在评价的时候,要具体分析这些教学策略分别起了什么作用,达到了什么样的教学效果,还可以采用什么策略以实现教学效果的最优化。

(四)对语言教育活动中师幼互动的评价

《纲要》指出:教师应成为幼儿学习活动的支持者、合作者、引导者。对语言教育活动中师幼互动的评价主要包括对活动中教师与幼儿所扮演的角色的观察,对教师与幼儿之间互动的态度、内容、方式、效果等的分析。对这个方面的评价其依据主要是观察和分析教育活动中幼儿的主动性是否得到体现、发挥,幼儿是否在愉快的活动中获得发展。在评价的时候,往往聚焦教师是以何种方式来支持幼儿,如何与幼儿合作,怎样引导幼儿发展的。[①]

下面是一些关于集体教学、语言区角、阅读等的评价案例,在此提供给大家参考。

表 10-1　听说游戏:改错句[②]

听说游戏活动设计示例		分析
活动目标	1.积极参与游戏,能觉察错句,提高对语言的判断能力 2.初步学习改错句的基本方法,能够逐步将改错句的基本方法运用到游戏中去	这个活动目标从不同的维度进行设计,全面而且比较具体,既包含认知目标又穿插情感目标,更难得的是整合了其他领域的内容,难度也比较适中,符合幼儿的心理年龄特点
活动准备	PPT 课件:改错句	PPT 中的内容是生活中比较常见的,便于引发幼儿的相关经验,拓展幼儿的思维和想象。幼儿相关经验的准备,教师要做到心里有数
活动过程	1.导入游戏 (1)课件演示 教师:小朋友,今天我给大家带来一幅图片 图片一:你们看图上都有些什么?这是什么季节?夏天开什么花 图片二:图上是什么花?这是在哪个季节开的? 图片三:小鸡的爸爸是谁?妈妈呢?公鸡生蛋还是母鸡生蛋 图片四:金鱼生活在什么地方	教师通过提问的方式,引导幼儿进入游戏情境,能够吸引幼儿的注意力,激发幼儿对游戏的兴趣 教师与幼儿的一问一答,积极地引导幼儿进行思考,给予幼儿将日常教育中获得的经验运用到实践中的机会

① 刘宝根.学前儿童语言教育与活动指导[M].上海:华东师范大学出版社,2014:121-122.
② 胡楠.幼儿语言教育与活动指导[M].北京:北京师范大学出版社,2014:102-104.

续表

	听说游戏活动设计示例	分析
活动过程	(2)小结 刚才我们通过观察图片已经知道，夏天开荷花，冬天开梅花；鸡妈妈是母鸡，鸡爸爸是公鸡；金鱼生活在水里，小鸟在天上飞 2.“出错”引起幼儿的兴趣 (1)教师：咦？！只有一个小朋友的眼睛听着外面。(“听”说重一点，要自然地说出) (2)当幼儿感到好笑时，紧接着提出下列问题：怎么啦？我什么地方说错了吗？那应该怎么说 3.与幼儿共同讨论学习改错的方法 教师：请小朋友看一看这几幅图，我们一起来说一说 (1)课件演示 ①“冬天来了，刻画开了。”有问题吗？应该怎么说 刚才××小朋友改的是前面的地方，还有没有其他改法 ②“大公鸡在草丛里下了一只鸡蛋。”(教师不语，故作疑问状，引导幼儿用两种方法改正) ③“小鸭在天上飞来飞去。”谁会用两种方法改正 (2)与幼儿讨论改错的正确方法 教师：刚才我们改正错句的时候都运用了两种方法，谁发现了是哪两种方法 小结：一是可以改正句子的前半部分，二是可以改正句子的后半部分 4.改错游戏，拓宽幼儿的思路 教师：刚才我们改了很多错句，现在我又要出一些错句了，看小朋友会不会改正 ①“我吃完饭了刚才。” 有没有问题？怎么改 ②“小明在听故事书，滴答滴答是小雨。” ③“她难过得哈哈大笑。” 难过不会哈哈大笑，开心才会哈哈大笑 ④“我们教室好玩的东西可多了，有雪花积木，还有智力魔珠，还有翻版乐，还有拼图，还有编花篮。” 这句话有没有问题？这是我们小朋友经常说的一句话。对，“还有”只能用一次，“有……有……有……，最后才用“还有” 小结：以后我们在和别人说话时，发现别人说错了就要帮助别人改正，改正的时候应该面对面小声说	用简洁的语言概括，让孩子们自然而然地模仿短句。同时，教师为幼儿提供了自由、宽松的语言交往环境，让幼儿大胆说、乐意说 以循序渐进的方式提出问题，幼儿容易接受，也愿意积极动脑思考。教师应该启发幼儿大胆想象，并及时回应幼儿的说法，因势利导 交代清楚游戏规则是听说游戏规则中不可或缺的一个环节。幼儿明了了游戏规则，掌握了游戏玩法，才能使游戏顺利进行。及时的鼓励对幼儿积极参与活动有较大的促进作用 教师和幼儿一起合作互助，在这样的语言学习情境中，幼儿游戏的欲望也就自发产生了 这一环节为幼儿提供了更为宽松自由的游戏环境，使幼儿积极主动地探索游戏，在轻松的氛围中把活动推向高潮 整个活动是一个由易到难、循序渐进的过程 此游戏也有可安排在日常生活中进行，让幼儿有更充分的时间、精力去练习发音和锻炼自己的能力。幼儿也可以模仿此游戏进行改编，丰富游戏的内容及玩法

表10-2　莲子D班幼儿语言区材料评价表①

班级：莲子D班　　　　幼儿人数：35人

材料名称	评价内容			
	材料设计的适宜性	材料的中国化特点	幼儿所获得的发展	后续材料的提供
拓印文字笔画	材料设计新颖、科学、合理，具有可操作性	为幼儿提供的拓印工具有中国特色	幼儿对中国文字的结构特点有了一定的认识	后续提供的笔画可复杂些
书法	材料具有操作性，幼儿喜欢尝试	毛笔、砚台、墨棒、宣纸具有中国书法的魅力	幼儿的专注力和手眼协调能力得到发展	可由最初的书写笔画发展到临摹简单的字帖
猜字游戏	以游戏的方式学习，材料设计科学、适宜	用于装材料的藤条编筐很有民族特色	幼儿在操作过程中很好地感知了文字的字体结构	可以为幼儿提供难度更高的“口”字组合
文字的演变	为幼儿提供半成品材料，符合大班幼儿的学习需求	选用竹简和麻绳作为材料，具有中国本土的特点	幼儿的持久性和认读文字的能力得到了提高	可以将竹简上的内容更改为散文或古诗词
成语	材料设计立体化，画面浅显易懂，有利于幼儿理解成语的含义	成语的内容具有中国传统文化的特点	幼儿的语言表达能力得到了提高	在后续的学习中，鼓励幼儿讲述成语故事
关联词说话	选用火车的车厢作为载体很巧妙	用竹筐盛放材料很有中国民俗特点	幼儿运用关联词组成句子的能力得到了发展	可以将内容拓展到其他的国粹系列，如历史人物
歇后语	材料载体来自中国传统文化，幼儿喜欢	本质的笔架和卡片扣有浓浓的中国本土特色	通过操作材料，幼儿丰富了运用语言的经验	可以将个别操作形式改变为多人问答的游戏形式
司马光砸缸	以邮票为载体设计出的材料新颖、独特	图片的封面、书模底板具有中国传统文化特色	幼儿的文学欣赏水平得到了提高	可将材料拓展为中国传统文化故事系列丛书
井底之蛙	将成语故事巧妙地设计成小书能引起幼儿的学习兴趣	与材料配套的藤制托盘和笔具有民俗特点	幼儿的语言表达能力、讲述故事的能力获得了发展	在后续的学习中可以分角色表演
猜谜语	材料载体来自幼儿的游戏，能够引起其探究兴趣	竹制托盘和幸运瓶具有鲜明的传统文化特色	幼儿的理解能力与推理能力得到了提高	后续可以更换不同的谜语内容和猜谜形式

① 王微丽，霍力岩．幼儿园语言区材料设计与评价[M].北京：中国轻工业出版社，2018：219-221.

续表

材料名称	评价内容			
	材料设计的适宜性	材料的中国化特点	幼儿所获得的发展	后续材料的提供
贴对联	设计成立体的茶馆，符合幼儿探究性学习的需求	茶馆模型和对联充分体现了中国的传统文化	幼儿的观察能力以及探究水平得到了提高	可以逐步增加对联的难度，运用更多的对联内容
四季屏风	将袖珍屏风开发成一份学具，幼儿非常喜欢	正反折叠屏风有浓郁的中国文化特色	幼儿的语言更丰富了，观察事物的能力获得了发展	可设计出相关的记录单，幼儿完成屏风的制作
…………				

表 10-3　大班杨天天语言区活动评析表①

幼儿姓名：杨天天　　性别：男　　所在班级：大(一)班
所在区域：语言区　　材料名称：四季屏风　　操作时间：30分钟
指导教师：叶老师　　评议者：叶老师　　日期：2017年9月21日

项目	语言区活动评析要点				
	评价项目要点			评价分值	
				参考最高分值	评价实际分值
情感(30)	1. 能根据自己的发展需要选择适宜的语言区材料			10	10
	2. 自发与同伴合作探索语言区材料			10	8
	3. 主动邀请教师合作探索语言区材料			10	9
态度(20)	1. 不受环境干扰，独立完成语言区材料探索			10	10
	2. 能想办法克服困难，完成语言区材料探索			10	9
能力(30)	1. 主动完成对多重而步骤复杂的语言区材料的探索			15	13
	2. 能根据自身需要均衡地选择语言区材料			15	14
知识(20)	1. 能主动将语言知识进行归纳与迁移			10	9
	2. 能熟练地运用大班语言区知识与经验			10	8
杨天天语言区活动评析					
各分项目得分	情感	态度	能力	知识	总分
	27	19	27	17	90
综合评价	优秀 (85~100分)	良好 (75~84分)	合格 (60~74分)	不合格 (60分以下)	

① 王微丽，霍力岩. 幼儿园语言区材料设计与评价[M]. 北京：中国轻工业出版社，2018：229-230.

续表

等级水平	√				
分析评价结果	天天在本次语言区活动中选择了“四季屏风”的材料。这份材料的设计具有浓郁的中国传统文化特色，从材料的载体到画面的颜色都能够充分激发幼儿动手探索的兴趣。虽然这份材料的操作步骤相比其他材料要多，需要幼儿花费较长的时间和较多的耐心，但是它长期以来一直是最受幼儿欢迎的材料。天天是男孩，却主动选择了这份材料并在单位时间内完成了操作，教师对天天的评价为优秀 从教师对天天的评价分值中可看出，他在自主选择材料、不受外界干扰独立完成材料探索、语言知识的归纳与迁移等方面比较出色，说明他自主学习能力、主动探究能力、做事情的专注度和持久性都较强，已经具备了较好的学习品质。但是，教师在观察的过程中也发现了一些问题，如：当有同伴向他提出共同操作这份材料的要求时，他表现得不乐意并且用手把同伴推开；当他在操作这份材料时，按照操作步骤，屏风需要正反立起来，但是他找不到材料中隐藏的提示，导致屏风反复倒下，他一度出现了焦虑不安的情绪反应，最终在教师的指导下完成了此次活动				
教育策略的调整与改进	针对天天在本次活动中表现出来的问题，教师在后续的教育策略中做出了以下调整和改进 1. 从情感上鼓励天天多与同伴交流，学会主动邀请同伴共同探索材料，学会用正确的语言和情绪表达自己的愿望 2. 对于天天在操作过程中所表现出来的良好学习品质，教师及时给予表扬和鼓励，以增强他的自信心 3. 在今后的区域活动中提醒他注意材料中蕴含的小细节，让他学会通过材料的引导独立完成任务，提高自我解决困难的能力				

表 10-4　小班幼儿阅读兴趣观察记录表[①]

观察对象：　　　　　　　　　　观察时间：　　　　　　　　　　记录者：

观察项目	幼儿表现		
	良好	一般	待加强
1. 喜欢看看、摸摸图书架上的图书			
2. 喜欢关注和参与他人的阅读活动			
3. 喜欢观察和指认周围环境中的文字、符号			
4. 喜欢拿书请老师和家长给他讲故事			
5. 主动要求老师和家长与他一起看书、写字			
6. 喜欢拿书和翻书，并口中念念有词			
7. 喜欢与同伴、老师交流图书、符号标志的内容			
8. 喜欢涂涂写写，模仿成人看书、书写的样子			

① 颜晓燕. 早期阅读的整合教育[M]. 厦门：厦门大学出版社，2011：198.

续表

观察项目	幼儿表现		
	良好	一般	待加强
9.喜欢听故事和朗读图书的内容			
10.喜欢参加制作小图书的活动			
11.爱护书籍,把书视为珍贵的东西			

表10-5　中班幼儿阅读习惯观察记录表①

观察对象：　　　　　　　　　观察时间：　　　　　　　　　记录者：

观察项目	幼儿表现		
	良好	一般	待加强
1.看书阅读时轻拿轻放各种图书报刊			
2.在阅读区安静翻书阅读,不影响他人的阅读活动			
3.轻轻翻书,一页一页有顺序地看			
4.经常整理书架,修补图书,整齐摆放图书			
5.保持书籍、书写画面的整洁			
6.边看书边用手指点画面内容和文字符号			
7.阅读时,眼睛与书本之间有恰当的距离			
8.专心看书和书写,并持续一定的时间			
9.掌握正确的握笔方法和坐姿			
10.坚持每天看书阅读			
11.注意倾听他人或录音中的讲述,听后发表自己的想法			

表10-6　大班幼儿阅读能力观察记录表②

观察对象：　　　　　　　　　观察时间：　　　　　　　　　记录者：

观察项目	幼儿表现		
	良好	一般	待加强
1.能自觉主动地参与阅读活动			
2.能有顺序地观察图书画面的内容			
3.能猜测图书的内容,并随阅读的进行调整猜测的内容			

① 颜晓燕.早期阅读的整合教育[M].厦门:厦门大学出版社,2011:199.

② 颜晓燕.早期阅读的整合教育[M].厦门:厦门大学出版社,2011:199.

续表

观察项目	幼儿表现		
	良好	一般	待加强
4.能理解阅读的内容,清楚地将图书内容或文字符号的含义讲述出来			
5.能将图像、符号、图书内容与相关的汉字对应起来			
6.能认读常见的文字符号			
7.能模拟书写常见的简单文字			
8.能与同伴一起阅读图书,交流和讲述图书内容			
9.能根据阅读内容进行表演活动			
10.能按照图书的结构制作图书			
11.能借阅图书,并将家中的图书带到幼儿园与同伴分享交流			

三、对学前儿童教师语言专业能力的评价

幼儿教师发展评价是对幼儿教师的专业素养和职业能力进行的评价。

评价是为了帮助教师改善教育行为,提高教育质量,最终促进幼儿的发展。教师教育行为的改善来源于教师知识的重新构建。近年来,学科教学知识被认为是体现专家教师和新手教师区别的最重要的因素。学科教学知识最初由舒尔曼提出,他认为学科教学知识是教师在面对教学内容问题和观点时,针对学生的兴趣和能力,将教学内容组织、调整与呈现,以进行有效教学的知识。这种学科教学知识一般由关于教学内容的知识、关于教学对象的知识和关于教学方法的知识3种知识构成。①

教师语言的专业素养包括:口语表达能力和水平;有意识地进行示范性表达;对文学的爱好程度,创作和改编故事、儿歌、散文的能力;对幼儿园语言能力的了解程度,帮助幼儿提高语言发展水平的能力;外语能力;有意识地强化幼儿的疑问句的能力;通过各类语言教育活动,有意识地培养幼儿的创造性人格的能力;积极地进行语言随机教育的能力等。②所以应该对学前儿童语言教育教师的专业素养进行评价,提高教师自身的语言专业能力。

① 刘宝根.学前儿童语言教育与活动指导[M].上海:华东师范大学出版社,2014:122.
② 王萍.幼儿园语言教育活动及设计[M].2版.长春:东北师范大学出版社,2019:191.

第三节 学前儿童语言教育评价的方法

一、学前儿童语言发展评价的方法

(一)自然观察法

自然观察法是指在日常生活的自然状态下,有目的、有计划地对儿童的语言发展进行直接观察、记录,从而获取儿童语言发展信息的方法。自然观察法的特点是:不对儿童的语言发展进行人为干预和控制,教师与儿童都处于自然状态下,因此能观察到儿童日常生活中最真实、最典型、最一般的语言发展情况。①

(二)情景观察法

情景观察法是在教育的实际情境下,按照研究目的,控制和改变某些条件,将儿童置于与现实生活场景类似的情景中,由评价者观察在该特定情境中儿童的语言情况。

情景观察法有3个突出的特点,一是可以在一定活动中集中获得大量信息;二是既可控制和改变某些条件,保证观察的效果,又可保证情景的自然和真实,易于观察儿童的自然表现;三是方法比较简单,完全可以和幼儿园各个领域的教育活动结合起来使用。

(三)谈话法

谈话法是通过与儿童面对面地交谈,搜集语言发展评价信息的方法。运用此方法需要教师对谈话内容进行记录,然后对谈话记录进行分析。谈话法的明显优点是可以弥补自然观察法和情景观察法的不足,能比较快捷地了解儿童语言发展中的问题,丰富已有资料。

(四)问卷调查法

问卷调查法是由评价者根据评价目的,向被调查对象发放问卷调查表,广泛搜集儿童语言发展信息的一种方法。在儿童语言发展评价中使用问卷调查法的目的主要是向家长了解儿童在家庭环境中的语言发展情况。问卷调查法的优点是可以在短时

---

① 卢伟.学前儿童语言教育活动指导[M].3版.上海:复旦大学出版社,2013:180

间内获得大量的评价信息,但有时通过这种方法得到的信息可能会不够准确和真实。造成这种现象的原因有很多,但主要有以下两点:一是家长未真正理解儿童语言发展评价的意义和调查的意图,顾虑颇多,怕反映真实情况,引起教师对儿童的偏见;二是调查题目和表达方式的设计可能存在一定的缺陷,影响家长对问题的理解。

(五)现场实录法

现场实录法是利用现代化的录音、录像设备,现场实际拍摄记录儿童语言发展评价信息的一种方法。这种方法的优点是:首先,搜集到的信息真实,拍摄记录的儿童语言以及伴随的动作至关可靠。其次,这种方法记录的信息可以多次再现,便于教师反复观察和研究。最后,现场实录法如果配合自然观察法、情景观察法等方法使用,可以弥补这些方法的不足,使观察记录的评价信息更加丰富和全面。

知识拓展

档案袋评价

档案袋评价(portfolio assessment)又称为"学习档案评价"或"学生成长记录袋评价",是以档案袋为依据而对评价对象进行的客观的综合的评价,它是20世纪90年代伴随西方"教育评价改革运动"而出现的一种新型质性教学评价工具。档案袋是指按一定目的收集的反映学生学习过程以及最终产品的一整套资料。档案袋的制作过程,涵盖了一项任务从起始阶段到完成阶段的整个跨度,目的是展示学生的学习和进步状况。

拓展阅读

各类语言测查活动[①]

1. 语音测查

我国关于儿童语言的测验,多以《汉语拼音方案》中规定的声母、韵母发音为标准音,通过跟随成人按音素逐个发音,以及独自背诵儿歌、绕口令等手段来进行,记录儿童发对(错)某个音素的次数,然后进行统计处理。

2. 词汇测验

《皮博迪图片词汇测验》(PPVT)既可作为智力测验,又可作为词汇测验,这

① 梁旭东.学前儿童语言教育[M].北京:中央广播电视大学出版社,2007:207-208.

是现有的被广泛应用的个别词汇测验之一。主试给儿童看4张图片，同时说1个词，要求儿童指出正确的图片。记录儿童的得分，然后根据常模计算出儿童词汇发展和智力发展的心理年龄。

3.语言理解能力测查

对答法：问幼儿一句话，要求他抓住问题的要领回答。如问："你最喜欢做的事是什么？你最喜欢的人是谁？"

找图片法：对幼儿说一个词或一句话，让幼儿根据对词或句的理解，找出相应的图片。如让幼儿找是哪张图上的事：红红到了幼儿园，小刚正走向学校。

改错法：说一些有错误的句子，让幼儿指出并修改。如说："我有两个图书可好看了。""妈妈被明明抱到医院去了。"

4.语言表达能力测查

看图唱名法：幼儿呈现实物图片，让他说出物品的名称。

组词造句法：给幼儿几个孤立的词，让他连词成句。例如"桌子、饼、老鼠""爸爸、姐姐、弟弟"。

说反义词法：对幼儿说出一个词，让他说出这个词的反义词。如"大""快""甜""热""少"。

讲述法：如看图讲述、故事接龙等，用于评价学前儿童的语言表达能力。

其实，教师在实际的评价中运用的方法还有很多。

二、学前儿童语言教育活动评价的方法

对语言教育活动进行评价需要一定的方法。评价的方法实际上是收集信息的方法。评价时可以综合运用几种方法，收集多方面的信息，作为评价的量和质的客观资料，为科学的教育评价提供依据。

（一）自由叙述评价法

自由叙述评价法是将对教育活动的意见、判断等自由地说出来或写下来，通过口头语言或文字叙述的形式对教育活动加以评价的方法。这种方法既适合于自我评价，也适合于对他人的评价。这种方法的最大特点是不做定量分析，不需要专门的评量工具和复杂的评价程序，有利于综合反映活动过程中的情况，既可以对静态的因素（如活动目标、内容、方法、材料、环境、布置等）进行评析，又可以对动态的因素（如儿童在活动中的行为表现）加以分析。

（二）观察评价法

近年来，我国学前儿童语言教育领域提倡对学前儿童发展水平进行观察评估，这是一种具有科学性又切实可行的评价儿童发展的方法。观察可以获得大量的评价信息，可以及时了解教育活动的运行状况，还可以根据通过观察得来的反馈信息，及时调整活动的内容、方法和组织形式。观察评价法主要通过对儿童行为表现的观察了解，来对整个教育活动的效果进行分析，这是一种行之有效的评价方法。

（三）综合等级评定法

为了在评价中获得对语言教育活动的总体印象，在语言教育活动的评价中还可以采用综合等级评定法。这一方法是从纵向和横向两个维度确定评价指标的，它既对活动的各种因素进行分析和评价，又对活动的各种状态进行分析和评价，从而能够得到综合的评价信息。纵向包括构成语言教育活动的各种因素，主要有目标、内容、形式、儿童参与活动的程度、材料利用情况、师生关系。横向包括教育活动各因素在运行过程中的状态及其等级。根据这两个维度制成综合等级评定表（表 10-7）。教师在活动评价中，只要在相应的位置打上钩即可，使用此方法可以获得多重评价信息。评价者借助这些信息材料，既可以对教育活动进行定量分析，又可以对教育活动进行定性分析，还可以对教育活动进行因子分析。[①]

表 10-7　综合等级评定表

目标达成分析	目标	完全达到	基本达到	未达到
	目标 1			
	目标 2			
	目标 3			
适合程度分析	内容	完全适合	部分适合	不适合
	形式			
活动因素分析	参与程度	主动积极	一般参与	未参与
	材料利用	充分利用	一般利用	未利用
	师生关系	积极互动	一般配合	消极被动

① 张明红. 学前儿童语言教育与活动指导[M]. 4 版. 上海：华东师范大学出版社，2021：270-271.

本章小结

评价是提高教学质量不可或缺的一环。本章从什么是学前儿童语言教育评价、为什么要进行学前儿童语言教育评价、谁来评价、评价的原则等方面阐述了学前儿童语言教育评价的内涵、意义、原则、内容以及方法。核心内容如下：

1. 学前儿童语言教育评价是收集学前儿童语言教育系统各方面的信息，依据一定的客观标准，对学前儿童语言发展状况和学前儿童语言教育过程、内容、方法、效果等做出客观衡量和科学判定的过程。

2. 学前儿童语言教育评价的意义就在于评价具有诊断、反馈、增效功能。

3. 学前儿童语言教育评价的原则有客观性原则、全面性原则、发展性原则、可行性原则等。

4. 学前儿童语言教育评价的内容有：对学前儿童语言发展状况的评价、对学前儿童语言教育活动的评价和对学前儿童教师专业能力的评价。

5. 学前儿童语言教育评价的方法，对幼儿的评价有：自然观察法、情景观察法、问卷调查法、谈话法、现场实录法等；对幼儿教师的评价有：自由叙述评价法、观察评价法、综合等级评价法等。

总之，学前儿童语言教育评价是一个较为庞大的知识体系，在理论知识的理解上涉及的内容、内涵等较为丰富，在实践中更是错综复杂。但无论怎样，学前儿童语言教育评价是语言教育中的一个要素，有必要有计划、有目的地开展不同层次的评价活动。作为直接开展语言教育活动的教师，要充分掌握语言教育前面章节的知识，它是开展语言教育评价的前提和基础。没有正确的语言教育观，不知道每个年龄段的语言教育目标，不知道语言教育的内容以及核心经验等都会影响教师对语言教育评价的工作。因此，教师要对幼儿的语言发展情况了如指掌，并不断反思开展的活动效果，同时还要提高自身的语言专业素养，才能让语言教育工作越来越好，越来越有效。

思考与实训

1. 结合篇首案例破冰中的实际问题，运用本章所学知识，尝试回答你对学前儿童语言教育评价的认识。

2. 结合实习，说一说目前幼儿园语言教育评价开展的情况，具体是怎么做的，并对此进行评价。

3. 如何评价一个具体的语言教育活动？请你就一个集体语言教育活动写一份评价。

专题探讨

背景资料：随着学前教育的发展，人们对学前儿童的观察和评价也越来越重视。但是在现实工作中也出现了不少问题。以下是对幼儿园一名老师的采访片段："我们园里要求老师每周要写一篇观察日记。老师每周要给班上的5个孩子录像5分钟以上并上传到班级群给家长看，为了保证每个月每个孩子都有录像，我们就找一个时间集中录，把绘本摆好，让孩子轮流看5分钟，或者摆好玩具让孩子玩5分钟，就这样录还耽误了很多事情。我们每个月都要给孩子写学习故事，还要在各种活动中搜集孩子的材料做成长档案袋。感觉每天都在拍照录像，认真教学的时间都没有了，真不明白这样做有效果没有。"

探讨：请结合学前儿童语言评价的相关理念和方法，谈谈应该如何解答这位老师的困惑，如何更有效地对儿童的语言学习进行评价。

参考文献

1.[美]劳拉•E.贝克.婴儿、儿童和青少年(第5版)[M].2版.桑标,等译.上海:上海人民出版社,2014.

2.[英]H.鲁道夫•谢弗.儿童心理学[M].修订本.王莉,译.北京:电子工业出版社,2016.

3.王佩佳,徐杰.学前儿童语言教育[M].镇江:江苏大学出版社,2013.

4.尚慧馨,董玉娟.学前儿童语言教育与活动设计[M].北京:科学出版社,2016.

5.中华人民共和国教育部.3~6岁儿童学习与发展指南[M].北京:首都师范大学出版社,2012.

6.李季湄,冯晓霞.《3~6岁儿童学习与发展指南》解读[M].北京:人民教育出版社,2013.

7.中华人民共和国教育部.幼儿园教育指导纲要(试行)[M].北京:北京师范大学出版社,2001.

8.教育部基础教育司.《幼儿园教育指导纲要(试行)》解读[M].南京:江苏教育出版社,2002.

9.周兢.幼儿园语言教育资源[M].北京:人民教育出版社,2015.

10.周兢.学前儿童语言学习与发展核心经验[M].南京:南京师范大学出版社,2015.

11.张明红.学前儿童语言教育与活动指导[M].4版.上海:华东师范大学出版社,2021.

12.陈瑶.学前儿童语言教育[M].2版.北京:北京师范大学出版社,2020.

13.田金长,马晓琴,赵燕.学前儿童语言教育[M].上海:华东师范大学出版社,2018.

14.卢伟.学前儿童语言教育活动指导[M].3版.上海:复旦大学出版社,2013.

15.周念丽.学前儿童发展心理学[M].3版.上海:华东师范大学出版社,2014.

16.朱家雄,等.幼儿园课程的理论与实践[M].上海:华东师范大学出版社,2012.

17.张明红.正确区分谈话活动和讲述活动[J].幼儿教育(教育科学),2011(3):24-26.

18.周兢,程晓樵.幼儿园讲述活动新探[J].幼儿教育,1994(11):12-15.

19.倪陶,周霞.幼儿园看图讲述活动案例分析与指导策略[J].东方娃娃•保育与教育,2020(11):64-66.

20.李紫阳.幼儿园餐前讲述活动的价值探析[J].山东教育,2018(32):4-6.

21.宋苗境.幼儿叙事性讲述核心经验的学习[J].幼儿教育(教育科学),2016(1-2):42-44.

22.萧绮婷.幼儿讲述活动中提问策略的运用研究[J].教育导刊,2015(7):39-42.

23.任莉,喻小琴.儿童自主学习视野下的早期阅读环境创设的思考与实践[J].华夏教师,2016(8):63-64.